suhrkamp taschenbuch 2283

Der große peruanische Schriftsteller Mario Vargas Llosa hat sich nie gescheut, deutlich und verständlich zu schreiben, wo es um politische, gesellschaftliche, intellektuelle oder literarische Fragen geht. Er hat prägende Jahre in Frankreich mit seinem Stilideal der Klarheit verbracht und ist, als Lehrender, durch die hohe Schule amerikanischer und englischer Universitäten gegangen. Dies zeigt sich aufs angenehmste in den hier vorliegenden Aufsätzen zu 25 berühmten Romanen unseres Jahrhunderts. Stets steuert er auf das jeweils Besondere des Buchs und seines Autors zu. Seine Annäherung an die so unterschiedlichen Wahrheiten des Schreibens gibt dem Leser zugleich einen erhellenden Überblick über Eigenart, Entwicklung und Problematik zeitgenössischer Erzählkunst. Seine Aufsätze sind unterhaltsam, informativ und sehr persönlich geschrieben: eine Ermunterung zum Lesen und Weiterlesen.

Mario Vargas Llosa, 1936 in Peru geboren, lebt heute überwiegend in London.

Mario Vargas Llosa

Die Wahrheit der Lügen

Essays zur Literatur

Aus dem Spanischen
von Elke Wehr

Suhrkamp

Titel der 1990 bei Seix Barral, Barcelona,
erschienenen Originalausgabe: *La verdad de las mentiras*
Umschlagfoto: Abe Fraindlich, New York, 1993

suhrkamp taschenbuch 2283
Erste Auflage 1994

Satz: Fotosatz Otto Gutfreund GmbH, Darmstadt
Druck: Ebner Ulm
Printed in Germany
Umschlag nach Entwürfen von
Willy Fleckhaus und Rolf Staudt

1 2 3 4 5 6 - 99 98 97 96 95 94

Inhalt

Die Wahrheit der Lügen

I

Seit der Veröffentlichung meiner ersten Erzählung hat man mich immer wieder gefragt, ob das, was ich schreibe, »wahr« sei. Obwohl meine Auskünfte die Neugierigen bisweilen zufriedenstellen, beschleicht mich jedesmal, wenn ich diese Frage beantworte, wie aufrichtig ich dabei auch sein mag, das unbehagliche Gefühl, etwas gesagt zu haben, das niemals ins Schwarze trifft.

Ob die Romane wahr oder falsch sind, ist für die Leute eine ebenso wichtige Frage wie die, ob sie gut oder schlecht sind, und viele Leser machen bewußt oder unbewußt das zweite vom ersten abhängig. Die spanischen Inquisitoren verboten zum Beispiel die Veröffentlichung oder die Einführung von Romanen in den hispanoamerikanischen Kolonien mit dem Argument, daß diese ungereimten, absurden – das heißt lügenhaften – Bücher der geistigen Gesundheit der Indios schaden könnten. Aus diesem Grund lasen die Hispanoamerikaner dreihundert Jahre lang eingeschmuggelte Werke, und der erste Roman, der als solcher im spanischen Amerika veröffentlicht wurde, erschien erst nach der Unabhängigkeit, im Jahre 1816 in Mexiko. Als das Heilige Offizium nicht einige bestimmte Werke verbot, sondern eine ganze literarische Gattung, führte es ein Gesetz ein, das in seinen Augen keine Ausnahme duldete: das Gesetz nämlich, daß Romane immer lügen, daß sie sämtlich ein trügerisches Bild vom Leben vermitteln. Vor vielen Jahren habe ich eine Arbeit geschrieben, in der ich diese willkürlichen Fanatiker, die einer solchen Verallgemeinerung fähig waren, der Lächerlichkeit preisgab. Heute denke ich, daß die spanischen Inquisitoren als erste – vor den Kritikern und den Romanciers selbst – die Natur der dichterischen Fiktion und ihr aufrührerisches Potential begriffen haben.

In der Tat lügen die Romane – sie können nicht anders –, aber dies ist nur ein Teil der Geschichte. Der andere Teil besteht darin, daß sie in ihrer Lügenhaftigkeit eine eigentümliche Wahrheit ausdrücken, die nur verborgen und verdeckt ausgedrückt werden kann, verkleidet als etwas, das sie nicht ist. So gesagt, wirkt das Ganze etwas verwirrend. In Wirklichkeit handelt es sich jedoch um etwas sehr Einfaches. Die Menschen sind nicht zufrieden mit ihrem Schicksal: Reiche oder Arme, geniale oder mittelmäßige

Geister, Berühmtheiten oder Unbekannte, fast alle wünschen sie sich ein Leben, das anders ist als das, was sie leben. Um diesem Verlangen eine – trügerische – Befriedigung zu gewähren, entstand die erzählende Literatur. Sie wird geschrieben und gelesen, damit die Menschen das Leben haben, mit dessen Nicht-Existenz sie sich nicht abfinden wollen. Im Keim jedes Romans steckt ein gewisses Maß an Nonkonformismus, pulsiert ein Verlangen.

Folgt daraus, daß der Roman gleichbedeutend ist mit Unwirklichkeit? Daß die introvertierten Seeräuber Conrads, die trägen Aristokraten Prousts, die anonymen, mit Widrigkeiten gestraften kleinen Menschen Kafkas und die metaphysischen Gelehrten in den Erzählungen von Borges uns begeistern oder bewegen, weil sie nichts mit uns zu tun haben, weil es uns unmöglich ist, ihre Erfahrungen mit den unseren zu identifizieren? Mitnichten. Man muß vorsichtig sein, denn der Weg der Wahrheit und Lüge in der Welt der Dichtung ist mit Fallen versehen, und die einladenden Oasen, die am Horizont auftauchen, pflegen Luftspiegelungen zu sein.

Was bedeutet die Behauptung, ein Roman *lüge immer*? Nicht, was die Offiziere und Kadetten der Militärschule Leoncio Prado glaubten, wo – zumindest dem Schein nach – mein erster Roman, *Die Stadt und die Hunde*, spielt, die das Buch unter der Anschuldigung verbrannten, es verleumde die Institution. Auch nicht, was meine erste Frau dachte, die sich fälschlicherweise in einem anderen meiner Romane – *Tante Julia und der Kunstschreiber* – porträtiert fühlte und daraufhin ein Buch veröffentlichte, mit der Absicht, die von der Dichtung entstellte Wahrheit wiederherzustellen. Natürlich gibt es in beiden Geschichten mehr Erfindungen, Abschweifungen und Übertreibungen als Erinnerungen; als ich sie schrieb, habe ich niemals den Anspruch erhoben, mich treu an irgendwelche Tatsachen oder Personen zu halten, die dem Roman vorausgingen, ihm äußerlich waren. In beiden Fällen bin ich, wie bei allem, was ich geschrieben habe, von bestimmten Erfahrungen ausgegangen, die in meiner Erinnerung lebendig waren und meine Vorstellungskraft anregten, und habe etwas phantasiert, das diese Arbeitsmaterialien auf sehr untreue Weise widerspiegelt. Romane werden nicht geschrieben, um das Leben zu erzählen, sondern um es zu verwandeln, indem man ihm etwas hinzufügt. In den Romanen des Franzosen Restif de la Bretonne könnte die Wirklichkeit nicht detailgenauer sein; sie sind ein Katalog der Sitten im Frankreich des achtzehnten Jahrhunderts. In diesen akribischen Sittengemälden, in denen alles dem wirklichen Leben gleicht, steckt gleichwohl etwas anderes, eine winzige revolutionäre Einzelheit. In dieser Welt verlieben sich die Männer in die Frauen nämlich nicht aufgrund der Reinheit ihrer Gesichtszüge, der Anmut ihres Körpers, ihrer Geistesgaben usw., sondern *ausschließlich* aufgrund der Schönheit ihrer Füße. (Deshalb hat man den Stiefelfetischismus »Bretonismus« genannt.) Vielleicht weniger kraß und offensichtlich und auch weniger bewußt, schaffen alle Romane die Wirklichkeit neu: Sie verbessern oder verschlechtern sie, wie der verschwenderische Restif es mit charmanter Naivität tat. In diesen subtilen oder groben Hinzufügungen zum Leben – in denen der Romanautor seine geheimen Obsessionen materialisiert – liegt die Originalität eines dichterischen Werkes. Sie ist um so tiefer, je umfassender sie ein allgemeines Bedürfnis ausdrückt und je mehr Leser in Zeit und Raum in diesen eingeschmuggelten Ingredienzen die dunklen Dämonen erkennen, von denen sie selbst geängstigt werden. Hätte ich in diesen Romanen versuchen können, mit den Erinnerungen in skrupulöser Genauigkeit zu verfahren? Gewiß. Aber selbst wenn ich die langweilige Meisterleistung zustande gebracht hätte, nur wahre Begebenheiten zu erzählen und Personen zu beschreiben, deren Biographien wie angegossen zu denen ihrer Vorbilder paßten, wären meine Romane darum nicht weniger lügnerisch oder wahrhaftiger geworden, als sie es sind.

Denn nicht die Handlung entscheidet im wesentlichen über Wahrheit oder Lüge einer Dichtung, sondern die Tatsache, daß sie nicht gelebt, sondern geschrieben ist, daß sie aus Wörtern besteht und nicht aus lebendigen Erfahrungen. Die Tatsachen erfahren eine tiefgreifende Transformation, wenn sie in Worte übersetzt werden. Die wirkliche Tatsache – die blutige Schlacht, an der ich teilgenommen habe, das gotische Profil des Mädchens, das ich geliebt habe – ist einzigartig, während die Zeichen, die sie beschreiben können, mannigfaltig sind. Indem der Romancier die einen auswählt und andere verwirft, gibt er einer einzigen Möglichkeit den Vorzug und löscht tausend Möglichkeiten und Versionen des von ihm Beschriebenen aus. Damit ändert er dessen Natur, *was er beschreibt* wird *das Beschriebene*. Gilt dies nur für den Fall des realistischen Schriftstellers, diese Sekte, Schule oder Tradition, zu der ich selbst zweifellos gehöre und deren Romane über Geschehnisse berichten, die die Leser aufgrund ihrer eigenen Erfahrung der Wirklichkeit als möglich gelten lassen können? Es mag in der Tat scheinen, daß für den Autor phantastischer Werke, der nicht identifizierbare und offensichtlich nicht existente Welten beschreibt, überhaupt keine Notwendigkeit besteht, Realität und Fiktion gegeneinanderzuhalten. Und doch besteht sie, wenn auch auf andere Weise. Die »Irrealität« der phantastischen Literatur wird für den Leser Symbol oder Allegorie, das heißt Darstellung von Wirklichkeiten, von Erfahrungen, die er durchaus als im Leben mögliche erkennen kann. Wichtig ist: Nicht der »realistische« oder »phantastische« Charakter einer Handlung zieht in der erzählenden Prosa die Grenzlinie zwischen Wahrheit und Lüge.

Mit dieser ersten Veränderung – wie die Worte sie den Tatsachen aufprägen – ist eine zweite verknüpft, die nicht minder radikal ist: die Veränderung der Zeit. Das wirkliche Leben fließt und steht nicht still, es ist unermeßlich, ein Chaos, in dem jede Geschichte sich mit allen anderen vermischt und deshalb niemals beginnt oder endet. Das Leben der Dichtung ist Schein, in dem jene schwindelerregende Unordnung zu Ordnung wird: Organisation, Ursache und Wirkung, Anfang und Ende. Die Autonomie eines Romans ist nicht nur durch die Sprache gegeben, in der er geschrieben ist. Auch durch sein zeitliches System, durch die Art, wie in ihm die Existenz verläuft: wann sie stillsteht, wann sie sich beschleunigt und welche zeitliche Perspektive der Erzähler wählt, um diese erzählte Zeit zu beschreiben. Wenn zwischen den Worten und den Tatsachen Distanz besteht, so liegt zwischen der wirklichen und der fiktiven Zeit immer ein Abgrund. Die Zeit des Romans ist ein Artefakt, der dazu dient, psychologische Wirkungen zu erzielen. In ihr kann die Vergangenheit auf die Gegenwart folgen – die Wirkung der Ursache voraufgehen –, wie in jener Erzählung von Alejo Carpentier, *Links der Uhr*, die mit dem Tod eines alten Mannes beginnt und mit seinem Werden im Mutterleib endet; sie kann aber auch nur ferne Vergangenheit sein, die sich niemals in der nahen Vergangenheit auflöst, von der aus der Erzähler erzählt, wie in den meisten klassischen Romanen; oder sie kann ewige vergangenheits- und zukunftslose Gegenwart sein, wie in den Werken von Samuel Beckett; oder ein Labyrinth, in dem Vergangenheit, Gegenwart und Zukunft nebeneinander existieren und sich gegenseitig aufheben, wie in Faulkners *Schall und Wahn*.

Romane haben Anfang und Ende, und selbst in den gestaltlosesten und gezwungensten erlangt das Leben einen Sinn, den wir erkennen können, weil sie uns eine Perspektive bieten, die das wirkliche Leben, in das wir eingetaucht sind, uns immer verweigert. Diese Ordnung ist Erfindung, eine Hinzufügung des Romanautors, dieses Simulanten, der das Leben neu zu schaffen scheint, während er es in Wirklichkeit nur korrigiert. Bisweilen subtil, andere Male grob, verfälscht die literarische Fiktion das Leben, indem sie es in ein Raster aus Worten preßt, die es im Maßstab verkleinern und es dem Leser zugänglich machen. Dieser kann es dann beurteilen, verstehen und vor allem mit einer Straflosigkeit leben, die ihm das wirkliche Leben nicht gewährt.

Welcher Unterschied besteht dann zwischen einem Werk der erzählenden Literatur und einer journalistischen Reportage oder einem Geschichtsbuch? Sind sie nicht alle aus Wörtern gemacht? Sperren sie den uferlosen Strom der wirklichen Zeit nicht auch in die künstliche Zeit der Erzählung? Wir haben es hier mit gegensätzlichen Formen der Annäherung an das Wirkliche zu tun: Während der Roman sich auflehnt und über das Leben hinausgeht, können jene Gattungen nur seine Sklaven sein. Der Begriff der Wahrheit oder der Lüge funktioniert in jedem Fall anders. Im Journalismus oder in der Geschichte hängt er ab vom Vergleich zwischen dem Geschriebenen und der Wirklichkeit, aus der dieses schöpft: je näher, um so wahrer, und je weiter weg, um so falscher. Die Behauptung, Michelets *Geschichte der Französischen Revolution* oder Prescotts *Geschichte der Eroberung Perus* seien »romanhaft«, kommt einer Herabsetzung gleich und unterstellt mangelnde Seriosität. Hingegen wäre es verlorene Zeit, wollte man die geschichtlichen Irrtümer belegen, die man in Tolstois *Krieg und Frieden* in bezug auf die Napoleonischen Kriege finden kann: Die Wahrheit des Romans hängt nicht davon ab. Wovon dann? Von seiner eigenen Überzeugungskraft, von der kommunikativen Kraft seiner Phantasie, von der Geschicktheit seiner Magie. Jeder gute Roman sagt die Wahrheit, und jeder schlechte Roman lügt. Denn »die Wahrheit sagen« heißt für einen Roman, den Leser eine Illusion erleben lassen, und »lügen« heißt, unfähig sein zu dieser Simulation. Der Roman ist mithin ein amoralisches Genre oder, besser gesagt, ein Genre mit einer Ethik *sui generis,* für die Wahrheit oder Lüge ausschließlich ästhetische Kategorien sind. »Entfremdende« Kunst, ist er von anti-brechtscher Machart: Ohne »Illusion« gibt es keinen Roman.

Aus dem bisher Gesagten läßt sich scheinbar folgern, daß die Dichtung ein willkürliches Fabulieren ist, eine Zauberei ohne große Bedeutung. Das genaue Gegenteil ist der Fall: Wie maßlos sie auch sein mag in ihrer Phantasie, ihre Wurzeln ragen in die menschliche Erfahrung, von der sie sich nährt und die sie ihrerseits speist. Ein wiederkehrendes Thema in der Geschichte der erzählenden Literatur ist die ihr innewohnende Gefahr, der Leser könne das, was die Romane sagen, im Wortsinn verstehen und glauben, das Leben sei so, wie es in ihnen beschrieben wird. Die Ritterromane rauben Alonso Quijano den Verstand und lassen ihn in die Welt hinausziehen und Windmühlen attackieren; Emma Bovarys Tragödie wäre nicht geschehen, hätte Flauberts Gestalt nicht versucht, den Heldinnen der romantischen Romane zu gleichen, die sie las. Alonso Quijano und Emma Bovary zerbrechen, weil sie glauben, daß die Wirklichkeit den dichterischen Fiktionen gleicht. Verurteilen wir sie deshalb? Nein, ihre Geschichten bewegen uns und finden unsere Bewunderung: In ihrem hartnäckigen, unmöglichen Bemühen, *die Fiktion zu leben,* scheint uns eine idealistische Haltung verkörpert, die der menschlichen Gattung zur Ehre gereicht. Denn anders sein zu wollen, als man ist, entspricht dem menschlichen Sehnen schlechthin. Aus ihm ist das Beste und das Schrecklichste in der Geschichte hervorgegangen. Aus ihm sind auch die literarischen Fiktionen entstanden.

Wenn wir Romane lesen, sind wir nicht nur wir selbst; wir sind auch die verzauberten Wesen, zwischen die der Romancier uns versetzt. Dieser Vorgang kommt einer Metamorphose gleich: Das erstickende Gefängnis unseres wirklichen Lebens tut sich auf, und wir treten hinaus als andere, um stellvertretend Erfahrungen zu erleben, die die Dichtung zu unseren macht. Hellsichtiger Traum, gestaltgewordene Phantasie, ergänzt die Dichtung uns verstümmelte Wesen, denen die grausame Dichotomie auferlegt wurde, ein einziges Leben zu haben und Wünsche und Phantasie genug, um tausend zu begehren. Diesen Raum zwischen dem wirklichen Leben und den Wünschen und Phantasien, die es reicher und anders wollen, füllen die dichterischen Fiktionen aus.

In ihrer aller Herzen flammt ein Protest. Wer sie fabulierte, tat es, weil er sie nicht leben konnte, und wer sie liest (und während der Lektüre an ihre Existenz glaubt), findet in ihren Trugbildern die Gesichter und Abenteuer, die er braucht, um sein Leben zu bereichern. Dies ist die Wahrheit, welche die Lügen dieser Fiktionen ausdrücken: die Lügen, die wir selbst sind, die Lügen, die uns trösten und uns für unsere Sehnsüchte und Enttäuschungen entschädigen. Inwieweit können wir dann dem Zeugnis der Romane in bezug auf die Gesellschaft trauen, die sie hervorgebracht hat? Waren diese Menschen so? Sie waren es, in dem Sinne, daß sie so sein wollten, daß sie sich so lieben, leiden oder genießen sahen. Diese Lügen dokumentieren nicht ihr Leben, sondern die Dämonen, die sie quälten, die Träume, an denen sie sich berauschten, um das Leben, das sie lebten, erträglicher zu machen. Eine Epoche ist nicht nur von Wesen aus Fleisch und Blut bevölkert, sondern auch von den Phantasmen, in die sie sich verwandeln, um die Schranken zu durchbrechen, die sie begrenzen und zunichte machen.

Die Lügen der Romane sind niemals willkürlich: Sie stehen für die Unzulänglichkeiten des Lebens. Wenn das Leben erfüllt und absolut zu sein scheint und die Menschen dank eines Glaubens, der alles rechtfertigt und alles durchdringt, mit ihrem Schicksal zufrieden sind, leisten die Romane nicht den geringsten Dienst. Religiöse Kulturen produzieren Poesie und Theater, selten große Romane. Die erzählende Prosa ist die Kunst von Gesellschaften, in denen der Glaube eine Krise erlebt, *in denen man an etwas glauben muß,* in denen die einheitliche, vertrauensvolle und absolute Vision durch eine gebrochene Vision ersetzt worden ist, durch Ungewißheit über die irdische und über die jenseitige Welt. Außer Amoralität nistet in jedem Roman auch eine gewisse Skepsis. Wenn die religiöse Kultur in eine Krise gerät, scheint das Leben sich den Schemata, Dogmen und Geboten zu entziehen, die es fesselten, und wird zum Chaos: Dies ist der ideale Augenblick für die dichterische Fiktion. Ihre künstlichen Ordnungen bieten Zuflucht, Sicherheit, in ihnen entfalten sich frei all jene Wünsche und Ängste, die das wirkliche Leben schürt und nicht zu erfüllen oder abzuwenden vermag. Die Dichtung ist ein vorübergehender Ersatz für das Leben. Die Rückkehr zur Wirklichkeit ist immer eine plötzliche Verarmung: die Feststellung, daß wir weniger sind als das, was wir erträumen. Daher können die dichterischen Fiktionen die menschliche Unzufriedenheit nicht nur vorübergehend mildern, sie können sie auch schüren, indem sie die Phantasie anregen.

Die spanischen Inquisitoren begriffen die Gefahr. Die Leben zu leben, die man nicht lebt, ist eine Quelle der Sehnsucht, bedeutet mangelndes Einverständnis mit der Existenz, die zu Rebellion werden kann, zu unwillfähriger Haltung gegenüber dem Etablierten. Es ist daher verständlich, daß Regime, die das Leben vollständig kontrollieren wollen, den literarischen Fiktionen mißtrauen und sie der Zensur unterwerfen. Aus sich selbst herauszugehen, ein anderer zu sein, wenn auch nur als Illusion, heißt weniger Sklave sein und mit den Gefahren der Freiheit experimentieren.

II

»Die Dinge sind nicht, wie wir sie sehen, sondern wie wir sie erinnern«, schrieb Valle-Inclán. Er bezog sich zweifellos darauf, wie die Dinge in der Literatur sind, jener Unwirklichkeit, der die Überzeugungskraft des guten Schriftstellers und die Gläubigkeit des guten Lesers eine prekäre Wirklichkeit verleihen.

Für fast alle Schriftsteller ist die Erinnerung der Ausgangspunkt der Phantasie, das Sprungbrett, von dem aus die Vorstellungskraft ihren unvorsehbaren Flug hin zur Dichtung antritt. Erinnerungen und Erfindungen vermischen sich in der erzählenden Literatur in einer Weise, die oft für den Autor selbst unentwirrbar ist, der, obwohl er das Gegenteil erstrebt, weiß, daß die Zurückgewinnung der verlorenen Zeit, welche die Literatur bewirken kann, immer trügerisch ist, eine Fiktion, in der das Erinnerte sich im Geträumten auflöst und umgekehrt.

Deshalb ist die Literatur das Reich der Ambivalenz par excellence. Ihre Wahrheiten sind immer subjektiv, halbe, relative Wahrheiten, literarische Wahrheiten, die häufig flagrante Ungenauigkeiten oder historische Lügen darstellen. Obwohl die filmreife Schlacht von Waterloo, die in *Die Elenden* vorkommt, uns begeistert, wissen wir, daß dies ein Kampf war, den Victor Hugo gekämpft und gewonnen hat, und nicht der, den Napoleon verloren hat. Oder, um ein klassisches valencianisches Werk aus dem Mittelalter zu zitieren: Die Eroberung Englands durch die Araber, die in *Tirant lo Blanc* beschrieben wird, ist völlig überzeugend, und niemand würde wagen, ihr mit dem schäbigen Argument Wahrscheinlichkeit abzusprechen, in der wirklichen Geschichte habe niemals ein arabisches Heer den Ärmelkanal überquert.

Die Rekonstruktion der Vergangenheit, welche die Literatur ins Werk setzt, ist fast immer trügerisch, wenn man sie mit Kategorien geschichtlicher Objektivität mißt. Die literarische Wahrheit ist eine Wahrheit, die historische eine andere. Aber auch wenn sie voller Lügen steckt – oder vielmehr: genau deshalb –, erzählt die Literatur die Geschichte, die die von den Historikern geschriebene Geschichte nicht zu erzählen weiß und nicht erzählen kann.

Denn der Betrug, der Schwindel und die Übertreibungen der erzählenden Literatur dienen dazu, tiefe, beunruhigende Wahrheiten auszudrücken, die nur in dieser indirekten Weise zutage treten.

Wenn Joanot Martorell uns in *Tirant lo Blanc* erzählt, die Infantin von Frankreich sei so weiß gewesen, daß man sehen konnte, wie der Wein durch ihren Hals floß, dann sagt er uns etwas, das technisch unmöglich ist, aber unter dem Bann der Lektüre wie eine unvergängliche Wahrheit erscheint, denn in der fingierten Wirklichkeit des Romans ist, im Unterschied zu der unseren, das Exzessive niemals die Ausnahme, sondern stets die Regel. Und nichts ist exzessiv, wenn alles es ist. In *Tirant lo Blanc* sind es die apokalyptischen, minutiös ritualisierten Kämpfe und die Großtaten des Helden, der allein große Menschenmassen besiegt und buchstäblich die halbe Christenheit und den ganzen Islam vernichtet. Seine komischen Rituale sind es, wie die jenes frommen und libidinösen Mannes, der die Frauen zu Ehren der Heiligen Dreifaltigkeit dreimal auf den Mund küßt. Und immer exzessiv ist bei ihm, wie der Krieg, die Liebe, die in der Regel ebenfalls katastrophale Folgen hat. Als Tirant zum Beispiel im Halbdunkel eines Sterbezimmers zum ersten Mal die wogenden Brüste der Prinzessin Carmesina sieht, fällt er in einen nachgerade kataleptischen Zustand und bleibt wie erstarrt mehrere Tage lang auf einem Bett liegen, ohne zu schlafen, zu essen oder ein Wort zu sagen. Als er sich schließlich erholt, ist es, als müßte er von neuem das Sprechen lernen. Sein erstes Gestammel lautet: »Ich liebe.«

Diese Lügen verraten nicht, was die Valencianer am Ende des 15. Jahrhunderts waren, sondern was sie gern gewesen wären und getan hätten; sie gestalten nicht die Menschen aus Fleisch und Blut, die in dieser schrecklichen Zeit gelebt haben, sondern ihre Traumbilder. Sie materialisieren ihre Lüste, ihre Ängste, ihre Wünsche, ihre Rachsucht. Ein gelungenes Prosawerk verkörpert die Subjektivität einer Epoche, und deshalb teilen uns die Romane, auch wenn sie, verglichen mit der Geschichte, lügen, bestimmte flüchtige, sich verflüchtigende Wahrheiten mit, die den wissenschaftlichen Beschreibern der Wirklichkeit immer entgehen. Nur die Literatur verfügt über die Techniken und das Vermögen, das feine Elixier des Lebens zu destillieren: die Wahrheit, die im Herzen der menschlichen Lügen verborgen ist. Denn in den Täuschungen der Literatur gibt es keine Täuschung. Zumindest dürfte es keine geben, außer für die naiven Gemüter, die glauben, die Literatur müsse dem Leben objektiv treu und von der Wirklichkeit ebenso abhängig sein wie die Geschichte. Und es gibt deshalb keine Täuschung, weil wir, wenn wir ein Werk der Fiktion aufschlagen, uns geistig auf eine Vorstellung einstellen, bei der, wie wir sehr gut wissen, unsere Tränen oder unser Gähnen einzig und allein von der guten oder schlechten Zauberkunst des Erzählers abhängen, von seiner Fähigkeit, uns seine Lügen als Wahrheiten erleben zu lassen, und nicht von seiner Fähigkeit, glaubwürdig das Gelebte zu reproduzieren.

Daß die Grenzen zwischen Literatur und Geschichte – zwischen literarischen Wahrheiten und historischen Wahrheiten – deutlich gezogen sind, ist ein Vorrecht der offenen Gesellschaften. In ihnen bestehen beide Bereiche nebeneinander, unabhängig und selbständig, wenn sie einander auch in dem utopischen Vorhaben ergänzen, das ganze Leben zu umfassen. Und der vielleicht beste Beweis für die Offenheit einer Gesellschaft – in dem Sinn, den Karl Popper diesem Begriff gab – ist, daß es sich so verhält: Autonom und voneinander verschieden, bestehen Literatur und Geschichte nebeneinander, ohne daß die eine auf den Bereich und die Aufgaben der anderen übergreift oder diese usurpiert.

In den geschlossenen Gesellschaften ist das Gegenteil der Fall. Und deshalb läßt sich eine geschlossene Gesellschaft vielleicht am besten durch die Aussage definieren, daß in ihr Literatur und Geschichte nicht mehr voneinander geschieden sind: Sie gehen ineinander über, treten eine an die Stelle der anderen, indem sie, wie auf einem Maskenball, ständig ihre Identität vertauschen.

In einer geschlossenen Gesellschaft maßt die Macht sich nicht nur das Vorrecht an, die Handlungen der Menschen – was sie tun und was sie sagen – zu kontrollieren; sie strebt auch danach, ihre Phantasie, ihre Träume und, natürlich, ihre Erinnerung zu regieren. In einer geschlossenen Gesellschaft wird die Vergangenheit früher oder später zum Gegenstand einer Manipulation, die der Rechtfertigung der Gegenwart dient. Die offizielle Geschichte, als einzig tolerierte, ist Schauplatz jener magischen Verwandlungen, welche der sowjetischen Enzyklopädie (vor der Perestroika) zur Berühmtheit verhalfen: Akteure, die auftreten oder abtreten, ohne Spuren zu hinterlassen, je nachdem, ob sie von der Macht gerettet oder gesäubert werden, Taten der Helden und Schurken der Vergangenheit, die im Takt der Anpassungen und Neuanpassungen der regierenden Cliquen der Gegenwart von Ausgabe zu Ausgabe Vorzeichen, Wert und Substanz verändern. Diese Praxis hat der moderne Totalitarismus vervollkommnet, aber nicht erfunden; sie verliert sich in den Anfängen der Zivilisationen, die bis vor relativ kurzer Zeit immer vertikal und despotisch waren.

Die kollektive Erinnerung organisieren; die Geschichte in ein Instrument der Regierung verwandeln, dessen Aufgabe darin besteht, die Befehlshaber zu legitimieren und ihnen Alibis für ihre Missetaten zu verschaffen – diese Versuchung ist jeder Macht in die Wiege gelegt. Totalitäre Staaten können sie Wirklichkeit werden lassen. Zahllose Gesellschaften haben sie in der Vergangenheit in die Praxis umgesetzt.

Meine Landsleute von einst, die Inkas, zum Beispiel: Sie setzten dies auf überzeugende, theatralische Weise ins Werk. Wenn der Kaiser starb, starben mit ihm nicht nur seine Frauen und Konkubinen, sondern auch seine Intellektuellen, die sie Amautas nannten, weise Männer. Ihre Weisheit diente vorwiegend einem Betrug: der Verwandlung von Fiktion in Geschichte. Der neue Inka übernahm die Macht mit einem funkelnagelneuen Hof von Amautas, deren Aufgabe darin bestand, die offizielle Erinnerung neu zu schaffen, die Vergangenheit zu korrigieren, sie gewissermaßen zu modernisieren, so daß alle Heldentaten, Eroberungen, Bauwerke, die zuvor seinem Vorgänger zugeschrieben wurden, von diesem Augenblick an zum *curriculum vitae* des neuen Kaisers gehörten. Seine Vorgänger fielen nach und nach dem Vergessen anheim. Die Inkas wußten sich ihrer Vergangenheit zu bedienen, indem sie sie in Literatur verwandelten, damit sie dazu beitrüge, die Gegenwart zur Erstarrung zu bringen, das höchste Ideal jeder Diktatur. Sie verboten die besonderen Wahrheiten, die immer unvereinbar sind mit einer offiziellen, in sich geschlossenen und unwiderruflichen Wahrheit. (Infolgedessen ist das Inkareich eine Gesellschaft ohne Geschichte, zumindest ohne ereignishafte Geschichte, denn niemand hat diese wie eine professionelle Striptease-Tänzerin systematisch be- und entkleidete Geschichte glaubwürdig rekonstruieren können.)

In einer geschlossenen Gesellschaft ist die Geschichte mit Fiktion getränkt, wird zur Fiktion, denn sie wird entsprechend der jeweils herrschenden religiösen oder politischen Orthodoxie oder, einfacher formuliert, in Übereinstimmung mit den Launen des Machthabers erfunden und neu erfunden.

Damit einher geht gewöhnlich ein strenges Zensursystem, damit auch die Literatur in eng vorgeschriebenen Bahnen phantasiere, damit ihre subjektiven Wahrheiten der offiziellen Geschichte nicht widersprechen oder Schatten auf sie werfen, sondern vielmehr ihrer Verbreitung und Veranschaulichung dienen. Der Unterschied zwischen historischer Wahrheit und literarischer Wahrheit verschwindet, geht auf in einem Zwitter, der die Geschichte irreal macht und die Literatur des Geheimnisses, der Initiative und des Nonkonformismus gegenüber dem Etablierten beraubt.

Wenn die Geschichte zum Lügen verurteilt ist und die Literatur dazu, die von der Macht produzierten Wahrheiten zu verbreiten, so folgt daraus nicht, daß die wissenschaftliche und technologische Entwicklung eines Landes oder die Einführung bestimmter grundlegender Formen sozialer Gerechtigkeit behindert wird. Es ist bewiesen, daß das Inkareich den Hunger besiegte, daß es ihm gelang, all seinen Untertanen Nahrung zu geben – ein außergewöhnlicher Erfolg für seine und für unsere Zeit. Und die modernen totalitären Gesellschaften haben der Schulbildung, der Gesundheit, dem Sport, der Arbeit starken Auftrieb verliehen und sie der Mehrheit zugänglich gemacht, was die offenen Gesellschaften trotz ihres Wohlstandes nicht erreicht haben, denn sie bezahlen ihre Freiheit oft mit enormen Vermögensunterschieden und – was schlimmer ist – der Chancenungleichheit ihrer Mitglieder.

Wenn aber ein Staat in seinem Bestreben, alles zu kontrollieren und zu entscheiden, den Menschen das Recht nimmt, die ihnen genehmen Lügen zu erfinden und zu glauben, sich dieses Recht aneignet und es durch seine Historiker und seine Zensoren – wie die Inkas mittels ihrer Amautas – zu seinem Monopol macht, dann verschwindet ein wichtiges neuralgisches Zentrum des sozialen Lebens. Und das Leben der Menschen erfährt eine Verstümmelung, eine Verarmung, auch wenn ihre Grundbedürfnisse befriedigt sind.

Denn das wirkliche Leben, das wahre Leben ist niemals genug gewesen und wird niemals genug sein, um die menschlichen Wünsche zu erfüllen. Und ohne diese Unzufriedenheit mit dem Leben, welche die Lügen der Literatur zugleich schüren und besänftigen, gibt es niemals wirklichen Fortschritt.

Die Phantasie, mit der wir begabt sind, ist eine teuflische Gabe. Sie ist schuld, daß sich beständig ein Abgrund auftut zwischen dem, was wir sind, und dem, was wir sein möchten, zwischen dem, was wir haben, und dem, was wir begehren.

Die Vorstellungskraft hat jedoch ein schlaues, subtiles Mittel gegen diese unvermeidliche Diskrepanz zwischen unserer begrenzten Wirklichkeit und unseren maßlosen Wünschen ersonnen: die literarische Fiktion. Dank ihr sind wir mehr und sind wir andere und doch immer wir selbst. In ihr lösen wir uns auf und vervielfältigen wir uns, weil wir sehr viele Leben mehr leben als das, was wir besitzen, und als die, die wir leben könnten, wenn wir auf das Wahrhafte beschränkt blieben und das Gefängnis der Geschichte niemals verließen.

Die Menschen leben nicht nur von Wahrheiten, sie brauchen auch Lügen: die Lügen, die sie frei erfinden, nicht die Lügen, die man ihnen aufzwingt; die Lügen, die als solche daherkommen, nicht die Lügen, die sich in das Gewand der Geschichte kleiden. Die Dichtung bereichert ihre Existenz, macht sie vollkommener und entschädigt sie vorübergehend für die tragische Situation, die darin besteht, daß wir immer mehr begehren und erträumen, als wir wirklich erlangen können.

Wenn die Literatur ihr alternatives Leben frei entfaltet, ohne eine andere Einengung als die Begrenzungen des Schöpfers selbst, dann weitet sie das menschliche Leben, da sie ihm jene Dimension hinzufügt, aus der sich unser verborgenes Leben nährt: jenes ungreifbare, flüchtige, aber wunderbare Leben, das wir nur mit Lügen leben.

Es ist ein Recht, das wir ohne jedes Gefühl von Scham verteidigen müssen. Denn das Spiel mit den Lügen, wie es der Autor einer literarischen Fiktion und sein Leser spielen, mit den Lügen, die sie selbst unter der Herrschaft ihrer persönlichen Dämonen fabrizieren, ist eine Form, die Selbstbestimmung des Individuums zu bekräftigen und sie zu verteidigen, wenn sie bedroht ist; einen eigenen Freiheitsraum zu bewahren, eine der Kontrolle der Macht und der Einmischung der anderen entzogene Festung, in der wir wirklich die Herren unseres Schicksals sind.

Aus dieser Freiheit entstehen andere Freiheiten. Als private Orte der Zuflucht verleihen die subjektiven Wahrheiten der Literatur der historischen Wahrheit, die ihre Ergänzung ist, eine mögliche Existenz und eine eigene Aufgabe, die Aufgabe nämlich, einen wichtigen Teil – aber nur einen Teil – unserer Erinnerung zu retten: alle Größe und alles Elend, das wir in unserer Existenz als Herdenwesen mit den anderen teilen. Diese historische Wahrheit ist unerläßlich und unersetzlich, wenn wir wissen wollen, was wir waren und was wir vielleicht als menschliche Gemeinschaften einmal sein werden. Was wir jedoch als Individuen sind und was wir sein wollten und nicht wirklich sein konnten und deshalb phantasieren und erfinden mußten – unsere geheime Geschichte –, das kann nur die Literatur erzählen. Deshalb schrieb Balzac, die erzählende Literatur sei »die private Geschichte der Nationen«.

Sie ist von sich aus eine schreckliche Anklage gegen die Existenz unter jeglichem Regime, jeglicher Ideologie: ein flammendes Zeugnis ihrer Unzulänglichkeiten, ihrer Unfähigkeit, uns Erfüllung zu geben. Und deshalb ist sie eine ständige Bedrohung für jede Macht, welche die Menschen zufrieden und konform sehen möchte. Die Lügen der Literatur beweisen uns, wenn sie in Freiheit entstehen, daß dies nie so war. Und sie zetteln eine nicht endende Verschwörung an, damit dies auch in Zukunft nicht so sein möge.

Barranco, 2. Juni 1989

Der Ruf des Abgrunds

Der Tod in Venedig

Der Tod in Venedig erzählt eine Geschichte, die es trotz ihrer Kürze an Komplexheit und Tiefe durchaus mit den Romanen aufnehmen kann, in denen das Genie Thomas Manns sich langsam in weitläufigen Konstruktionen entfaltet, in denen es um die Darstellung einer ganzen Gesellschaft oder einer historischen Epoche geht. Und er tut es mit einer Ökonomie der Mittel und einer künstlerischen Vollendung, wie sie nur wenige Novellen in der Geschichte der Literatur erreicht haben. Deshalb verdient sie es, in einer Reihe mit Meisterwerken der Gattung wie Kafkas *Die Verwandlung* oder Tolstois *Der Tod des Iwan Iljitsch* zu stehen, mit denen sie die formale Vollkommenheit, die faszinierende Handlung und vor allem den schier unendlichen Strom der Assoziationen, Symboldeutungen und Nachklänge gemeinsam hat, den die Erzählung im Geist des Lesers entstehen läßt.

Man mag den Text zum ersten oder zum wiederholten Male lesen – immer bleibt das beunruhigende Gefühl zurück, etwas Geheimnisvolles an ihm entziehe sich dem Zugriff auch der aufmerksamsten Lektüre. Ein dunkler und gewaltsamer, vielleicht verwerflicher Untergrund, der ebensoviel mit der Seele der Hauptgestalt wie mit der Erfahrung zu tun hat, die der menschlichen Gattung gemeinsam ist; eine verborgene Bestimmung, die plötzlich wieder zum Vorschein kommt und uns erschreckt, glaubten wir doch, sie sei durch das Werk der Kultur, des Glaubens, der öffentlichen Moral oder des bloßen Wunsches nach sozialem Überleben endgültig aus unseren Reihen verbannt.

Wie läßt sich diese unterschwellige Präsenz definieren, welche die Kunstwerke im allgemeinen unfreiwillig, fast immer heimlich offenbaren, jenes Irrlicht, das sie plötzlich ohne die Erlaubnis des Autors durchgeistert? Freud nannte sie Todestrieb; Sade Begehren in Freiheit; Bataille das Böse. Wie auch immer, es handelt sich um die Suche nach jener uneingeschränkten Selbstbestimmung des Individuums, die allen Konventionen und Normen vorausgeht und die jede Gesellschaft – die eine mehr, die andere weniger – eingrenzt und reguliert, um das Zusammenleben zu ermöglichen und zu verhindern, daß die Gemeinschaft sich auflöst und in die Barbarei zurückfällt. Die Wünsche und Leidenschaften der Individuen im Zaum zu halten, so daß die von der Phantasie geschürten Begierden der einzelnen nicht den Körper der Masse gefährden, ist die Definition schlechthin der Idee der Zivilisation. Eine klare und heilsame Idee, deren Vorzüge für die menschliche Gattung niemand rational bestreiten kann, denn sie hat das Leben bereichert und Ungewißheit und Elend der ursprünglichen Lebensformen, die der Horde und dem Kannibalenstamm vorausgingen, in bisweilen äußerste Ferne gerückt. Das Leben besteht jedoch nicht nur aus Vernunft, sondern auch aus Leidenschaften. Der Engel, der im Menschen lebt, vermag niemals völlig den Teufel zu besiegen, mit dem er die conditio humana teilt, mag es auch den Anschein haben, als sei dies in den fortgeschrittenen Gesellschaften erreicht. Die Geschichte Gustav von Aschenbachs zeigt uns, daß nicht einmal jene erhabenen Vorbilder bürgerlicher Ehrbarkeit, die kraft ihrer Intelligenz und moralischen Disziplin sämtliche destruktiven Kräfte der Persönlichkeit gezähmt zu haben glauben, davor geschützt sind, an einem beliebigen Tag der Versuchung des Abgrunds zu erliegen.

Vernunft, Ordnung, Tugend sichern den Fortschritt der menschlichen Gesellschaft, aber sie allein machen selten das Glück der einzelnen aus, deren im Namen des Gemeinwohls zurückgedrängte Triebe immer auf der Lauer liegen und auf die Gelegenheit warten, sich Ausdruck zu verschaffen, vom Leben jene Intensität und jene Exzesse zu fordern, die letztlich zur Zerstörung und zum Tod führen. Die Sexualität ist das bevorzugte Terrain, auf dem diese nach Überschreitung und Bruch dürstenden Dämonen aus der Tiefe der Persönlichkeit heraus in Erscheinung treten, und nicht immer lassen sie sich abwehren, da auch sie Teil der menschlichen Wirklichkeit sind. Mehr noch: Obwohl ihre Existenz immer eine Gefahr für den einzelnen bedeutet und die Gesellschaft mit Auflösung und Gewalt bedroht, erfährt das Leben durch ihre totale Verbannung eine Verarmung, da ihm Exaltation und Rausch – Fest und Abenteuer – genommen werden, die ebenfalls ein existentielles Bedürfnis sind. Auf diese schwierige Thematik wirft *Der Tod in Venedig* ein grandioses, düsteres Licht.

Gustav von Aschenbach ist als ein bewunderungswürdiger Bürger an die Schwelle des Alters gelangt. Seine Bücher haben ihn berühmt gemacht, aber er trägt den Ruhm ohne Eitelkeit, auf seine geistige Arbeit konzentriert, fast ohne die Welt der Ideen und Prinzipien zu verlassen, losgelöst von jeder materiellen Versuchung. Er ist ein strenger und einsamer Mensch geworden, seitdem er Witwer ist; er geht nicht in Gesellschaft und pflegt auch nicht zu reisen; in den Ferien zieht er sich in ein kleines Haus auf dem Land bei München, zwischen seine Bücher zurück. Im Text heißt es: »Aschenbach liebte nicht den Genuß.« Alles scheint also darauf hinzudeuten, daß diese glorreiche Künstlergestalt in der Welt des Geistes lebt, nachdem sie kraft ihrer Bildung und ihrer Vernunft die Leidenschaften bezwungen hat, jene Träger des Lasters und des Chaos, welche die dunklen Regionen der menschlichen Psyche bewohnen. Es handelt sich um einen »Virtuosen« im doppelten Sinn des Wortes: als Schöpfer schöner und ursprünglicher Formen und als Mensch, der sein Leben mit Hilfe eines strikten Rituals der Disziplin und Mäßigung geläutert hat.

Eines Tages jedoch beginnt diese geordnete Existenz plötzlich zusammenzubrechen, und dies geschieht durch das Werk der Phantasie, jener zersetzenden Kraft, welche die Franzosen treffend »die Irre des Hauses« nennen. Der flüchtige Anblick eines Fremden vor dem Münchner Friedhof weckt in Aschenbach den Wunsch zu reisen und bevölkert seinen Kopf mit exotischen Bildern; er träumt von einer wilden und primitiven, einer barbarischen Welt, einer Welt also, die seiner Existenz als hochzivilisierter Mensch, als »klassischer« Geist völlig entgegengesetzt ist. Ohne recht zu verstehen, warum er es tut, gibt er dem Impuls nach und reist zunächst zu einer Adria-Insel, dann nach Venedig. Dort erblickt er noch am Abend seines Ankunftstages den polnischen Knaben Tadzio, der sein Leben umstürzen und innerhalb weniger Tage die rationale und sittliche Ordnung, von der es getragen wurde, zerstören wird. Er berührt ihn nie, er wechselt nicht einmal ein Wort mit ihm; es ist sogar möglich, daß das vage Lächeln, das Aschenbach im Gesicht des Jünglings zu gewahren glaubt, wenn sie einander begegnen, nichts als Einbildung ist. Das ganze Drama entfaltet sich fern von indiskreten Zeugen, im Geist und im Herzen des Schriftstellers und natürlich auch im Bereich jener schmutzigen Triebe, von denen er glaubte, er habe sie bezwungen, jener Triebe, die unerwartet in der schwülen, übelriechenden Luft des venezianischen Sommers wiederauferstehen, gerufen von der zarten Schönheit des Knaben, um ihm vor Augen zu führen, daß in seinem Körper nicht nur die verfeinerten, großherzigen Ideen wohnen, die seine Leser bewundern, sondern auch ein brünstiges Tier voller Gier und Egoismus.

Es würde der Sache nicht gerecht, wollte man behaupten, der Schriftsteller verliebe sich in den schönen Jungen oder entbrenne in Begehren für ihn. Ihm widerfährt etwas viel Tieferes: Seine Sicht des Lebens und des Menschen, von Bildung und Kunst ändert sich. Plötzlich treten die Ideen in den Hintergrund, verdrängt von den Empfindungen und Gefühlen, und der Körper erscheint als eine überwältigende Realität, die der Geist nicht unterwerfen darf, der er vielmehr dienen muß. Sinnlichkeit und Triebverlangen gewinnen eine neue moralische Wertigkeit, nicht mehr als Formen der Animalität, die das menschliche Wesen um der Zivilisation willen unterdrücken muß, sondern als Quellen eines »himmlischen Rausches«, der den einzelnen in einen kleinen Gott verwandelt. Das Leben hört auf, »Form« zu sein, und verströmt sich in brennender Unordnung.

Gustav von Aschenbach erfährt die Wonnen und Qualen der leidenschaftlichen Liebe, wenn auch allein, ohne sie mit dem Wesen zu teilen, das sie auslöst. Zu Beginn, als er die Gefahr ahnt, in die er sich begibt, versucht er zu fliehen, nur um umzukehren und sich um so entschlossener dem Abenteuer hinzugeben, das ihn zuerst ins Verderben und dann in den Tod führen wird. Der nüchterne Intellektuelle von gestern, nunmehr von seinem Alter und seiner Häßlichkeit angewidert, läßt sich in mitleiderregender Weise dazu hinreißen, sich wie ein Geck zu schminken und das Haar zu färben. Statt mit den alten apollinischen Träumen einer früheren Zeit füllen sich seine Nächte mit wilden Visionen, in denen sich barbarische Menschen Orgien hingeben, bei denen Gewalt, sinnliche Begierde und Idolatrie als Feinde des »gefaßten und würdigen Geistes« triumphieren. Gustav von Aschenbach lernt nun die »Unzucht und Raserei des Unterganges« kennen. Wer verdirbt wen? Denn Tadzio verläßt Venedig am Ende der Geschichte genauso unschuldig und makellos, wie er es zu Beginn war, während Aschenbach moralisch und physisch ruiniert ist. Die Schönheit des Knaben ist kaum mehr als die Triebfeder, die den zerstörerischen Mechanismus in Gang setzt, jenes Begehren, das die Phantasie Aschenbachs entfacht, bis er an ihr verbrennt.

Die Seuche, an der er zugrunde geht, ist in mehr als einer Hinsicht symbolisch. Einerseits steht sie für die irrationalen Kräfte der Sexualität und der ihr dienstbaren Phantasie, jene *Libertinage*, der der Schriftsteller erliegt. Völlig freigesetzt, würden sie das soziale Leben unmöglich machen, denn es müßte sich in einen Dschungel voller hungriger Tiere verwandeln. Andererseits verkörpert die Seuche die primitive Welt, eine exotische Wirklichkeit, in der – im Unterschied zu dem, was für den Erzähler der Geist, das zivilisierte Europa darstellt – das Leben noch Trieb statt Idee ist und wo der Mensch noch im Naturzustand lebt. Die »indische Cholera«, die Venedig, jenes Juwel der Kultur und des Geistes, verwüstet, entstammt jenen entfernten Gegenden des Planeten, »in deren Bambusdickichten der Tiger kauert«, und die Verheerungen, die sie anrichtet, nehmen gleichsam die Niederlage der Zivilisation durch das Werk der Barbarei voraus.

Dieser Teil der Geschichte ermöglicht verschiedene Lesarten. Die Seuche symbolisiert manchen zufolge den politischen und sozialen Verfall eines Europa, das die fröhliche Zügellosigkeit der Belle Epoque hinter sich gelassen hatte und im Begriff stand, sich selbst zu zerstören. Dies ist die »gesellschaftliche« Interpretation der heimtückischen Epidemie, die sich unmerklich in die schöne Stadt einschleicht, um sie zu untergraben, wie das Gift der fleischlichen Begierde in den makellosen Geist des Moralisten. Bei dieser Lesart stellt die Epidemie den Tribut an Verfall, Wahnsinn und Vernichtung dar, den womöglich bezahlen muß, wer den Verlokkungen der Lust erliegt und seinen Verstand den irrationalen Diktaten der Leidenschaft unterwirft.

Wer schreibt, ist zweifellos ein ebensolcher Moralist, wie Aschenbach es vor seinem Fall war. Auch bei Thomas Mann gibt es, wie bei der von ihm geschaffenen Gestalt – es ist bekannt, daß neben Gustav Mahler auch der Autor von *Der Tod in Venedig* als Modell für Aschenbach diente –, eine instinktive Angst vor der Sinnenlust, vor jenem Bereich der Erfahrung, in der die Rationalität zunichte wird und alle Ideen scheitern. Wir haben es mit zwei als Klassiker verkleideten Romantikern zu tun, zwei Männern, für die sinnliche Leidenschaft, die Euphorie der Sexualität ein Zustand äußerster Exaltation ist, den der Mensch erleben muß, wenn auch mit dem Bewußtsein, daß diese Erfahrung ihn in den Untergang und in den Tod treiben wird. Bei diesen zügellosen Puritanern finden wir keine Spur jener unbeschwerten, spielerischen Sicht der Sexualität, wie sie im achtzehnten Jahrhundert bestimmend war, dem sie als eine Welt des Spiels und der Zerstreuung galt, die in vollkommener Harmonie mit den anderen Lebensbereichen existierte, seien sie körperlicher oder geistiger Natur, zwei Ordnungen, die im achtzehnten Jahrhundert ineinander übergingen und im neunzehnten Jahrhundert, dem romantischen, abermals unvereinbar wurden.

Das Symbol ist von sich aus ambivalent und widersprüchlich; es läßt immer Deutungen zu, die je nach Leser und Zeit verschieden sind. Obwohl weniger als achtzig Jahre vergangen sind, seitdem *Der Tod in Venedig* geschrieben wurde, erscheinen uns viele seiner Allegorien und Symbole als zweifelhaft, weil unsere Epoche sie ihres Inhalts entleert oder unkenntlich gemacht hat. Die rigorose bürgerliche Moral, die die Welt von Thomas Mann durchdringt und dem Schicksal Aschenbachs einen tragischen Nimbus verleiht, erscheint in unseren Tagen, im Zeitalter der permissiven Gesellschaft, wie eine pittoreske Anomalie, nicht anders als jene indische Cholera mit ihren mittelalterlichen Anklängen, der die zeitgenössische Chemie ein rasches Ende bereiten würde. Warum mußte der arme Künstler, dessen einzige Sünde darin besteht, daß er spät – und noch dazu nur in der Vorstellung – die Fleischeslust entdeckt, so grausam bestraft werden?

Dennoch, selbst uns, die wir Leser einer Zeit sind, deren Toleranz in sexueller Hinsicht alle Exzesse banalisiert und sie schließlich konventionell und langweilig gemacht hat, vermag das Drama des einsamen, so schüchternen und klugen Fünfzigjährigen, der wie ein junges Mädchen in den polnischen Knaben verliebt ist und im Feuer dieser Leidenschaft sein Leben opfert, zu verwirren und tief zu berühren. Denn unter der Oberfläche dieser Geschichte existiert ein Abgrund, der immer wieder zutage tritt und den wir sogleich in uns selbst und in unserer sozialen Umwelt gewahren. Ein Abgrund voll Gewalt, Begierden, erschreckenden und erregenden Traumbildern, dessen wir uns im allgemeinen überhaupt nicht bewußt sind, es sei denn, er offenbare sich uns kraft außergewöhnlicher Erfahrungen, die uns daran erinnern, daß er, sosehr wir ihn auch den dunklen Regionen und dem Vergessen überantwortet haben, Bestandteil der menschlichen Natur ist und daher – mit seinen Ungeheuern und verführerischen Sirenen – unterschwellig als eine dauernde Herausforderung an die Sitten und Gebräuche der Zivilisation existiert.

In einem bestimmten Augenblick seines inneren Dramas beginnt Aschenbach, seine Leidenschaft mit Hilfe mythischer Ausdeutungen zu sublimieren. Er verlegt sie in die Welt der Kultur, und er selbst sieht sich in Sokrates verwandelt, der am Ufer des Ilissos mit Phaidros über die Schönheit und die Liebe dialogisiert.

Mit dieser List reinigt der Autor ein wenig die giftigen Ausdünstungen der lustvollen Hölle, die Aschenbach durchleidet, indem er ihnen eine philosophische Dimension verleiht, sie entkörperlicht und die Welt der Erzählung durch einen kulturellen Kontext erweitert. Dies ist natürlich nicht willkürlich. Aschenbach ist ein lebender »Klassiker«, und es ist normal, daß sein Bewußtsein in der Welt der Kultur nach Präzedenzfällen und Hinweisen auf das sucht, was ihm widerfährt. Der Abgrund, der sich unter seinen Füßen aufgetan hat und in den der Schriftsteller sich in einem Akt gestürzt hat, den er im übrigen zu keiner Zeit bereut, ist jedoch nicht der Abgrund der reinen Ideen oder der des Geistes. Es ist der Abgrund des Körpers, den er reglementiert und verachtet hatte und der jetzt sein Recht fordert, der sich schließlich befreit und den Geist besiegt, der ihn bislang versklavte.

Diese Forderung hat einen Anfang, aber kein Ende. Von einem beliebigen Reiz geweckt – Tadzios Schönheit, zum Beispiel –, frei, zu wachsen und sich ins Leben zu stürzen auf der Suche nach einer Befriedigung, welche die willfährige Phantasie immer unerreichbarer erscheinen läßt, kann das sexuelle Begehren, Quelle der Lust, auch eine todbringende Seuche für die Stadt sein. Deshalb erlegt das bürgerliche Leben ihm Grenzen auf, deshalb halten Moral, Religion und Kultur es im Zaum und versuchen, es in den letzten Wochen seines Lebens in bestimmter Weise zu kanalisieren. Gustav von Aschenbach entdeckt – und mit ihm der Leser dieser schönen Parabel –, daß all diese Versuche immer relativ sind, denn der Wille, die uneingeschränkte Selbstbestimmung wiederzuerlangen, die dem Individuum im Hinblick auf das soziale Zusammenleben beschnitten wurde, entsteht regelmäßig von neuem und fordert, das Leben habe nicht nur Vernunft, Frieden, Disziplin, sondern auch Wahnsinn, Gewalt und Chaos zu sein. In der Tiefe des vorbildlichen Bürgers, den es in Gustav von Aschenbach gab, wohnte ein buntbemalter Wilder, der auf den günstigen Augenblick wartete, in Erscheinung zu treten und zu verkünden, daß der menschenähnliche Zweifüßer der Horde und des Stammes, wenngleich momentan besiegt, immer auf der Lauer liegt und auf die Stunde der Vergeltung wartet.

Lima, September 1988

Das Dublin von Joyce

Dubliner

Gute Literatur durchdringt gewisse Städte und bedeckt sie mit einer Patina aus Mythologie und Bildern, die dem Lauf der Jahre besser standhält als ihre Architektur und ihre Geschichte. Als ich in der Mitte der sechziger Jahre Dublin kennenlernte, fühlte ich mich betrogen: Diese heitere und sympathische Stadt voller überschwenglicher Menschen, die mich mitten auf der Straße anhielten, um mich zu fragen, woher ich käme, und mich zu einem Bier einluden, besaß keine große Ähnlichkeit mit dem Dublin in Joyce' Büchern. Ein Freund fand sich bereit, mir als Führer zu dienen und den Schritten Leopold Blooms während jener sich endlos dehnenden vierundzwanzig Stunden des *Ulysses* zu folgen; die Namen der Straßen, viele Lokale und Örtlichkeiten waren erhalten, und doch besaß dies weder die Dichte noch die Schäbigkeit, noch die metaphysische Grisaille, wie sie das romanhafte Dublin kennzeichnen. Waren beide einmal dieselbe Stadt gewesen?

In Wahrheit waren sie es nie. Denn obwohl Joyce die flaubertsche Manie der Dokumentation pflegte (er, der die personifizierte Gewissenlosigkeit in allem war, was nicht mit Schreiben zu tun hatte) und die Gewissenhaftigkeit in der Beschreibung seiner Stadt so weit trieb, daß er in Briefen aus Triest und Zürich in Erfahrung zu bringen suchte, welche Blumen und welche Bäume sich an jener bestimmten Ecke befanden, beschrieb er die Stadt seiner Werke nicht: er erfand sie. Und er tat es mit so viel Kunst und Überzeugungskraft, daß diese seine Stadt der Phantasie, der Sehnsucht, des Ressentiments und (vor allem) der Wörter sich in der Erinnerung seiner Leser als eine Wesenheit behauptet, welche die uralte Stadt aus Fleisch und Blut – besser gesagt: aus Stein und Ton –, die ihr als Vorbild diente, an Dramatik und Farbigkeit übertrifft.

Dubliner ist die erste Phase dieser Verdoppelung. *Ulysses* und *Finnegans Wake,* jene literarischen Experimente, welche die moderne Erzählprosa revolutionierten, lassen ob ihrer erdrückenden Bedeutung bisweilen vergessen, daß dieser Band mit Erzählungen, von traditionellerer Machart und, zumindest scheinbar, einem naturalistischen Realismus verpflichtet, der bereits zur Zeit seiner Veröffentlichung (1914) leicht archaisch war, kein minderes

Werk, kein Gesellenstück ist, sondern das erste Meisterwerk, das Joyce geschrieben hat. Es handelt sich um ein organisches Buch, nicht um eine Zusammenstellung verschiedener Texte. Liest man es in einem Zug, dann findet jede Geschichte ihre Ergänzung und Bereicherung in den anderen, und am Ende hat der Leser die Sicht einer kompakten Gesellschaft, die er in ihren sozialen Verästelungen, in der Psychologie ihrer Menschen, in ihren Riten, Vorurteilen, Freuden und Meinungsverschiedenheiten bis hin zu ihren verborgenen Schamlosigkeiten erkundet hat.

Joyce schrieb die erste Erzählung des Buches, »Die Schwestern«, im Jahre 1904, im Alter von zweiundzwanzig Jahren, um ein Pfund Sterling zu gewinnen, und er tat es auf Bitten eines befreundeten Verlegers, George Russell, der sie in der irischen Tageszeitung *Irish Homestead* veröffentlichte. Fast gleich darauf konzipierte er den Plan einer Reihe von Erzählungen, denen er den Titel *Dubliner* geben sollte, um, wie er einem Freund im Juli jenes Jahres mitteilte, »die Seele dieser Hemiplegie oder Paralyse bloßzustellen, die viele für eine Stadt halten«. Der Verrat sollte subtiler und bedeutsamer ausfallen, als er in dem Moment, da er diese Zeilen schrieb, ahnen konnte; er sollte nicht in einer Attacke oder in einer Herabsetzung der Stadt bestehen, in der er geboren wurde, sondern vielmehr in einer Verlegung der Stadt aus der objektiven, vergänglichen und konkreten Welt der Geschichte in die fiktive, zeitlose und subjektive Welt der großen künstlerischen Schöpfungen. Im September und Dezember jenes Jahres erschienen in derselben Zeitung »Eveline« und »Nach dem Rennen«. Die anderen Erzählungen, mit Ausnahme der letzten, »Die Toten«, wurden zwischen Mai und Oktober 1905 in Triest geschrieben, während Joyce mehr schlecht als recht von Englisch-Stunden an der Berlitz-School lebte und sich von aller Welt Geld lieh, um Nora und Giorgio, den gerade geborenen Sohn, zu ernähren und seine sporadischen Räusche zu bezahlen, die ihn in buchstäblich komatöse Zustände zu versetzen pflegten.

Die Entfernung hatte damals die Bitterkeit seiner gegen Dublin gerichteten jugendlichen Gefühle etwas abgemildert und seinen Erinnerungen eine Sehnsucht hinzugefügt, die, wenngleich sehr verhalten und diffus, in den Geschichten von *Dubliner* bisweilen wie ein schillernder Glanz auf der Landschaft liegt oder als leise Hintergrundmusik die Dialoge begleitet. Zu dieser Zeit hatte er bereits beschlossen, daß Dublin die Hauptperson des Buches sein würde. In den Briefen jener Zeit zeigt er sich überrascht, daß eine Stadt, »die seit tausend Jahren Hauptstadt ist, die die zweitgrößte Stadt des Britischen Imperiums ist, die fast dreimal so groß wie Venedig ist, der Welt von keinem Künstler offenbart wurde« (Brief an seinen Bruder Stanislaus vom 24. September 1905). Im selben Brief legt er dar, daß die Struktur des Buches dem Verlauf eines Lebens entsprechen wird: Geschichten der Kindheit, der Jugend, der Reife sowie Geschichten des öffentlichen oder gemeinschaftlichen Lebens.

Die letzte Erzählung, die anspruchsvollste und diejenige, die am besten jene Idee des »öffentlichen Lebens« der Stadt verkörpern sollte, »Die Toten«, schrieb er wenig später – 1906 –, um einen Aspekt Dublins aufzuzeigen, der, wie er sich seinem Bruder Stanislaus gegenüber äußerte, in den anderen Erzählungen nicht auftauchte: »seine freimütige Insularität und seine Gastfreundschaft. Die letztgenannte ›Tugend‹ gibt es, soweit ich sehe, nirgends sonst in Europa.« (Brief vom 25. September 1906) Die Erzählung ist ein wahres Meisterstück, denn sie entläßt uns mit dem Eindruck, das kollektive Leben einer Stadt erschaut und gleichzeitig ihre intimsten Geheimnisse ausspioniert zu haben. Auf ihren Seiten ziehen – im Kreis der bunten Gesellschaft, die sich zum alljährlichen Ball der Jungfern Morkan einfindet – die großen politischen Themen vorbei – der Nationalismus, die Politik, die Kultur –, aber auch die lokalen Sitten und Gebräuche – ihre Tänze, ihre Speisen, ihre Kleidung, ihre Rhetorik – sowie die Sympathien und Antipathien, welche die Menschen verbinden und trennen. Später dann wird diese Menschenmenge unmerklich geringer werden, bis sie auf ein einziges Paar zusammenschrumpft, Gabriel Conroy und seine Frau Gretta, und am Ende dringt die Erzählung in den verborgensten Bereich der Gefühle und der Empfindsamkeit Gabriels ein, und von diesem Ort aus teilen wir mit ihm die so verstörende Offenbarung über die Liebe und den Tod von Michael Furey, eine Romanze aus Grettas Jugendzeit. Im vollkommenen Ineinandergreifen des Kollektiven und des Individuellen, in der schwierigen Balance, die sie zwischen dem Objektiven und dem Subjektiven herzustellen vermag, deutet die Erzählung »Die Toten« bereits auf *Ulysses* hin.

Trotz aller erzählerischen Gewandtheit ist die Erzählung »Die Toten« jedoch nicht die beste des Bandes. Ich ziehe unverändert »Die Pension« und »Ein betrüblicher Fall« vor, die aufgrund ihrer unvergleichlichen Meisterschaft neben einigen Texten von Čechov, Maupassant, Poe und Borges zum Besten gehören, was die Gattung der Erzählung, die so kurz und intensiv ist – wie es nur die Poesie sein kann –, hervorgebracht hat. Tatsächlich lassen sämtliche Erzählungen des Bandes die Könnerschaft eines vollendeten Künstlers erkennen und nicht den Anfänger, der der Autor damals war. Manche, wie »Nach dem Rennen« und »Arabia«, sind keine richtigen Erzählungen, sondern nur Bilder oder Momentaufnahmen ihrer Gestalten, festgehalten in der Beschreibung der hohlen Leichtfertigkeit einiger reicher junger Leute oder der Initiation eines Heranwachsenden in die erwachsene Welt der Liebe. Andere hingegen, wie »Die Pension« und »Ein betrüblicher Fall«, verdichten auf wenigen Seiten Geschichten, welche die ganze psychologische Komplexheit einer Welt, vor allem jedoch die gefühlsmäßigen und sexuellen Frustrationen einer Gesellschaft offenbaren, deren religiös bedingte Einschränkungen und zahlreiche Vorurteile sich in Institutionen und Sitten niedergeschlagen haben. Aber obwohl die Sicht der Gesellschaft, die diese Erzählungen bieten, unerbittlich – bisweilen sarkastisch, bisweilen ironisch, bisweilen offen grausam – ist, stellt dies einen zweitrangigen Aspekt des Buches dar. Stets überwiegt die künstlerische Intention über das Dokumentarische und Kritische. Damit will ich sagen, daß Joyce' »Realismus« dem Flauberts nähersteht als dem Zolas. Ezra Pound, der sich in vielen Dingen irrte, aber in ästhetischen Dingen immer das Richtige traf, war einer der ersten, der darauf hinwies. Als er im Jahre 1914 das Manuskript des Buches las, das seit neun Jahren von Verleger zu Verleger wanderte, ohne daß einer sich bereit fand, es zu veröffentlichen, erklärte er, jene Prosa sei die zur Zeit beste der englischsprachigen Literatur – nur vergleichbar mit der Conrads oder Henry James' – und am bemerkenswertesten an ihr sei ihre »Objektivität«.

Das Urteil könnte nicht zutreffender sein. Diese Wertung gilt für das Werk von Joyce in seiner Gesamtheit. Und in *Dubliner* erscheint diese »Objektivität« zum ersten Mal: Sie organisiert die Welt der Erzählung, verleiht dem Stil seine Kohärenz und spezifische Bewegung, schafft ein System von Annäherung und Entfernung zwischen dem Leser und dem Erzählten. Was ist in der Kunst unter »Objektivität« zu verstehen? Eine Konvention oder ein Schein, der grundsätzlich keine Voraussetzung für den Erfolg oder das Scheitern des Werkes schafft und daher ebenso zulässig ist wie sein Gegenteil: die »subjektive« Kunst. Eine Erzählung ist »objektiv«, wenn sie sich ausschließlich auf die äußere Welt zu projizieren scheint und Innerlichkeit vermeidet, oder wenn der Erzähler sich unsichtbar macht und das Erzählte in den Augen des Lesers wie ein sich selbst genügendes und unpersönliches Objekt erscheint, das durch nichts an etwas ihm selbst Äußerliches gebunden und diesem unterworfen ist, oder wenn beide Techniken sich in ein und demselben Text verbinden, wie es in den Erzählungen von Joyce der Fall ist. Objektivität ist eine Technik, oder, besser gesagt, die Wirkung, die eine erzählerische Technik hervorrufen kann, wenn sie effizient ist und weder Ungeschick noch Unzulänglichkeiten sie verraten, die dem Leser das Gefühl vermitteln, daß er Opfer einer rhetorischen Manipulation ist. Um dieses Kunststück zu vollbringen, litt Flaubert unsäglich in den fünf Jahren, die er brauchte, um *Madame Bovary* zu schreiben. Joyce hingegen, der mit der titanischen Arbeit, die *Ulysses* und *Finnegans Wake* ihm abforderten, seinen Teil litt, schrieb diese Erzählungen eher rasch, mit einer Leichtigkeit, die Bewunderung auslöst (und entmutigt).

Das Dublin der Erzählungen tritt uns wie eine unabhängige Welt ohne Bindungen entgegen, aufgrund der Kälte der Prosa, die mit mathematischer Genauigkeit das Bild der tristen Straßen zeichnet, in denen die zerlumpten Kinder spielen, die Pensionen der schäbigen Büroangestellten, die Wirtschaften, in denen sich die Bohemiens betrinken und handgemein werden, und die Parks und Sackgassen, die als Schauplatz für flüchtige Liebesbegegnungen dienen. Eine bunte, vielfältige menschliche Fauna erscheint in diesem Buch, in dem einige Gestalten – vor allem die Kinder – bisweilen in der ersten Person sprechen, wenn sie irgendeinen Mißerfolg oder ein erregendes Ereignis erzählen, und andere Male jemand, der alle oder niemand sein kann, mit einer so wenig störenden, so diskreten, den beschriebenen Personen, Gegenständen und Situationen so fest verbundenen Stimme berichtet, daß wir sie beständig vergessen, viel zu gefesselt durch das, was sie erzählt, um bemerken zu können, daß es uns erzählt wird.

Ist diese Welt verführerisch, begehrenswert? Mitnichten; sie ist eher schäbig, voller Armseligkeit, Dürftigkeit und Unterdrückung, eine Welt, über die die Kirche eine peinlich genaue, unerträgliche Vormundschaft ausübt und in der der Nationalismus, so erklärlich er uns auch erscheinen mag als Reaktion gegen den halbkolonialen Status des Landes, zu kulturellen Verzerrungen und bei manchen

Bewohnern zu einem gewissen geistigen Provinzialismus geführt hat. Wollen wir uns jedoch über all diese Mängel Rechenschaft ablegen, dann müssen wir die erzählte Welt *verlassen,* uns um kritische Reflexion bemühen. Ihre Häßlichkeit erscheint erst nach der Lektüre. Denn während wir eingetaucht sind in ihren Zauber, kann diese Schäbigkeit nicht schöner sein, können ihre Menschen – selbst die heruntergekommensten und banalsten – nicht faszinierender sein. Ihre Attraktivität ist nicht moralischer Natur, noch gehorcht sie sozialen Überlegungen: sie ist ästhetischer Art. Und genau in der Möglichkeit dieser Unterscheidung besteht die Leistung des Genies von Joyce, der zu den sehr seltenen zeitgenössischen Autoren gehört, die fähig waren, die Mittelklasse – die unheroische Klasse schlechthin – mit einer heroischen Aura und einer relevanten künstlerischen Persönlichkeit auszustatten, und auch darin dem Vorbild Flauberts gefolgt ist. Beide brachten sie dieses ungemein schwierige Kunststück zuwege: dem mittelmäßigen Leben eine künstlerische Würde zu verleihen. Die routinehafte Existenz des Dubliner Kleinbürgertums gewinnt durch die Sensibilität, mit der sie neu erschaffen wird, durch die Geschicktheit, mit der uns ihre Geschichten erzählt werden, in diesem Buch die Dimensionen eines ereignisreichen Abenteuers, einer grandiosen menschlichen Erfahrung.

Der »Naturalismus«, der Joyce kennzeichnet, ist im Unterschied zu dem Zolas nicht sozialer Natur, er wird von keiner anderen Intention als der ästhetischen bestimmt. Aus diesem Grund wurde *Dubliner* bei seinem Erscheinen von einigen englischen Kritikern der Vorwurf gemacht, »zynisch« zu sein. Daran gewöhnt, daß die realistische Erzähltechnik mit Reformvorschlägen und erbaulichen Gefühlen einherging, gerieten sie in Verwirrung angesichts von Geschichten, die ihrem scheinbaren Zeugnischarakter und historischem Anspruch zum Trotz keine explizite moralische Verurteilung der von ihnen aufgezeigten Ungleichheiten und Ungerechtigkeiten enthielten. Joyce – der, als er diese Erzählungen schrieb, sich selbst als Sozialist bezeichnete – war daran nicht im geringsten interessiert, zumindest nicht, wenn er sich zum Schreiben hinsetzte: Er wollte weder über eine gegebene Realität informieren noch ein Urteil über sie fällen, sondern sie vielmehr neu erschaffen, neu erfinden und ihr die Würde eines schönen Gegenstandes, eine rein künstlerische Existenz verleihen.

Und genau das zeichnet das Dublin von Joyce aus und unterscheidet es von dem anderen, dem vergänglichen, dem wirklichen Dublin: Es ist eine Gesellschaft in Aufruhr, eine von Dramen, Träumen und Problemen gärende Gesellschaft, die in ein wunderschönes Gemälde mit höchst raffinierten Formen, Farben, Aromen und Melodien verwandelt wurde, in eine gewaltige sprachliche Symphonie, in der es keinen falschen Ton gibt, in der die kürzeste Pause oder Note zur vollkommenen Harmonie des Ganzen beiträgt. Die beiden Städte ähneln einander, aber ihre Ähnlichkeit ist eine subtile, fortdauernde Täuschung. Zwar tragen die Straßen und auch die Wirtschaften, Geschäfte und Pensionen dieselben Namen; wohl hat Richard Ellmann in seiner großartigen Biographie die Leistung vollbracht, fast sämtliche realen Vorbilder der in den Geschichten vorkommenden Gestalten zu identifizieren, aber die Entfernung zwischen beiden ist endlos, weil sie sich vom Wesen her unterscheiden. Die wirkliche Stadt ermangelt jener Vollkommenheit, die nur die künstlerische Illusion des Lebens – nie das Leben – zu erlangen vermag, und sie entbehrt auch jener vollendeten Kreisförmigkeit, die das wirkliche Leben, das werdende Leben mit seinem unaufhörlichen, schwindelerregenden Aufruhr niemals besitzen kann. Das Dublin der Erzählungen ist von Unvollkommenheit oder Häßlichkeiten gereinigt worden – oder, was dasselbe ist, der Zauberstab des Stils hat sie in ästhetische Qualitäten verwandelt –, es ist in reine Form umgewandelt worden, in eine Wirklichkeit, deren Wesen aus jener ungreifbaren, flüchtigen Materie besteht, die wir das Wort nennen; das heißt in Gefühl und in Assoziationen, in etwas, das eher der Phantasie und dem Traum angehört als der Geschichte und der Soziologie. Wenn man, wie ein Kritiker, behauptet, die Stadt in *Dubliner* ermangele der »Seele«, so kann man diese Formulierung gelten lassen, vorausgesetzt man sieht darin keine Zensur. Die Seele der Stadt, in der die kleinen Jungen sich in »Eine Begegnung« den Nachstellungen eines Homosexuellen entziehen, in der die kleine Angestellte Eveline schwankt, ob sie nach Buenos Aires fliehen oder sich weiter von ihrem Vater versklaven lassen soll, und in der Little Chandler in der Melancholie seines gescheiterten Dichterdaseins versinkt, befindet sich an der Oberfläche, ist jene so elegante sensorische Äußerlichkeit, die dem Elend ihrer unbedeutenden Gestalten eine willkürliche Größe verleiht. Das Leben in diesen Geschichten ist nicht die tiefe, unvorhersehbare Kraft, welche die wirkliche Welt belebt und ihre hochgradige Ungewißheit, ihr unbeständiges Auf und Ab ausmacht, sondern eine Art eiskalter Glanz, ein regloses Funkeln, welche die Magie der Sprache den Dingen und Menschen verliehen hat.

Um dies festzustellen, braucht man nur mit der Ruhe und Beharrlichkeit, wie sie ein kompliziertes Gemälde erfordern, bei jenen Szenen aus *Dubliner* zu verweilen, die einer romantischen Ästhetik übersteigerter Gefühle und schauriger Handlungsmomente Tribut zu zollen scheinen. Die plötzliche Entscheidung Evelines zum Beispiel, nicht mit ihrem Liebhaber zu fliehen, oder die Prügel, die der Gewohnheitstrinker Farrington in »Entsprechungen« seinem Sohn Tom verabreicht, um an jemandem seine Frustrationen auszulassen, oder das Weinen Gabriel Conroys am Ende von »Die Toten«, als er die jugendliche Leidenschaft von Michael Furey, dem tuberkulösen Jungen, für Gretta, seine Frau, entdeckt. Dies sind Episoden, die in jeder romantischen Erzählung zu rhetorischem Überschwang, zu gefühls- und rührseliger Überladung angeregt hätten. Hier hat die Prosa sie jedoch erkalten lassen, hat ihnen eine plastische Dimension gegeben und sie jeder Spur von Selbstmitleid, jeder noch so geringen emotionalen Erpressung des Lesers beraubt. Was diese Szenen an Verwirrung und Wahn in sich bergen, ist verschwunden und durch das Werk der Prosa klar, rein und genau geworden. Und es ist gerade die Kälte, die diese übersteigerten Episoden umgibt, welche die Sensibilität des Lesers erregt. Dieser, herausgefordert durch die göttliche Gleichgültigkeit des Erzählers, reagiert, läßt sich gefühlsmäßig auf die Handlung ein und ist bewegt.

Es stimmt, daß Joyce zunächst im *Ulysses* und später in *Finnegans Wake* (wenngleich er in letzterem seine experimentelle Kühnheit bis zur Unlesbarkeit trieb) das Können und das Talent weiter entwickelte, welche er zuvor in *Porträt des Künstlers als junger Mann* und in *Dubliner* bewiesen hatte. Gleichwohl drücken die Geschichten seines ersten erzählerischen Versuchs bereits aus, was seine bedeutenderen Werke im Übermaß bestätigen sollten: die außerordentliche Fähigkeit eines Schriftstellers, ausgehend von einzelnen Erinnerungen an die kleine Welt seiner Herkunft und von einer überragenden sprachlichen Leichtigkeit eine eigene, so schöne wie irreale Welt zu schaffen, die imstande ist, uns von einer Wahrheit und einer Authentizität zu überzeugen, die allein das Werk seiner intellektuellen Jongleurkunst, seines rhetorischen Feuerwerks sind. Eine Welt, die, durch die Lektüre vermittelt, unsere eigene bereichert, indem sie uns Zugänge zu ihr eröffnet und uns hilft, sie besser zu verstehen, eine Welt, die unser Leben vollständiger macht, weil sie ihm etwas hinzufügt, was es von sich aus niemals sein oder haben wird.

London, 17. November 1987

Hauptstadt der Masse und der Zerstörung

Manhattan Transfer

Der Protagonist von *Manhattan Transfer* ist New York, eine Stadt, die auf den Seiten dieses Romans wie ein grausamer, frustrierender Ameisenhaufen erscheint, in dem Egoismus und Heuchelei herrschen und Habsucht und Materialismus die altruistischen Gefühle und die Redlichkeit der Menschen zunichte machen. In diesem kraftvollen, kalten Roman, der beständig an die Intelligenz der Leser – nicht an ihr Herz oder ihr Gemüt – appelliert, gibt es Dutzende von Gestalten, aber keine von ihnen ist attraktiv, ist jemand, dessen Schicksal uns Neid oder Respekt abnötigt. Die Sieger sind professionelle Gauner oder abstoßende Zyniker, und die Gescheiterten sind schwache, verzagte Menschen, die sich aufgrund ihrer mangelnden Sicherheit und ihrer Trägheit selbst zugrunde richten, bevor die Stadt sie zerstört.

Mögen die einzelnen Personen in *Manhattan Transfer* auch zu blaß und flüchtig sein, um in der Erinnerung fortzudauern – nicht einmal die beiden am häufigsten auftretenden und am deutlichsten gezeichneten, Ellen Thatcher und Jimmy Herf, entgehen dieser Regel –, so wird doch die große kollektive Gestalt, die Stadt New York, durch die Vignetten und filmischen Sequenzen des Romans in einem wunderbaren Porträt festgehalten. Turbulent, ungestüm, strotzend von Leben, starken Gerüchen, Licht und Gewalt, moderner Moloch, der sich von den Existenzen ernährt, die er verschlingt, ohne eine Spur von ihnen zu hinterlassen, erscheint New York mit seinem Prunk aus Stahlbeton, seinen lärmenden Autokarawanen, seinem Müll, seinen Vagabunden, Millionären, Revue-Girls und Ganoven wie ein modernes Babylon, über das die Menschen keine Kontrolle besitzen und das durch seine eigene Dynamik unaufhaltsam auf etwas zutreibt, das, wie wir erahnen, nur ein Verhängnis sein kann. Die Flucht, die Jimmy Herf am Ende mit unbekanntem Ziel unternimmt, ist wie eine Vorahnung der Katastrophe, die früher oder später die Stadt erwartet, die er »Stadt der Zerstörung« nennt.

Als John Dos Passos *Manhattan Transfer* zu Beginn der zwanziger Jahre schrieb, tat er es mit der Absicht, in einem hyperrealistischen Roman das kapitalistische System und dessen vermeintliches Kind – die industrielle, städtische Zivilisation – zu kritisieren, und zwar anhand der Stadt, die Symbol für beides war. Diese Intention ist deutlich sichtbar in dem hartnäckigen Rationalismus des Buches, in seinem Mangel an Spontaneität, an Sentimentalität und Geheimnis. Über oder unter diesem bewußten Willen des Autors tauchte jedoch ein anderer Impuls auf, nahm der Roman eine andere Richtung und geriet zu einer pointillistischen und leicht mythischen Fiktion, in der sich der Schauplatz aus Stahl und Beton in einer von Pessimismus getränkten Atmosphäre mehr und mehr humanisiert, so daß er schließlich eine Lebendigkeit und eine bezwingende Persönlichkeit erlangt, die er aus den schwachen, inkonsistenten Marionetten gesogen zu haben scheint, welche er aus dem Vordergrund verdrängt hat. *Manhattan Transfer,* unter dem spürbaren Einfluß von Joyce geschrieben, der die Stadt Dublin zur Gestalt eines erzählerischen Werks gemacht hatte, ist einer der wenigen Romane, die – wie *Berlin Alexanderplatz* von Alfred Döblin – die Bezeichnung kollektiv verdienen. In diesem Roman ist der Held kein Individuum, sondern die Masse, ein Herdenwesen, das in viele Gesichter und Umstände aufgesplittert ist, welche die Erzählung dank einer geschickten, effizienten Technik wie die Glieder eines unauflösbaren Organismus zusammenfügt.

Obwohl uns die von Dos Passos angewandten Techniken heute, da ungezählte Romanciers sie sich seit mehr als einem halben Jahrhundert zunutze gemacht haben, vertraut und sogar konventionell erscheinen, waren sie im Jahre 1925, als *Manhattan Transfer* veröffentlicht wurde, kühn und phantasievoll und stellten eine wahre Revolution der Erzählform dar. Einer seiner eifrigsten Schüler, Jean-Paul Sartre – der ohne *Manhattan Transfer* und die USA-Trilogie *Der 42. Breitengrad, Neunzehnhundertneunzehn* und *Die Hochfinanz* seine Trilogie *Die Wege der Freiheit* nicht so geschrieben hätte, wie er es tat –, sagte mit Recht von ihrem Autor: »Dos Passos hat nur eines erfunden: eine Erzählweise. Aber das genügt, um eine Welt zu schaffen.«

Dos Passos' Kunst besteht in einer Reihe von Verfahren, die darauf abzielen, die Illusion des Realismus überzeugender zu machen, dem Leser das Gefühl zu geben, unmittelbar, ohne die Vermittlung der Literatur und des Autors, mit dem Leben, mit der objektiven Welt des Erzählten konfrontiert zu sein. Der ganze Roman ist eine Folge von Bildern, manche so kurz wie eine flüchtige Filmaufnahme, die schließlich ein großes Mosaik gestalten: das protoplasmatische New York. Jede Vignette ist ein Stück Leben einer der Figuren, das willkürlich beginnt und endet, ohne sich nahtlos in die vollständige Episode einzufügen, so daß der Leser sich den Männern und Frauen, die unaufhörlich an ihm vorbeidefilieren, nah und fern fühlt, sich nicht auf eine Person konzentrieren oder sich näher mit ihr beschäftigen kann, berauscht und abgelenkt wie er ist aufgrund der atemlosen Zersplitterung der Erzählung, die gleichwohl eine sehr strenge Ordnung und Intention verbirgt: die Beschreibung nicht der Teile, sondern des Ganzen, jenes großen pluralen Wesens, das sie als Gesamtheit gesehen bilden.

Das Verfahren der Collage war Jahre zuvor in der Malerei erfunden worden, aber Dos Passos war der erste, der es in *Manhattan Transfer* in Erzähltechnik verwandelte (er sollte die Methode später in seiner USA-Trilogie vervollkommnen). Schlagzeilen oder Fragmente aus Zeitungen, Werbeanzeigen oder einfache Straßen- und Ladenschilder sind in den Text eingeblendet, um den historischen Augenblick zu fixieren, den sozialen Kontext einer Episode zu umreißen und, in einigen Fällen, das endgültige Schicksal einer Gestalt zu offenbaren, deren guter oder schlechter Stern ihr die zweifelhafte Ehre widerfahren ließ, in der Zeitung zu stehen.

Der Roman beginnt am Anfang des Jahrhunderts und endet in der Mitte der zwanziger Jahre. Der Leser sieht dieses Vierteljahrhundert ohne Unterbrechung wie ein gewaltiges, mitreißendes Panorama subtil verknüpfter Bilder an sich vorüberziehen. Diese Jahre waren auch die des ersten großen Aufschwungs des Kinos, und Dos Passos war einer der ersten Erzähler, der gewisse Mittel und Verfahren der filmischen Fiktion mit Erfolg in die literarische Fiktion einführte (obwohl in *Manhattan Transfer,* wo ganz New York erscheint, seltsamerweise nicht eine einzige Szene in einem Kino vorkommt). Dies äußert sich im visuellen Charakter der Beschreibungen, in der plastischen Sensitivität, die das ganze Buch durchdringt, und vor allem in der Struktur der Montage, die der des Films sehr ähnlich ist. Die Art und Weise, wie in dem Roman die Zeit behandelt wird, hat ihren Ursprung eher im Film als in der literarischen Tradition; die schwierige Übertragung von einem Genre ins andere hat Dos Passos mit großem Erfolg bewältigt. In jeder Szene gibt es zeitliche und räumliche »Wechsel«, die ohne Ankündigung stattfinden, Augenblicke und Orte, die der Autor verschweigt, plötzliche Lücken von Minuten oder Stunden und von wenigen Metern bis zu weiten Entfernungen, die nicht erzählt, nicht erwähnt werden, nicht anders als in den Schnitten eines Films, in dem die Personen von einer Sequenz zur anderen das Alter verändert oder den Schauplatz gewechselt haben können, ohne daß dies den Zuschauer verwirrt und ohne daß die Erzählung in ihrem Fluß stockt. Diese zeitlichen oder räumlichen Sprünge sind in *Manhattan Transfer* mit großer Meisterschaft ausgearbeitet, so daß der Leser sie kaum gewahrt. Wohl aber nimmt er die positiven Auswirkungen innerhalb der Erzählung wahr: das Tempo, das sie der Erzählung verleihen, das Gefühl der Bewegung, von fortschreitendem Leben, von Pausenlosigkeit sowie die Verdichtung, die dadurch möglich ist, die Dichte und Fülle, die in dem Leben aufscheint, das erzählt wird.

Zugleich hinterläßt der Roman von Dos Passos in der Erinnerung die Vorstellung einer Symphonie, denn wie in einer umfassenden, ehrgeizigen musikalischen Komposition werden in einer integrierenden, synthetischen Bewegung, die sich uns in einem bestimmten Augenblick wie eine kompakte, sich selbst genügende Welt aufzwingt, gewisse Personen und Themen angedeutet, die verschwinden und später, mit anderen verflochten, wieder auftauchen. In dieser Welt spielen die Geräusche, die Musik eine Hauptrolle. Die Sprechweise in ihrer ethnischen Vielfalt, in ihrem jeweiligen Slang, in ihren beruflichen und sozialen Codes definiert die Herkunft und die Bildung der verschiedenen Gestalten, und ab und zu tauchen Modeschlager und -tänze wie Marksteine auf, welche den zeitlichen Rahmen der Szenen abstecken, das Ambiente bereichern und dazu beitragen, den Eindruck einer »wirklichen« Welt zu verstärken.

Die Objektivität der Erzählung ist fast absolut. Dos Passos, ein großer Bewunderer von Flaubert, äußerte einmal, auch ihn erfülle die Leidenschaft des *mot juste;* in diesem Roman ist die Genauigkeit des Wortes fast unfehlbar, ist sie eines der Mittler, mit dem der Schein der Unpersönlichkeit des literarischen Werks, des autonomen und sich selbst genügenden Gegenstandes erlangt wird. Ich sage »fast«, weil es in einigen wenigen Episoden bisweilen einen zu unvermittelten Wechsel des Erzählerstandpunktes gibt – die Perspektive geht von einer Gestalt zur anderen über, ohne daß der Übergang unbemerkt bleibt –, was einen Augenblick lang jenen flaubertschen Imperativ des unsichtbaren Erzählers gefährdet. (Es genügt, daß die Aufmerksamkeit des Lesers eine Sekunde lang von dem Erzählten ab- und auf die Erzähl*weise* hingelenkt wird, und schon wird der störende und ernüchternde Schatten des Erzählers erahnbar.) Doch dies sind kaum mehr als flüchtige Schatten innerhalb einer großartigen Romankonstruktion, in der sich die Sprache und die Struktur der Erzählung in der fiktiven Welt wechselseitig Halt geben und bereichern.

Wenige moderne Romane lassen so deutlich wie *Manhattan Transfer* den Anspruch auf Totalität erkennen, der in dieser Gattung angelegt ist, jene quantitative Neigung, sich auszubreiten, zu wachsen, sich in Beschreibungen, Personen, Episoden zu vervielfachen, bis die jeweilige Welt erschöpfend, das heißt im größten und im kleinsten, auf all ihren Ebenen und unter allen Blickwinkeln dargestellt ist. Ein gelungener Roman läßt den Leser an einen Eisberg denken, gibt ihm das Gefühl, daß er nur einen Teil der Geschichte gelesen hat, die ihm aufgrund des Gelesenen jedoch nahe genug gebracht wurde, um sie kraft seiner eigenen Phantasie vervollständigen zu können. Und doch: Einige wenige Romane, die größten Schöpfungen der Gattung, Werke wie *Krieg und Frieden, Madame Bovary, Ulysses, Auf der Suche nach der verlorenen Zeit, Der Zauberberg* scheinen in ihrem maßlosen Ehrgeiz, in ihrer phantastischen quantitativen Dimension dieses utopische, der Romankunst innewohnende Ziel erreicht zu haben, denn sie haben ihre Welt, ihre Geschichte in *totaler* Weise beschrieben, das heißt sowohl intensiv als auch extensiv, sowohl qualitativ als auch quantitativ. Zu dieser illustren Reihe allumfassender Werke gehört der Roman von Dos Passos.

Die Weite der Welt, die sich vor unseren Augen entfaltet, ist bisweilen schwindelerregend. Die etwa hundert Gestalten, welche in den hundertdreißig Episoden auftreten, vermitteln uns das Gefühl von Massen, von einer Menschheit, die – zumeist vergeblich – kämpft, um Erfolg zu haben, reich zu sein, irgendeine Form von Glück zu erlangen oder schlicht zu überleben in einer dynamischen, gleichgültigen Stadt, die für sie zugleich ein großes Gefängnis aus Stahl und Asphalt ist. Bankiers, Gewerkschafter, Anwälte, Schauspielerinnen, Diebe, Mörder, Unternehmer, Journalisten, Vagabunden, Portiers treffen auf ihren Bürgersteigen zusammen, begegnen und verfehlen einander wie in einem gewaltigen Kaleidoskop, das uns das ganze brodelnde Leben der Stadt zeigt. Der Roman hält uns vor allem an der Oberfläche des Wirklichen, läßt uns den Schauplatz sehen und was die Menschen tun, läßt uns hören, was sie sagen, doch hin und wieder führt er uns auch in die

Intimität ihrer Gedanken, ihrer Phantasien, ihrer Träume und ihrer Visionen ein. Diese kurzen Ausflüge in die Subjektivität sind willkommen, denn sie verleihen einem Text, dessen realistische Rauheit und Trockenheit uns zuweilen atemlos macht, einen Anflug von Zartheit und Poesie, bisweilen sogar von Wahnsinn. Die Phantasie bricht in die Personen gewöhnlich dann ein, wenn sie vor irgendeiner Katastrophe stehen, wie die Vision, die den Vatermörder Bud Kopening vor seinem Selbstmord anspringt, oder das Traumbild der armen Modistin Anna Cohen – die Rote Garde, die über die Fifth Avenue defiliert –, bevor das Feuer sie verbrennt und entstellt.

Ein erzählerisches Werk scheitert oder überzeugt von sich aus, aufgrund der Kraft seiner Gestalten, der Subtilität der Handlung, der Intelligenz seiner Konstruktion, des Reichtums seiner Prosa – und nicht aufgrund des Zeugnisses, das es über die wirkliche Welt ablegt. Gleichwohl ist jedes Werk der Fiktion, so autark und undurchlässig gegenüber der äußeren Wirklichkeit es uns auch erscheinen mag, stark und unwiderruflich mit dem anderen Leben verbunden, dem Leben, das nicht durch die Magie der Phantasie und des literarischen Worts geschaffen wurde, sondern das rohe, das nicht erfundene, das gelebte Leben ist. Der Vergleich zwischen beiden Wirklichkeiten – der fiktiven und der realen – ist entbehrlich, denn um zu wissen, ob ein Roman gut oder schlecht, genial oder mittelmäßig ist, braucht man nicht zu wissen, ob er der wahren Welt treu oder untreu ist, ob er sie wiedergibt oder verfälscht. Die innere Überzeugungskraft und nicht der dokumentarische Wert macht den künstlerischen Wert einer literarischen Fiktion aus.

Dennoch darf ein Buch wie *Manhattan Transfer* nicht nur von einem literarischen Standpunkt aus, das heißt als vollkommenes Kunstprodukt, betrachtet werden. Denn der Roman ist nicht nur eine schöne Lüge, die uns von der wirklichen Welt entfernt und uns mit seiner imaginären Wahrheit bezwingt, sondern auch eine Parabel, der es darum zu tun ist, uns aufzuklären, uns kritisch zu erziehen, und das nicht in bezug auf die Welt, die wir lesen, sondern in bezug auf die Welt, auf deren Boden wir uns in unserer Wirklichkeit als Leser befinden. Dieses Buch ist ein großartiges Beispiel dessen, was Lukacs »kritischer Realismus« nannte, das heißt Literatur, die dazu dient, die wirkliche Welt analytisch zu zerlegen und die Mythologien, Täuschungen und Ungerechtigkeiten anzuprangern, die die Geschichte mit sich bringt.

Was bleibt fast fünfundsechzig Jahre nach dem Erscheinen des Romans von der mahnenden Anklage, die *Manhattan Transfer* gegen das Symbol New York erhob? Der Kapitalismus erlebte die Krise, die der Roman ankündigt – den *crash* von 1929 –, und überlebte sie ebenso wie den Zweiten Weltkrieg, den kalten Krieg und den Zerfall der europäischen Reiche und trägt heute eine größere Robustheit zur Schau als jemals zuvor in seiner Geschichte. Nicht der Kapitalismus, sondern der Sozialismus ist das System, das in unseren Tagen in einen weltweiten Auflösungsprozeß eingetreten zu sein scheint. Das Buch irrte jedoch nicht in seinem Hinweis auf die Achillesferse der industriellen Zivilisation. Diese macht die Menschen wohlhabender, nicht glücklicher. Sie beseitigt das Elend, die Unwissenheit, die Arbeitslosigkeit, vermag der Mehrheit ein materiell anständiges Leben zu verschaffen. Doch ebensowenig wie in den Jahren vor der großen Depression – in denen Dos Passos seinen Roman schrieb – hat der grandiose Fortschritt der Wissenschaft, der beruflichen Möglichkeiten, der Bequemlichkeit in New York, London, Zürich oder Paris, in allen Städten der industriellen Zivilisation, die Frauen weniger angespannt oder angstvoll gemacht als die Ellen Thatcher des Romans, noch hat er unzählbare Männer von dem zerstörerischen Gefühl der Leere, der geistigen Frustration, des unzulänglichen Lebens ohne Größe noch Ziel befreit, wie es Jimmy Herf quält und zur Flucht veranlaßt. Wird die moderne Zivilisation, die so viele Herausforderungen bewältigt hat, auch mit dieser fertig werden? Wird sie auch einen Weg finden, die Menschen geistig und sittlich zu bereichern, so daß nicht nur die großen Dämonen der materiellen Not, sondern auch Egoismus und Einsamkeit besiegt werden, jene ethische Deshumanisierung, die in den Gesellschaften mit dem höchsten Lebensstandard des Planeten eine beständige Quelle von Frustration und Unglück ist? Solange die industriell-technologische Zivilisation keine positive Antwort auf diese Fragen gibt, wird *Manhattan Transfer* über seinen Stellenwert als eines der großartigsten modernen Romanwerke hinaus weiterhin eine Mahnung sein, die wie ein Damoklesschwert über unseren Köpfen schwebt.

London, 22. Mai 1989

Das intensive und luxuriöse Leben des Banalen

Mrs. Dalloway

Der Roman *Mrs. Dalloway* erzählt einen ganz normalen Tag im Londoner Leben von Clarissa Dalloway, einer bläßlichen Dame der gehobenen Gesellschaft, die mit einem konservativen Parlamentsabgeordneten verheiratet und Mutter eines jungen Mädchens ist. Die Geschichte beginnt an einem sonnigen Junimorgen im Jahre 1923 mit einem Spaziergang Clarissas durch das Zentrum der Stadt und endet in der Nacht desselben Tages, als die Gäste einer Abendgesellschaft das Haus der Dalloways zu verlassen beginnen. Zwar findet im Verlauf des Tages ein tragisches Ereignis statt – der Selbstmord eines jungen Mannes, der im Zustand geistiger Verwirrung aus dem Krieg zurückgekehrt war –, aber nicht diese Episode macht die Geschichte bemerkenswert, auch nicht die Myriade kleiner Begebenheiten und Erinnerungen, aus der sie besteht, sondern die Tatsache, daß sie von Anfang bis Ende vom Bewußtsein der Personen her erzählt wird, von jener subtilen, ungreifbaren Wirklichkeit aus, in der das Gelebte zu Idee, Lust, Leiden, Erinnerung wird.

Das Buch erschien 1925 und war der erste der drei großen Romane – die anderen sind *Die Fahrt zum Leuchtturm* und *Die Wellen* –, mit denen Virginia Woolf die Erzähltechnik ihrer Zeit revolutionieren sollte, indem sie eine Sprache schuf, die fähig war, die menschliche Subjektivität, die flüchtigen Mäander und Rhythmen des Bewußtseins in überzeugender Weise zu simulieren. Ihre Leistung ist nicht geringer als die – ähnlichen – Leistungen Prousts und Joyce', die sie durch eine besondere Schattierung ergänzt und bereichert: die der weiblichen Sensibilität. Ich weiß, wie heikel das Adjektiv »weiblich« in bezug auf ein literarisches Werk sein kann, und ich gebe zu, daß sein Gebrauch in zahlreichen Fällen willkürlich ist. Aber bei Büchern wie *Die Prinzessin von Clèves* oder bei Autorinnen wie Colette oder Virginia Woolf scheint es mir unersetzbar zu sein. In *Mrs. Dalloway* ist die Wirklichkeit aus einer Sicht neu erfunden worden, in der sich zwar nicht ausschließlich, aber doch hauptsächlich die Denkart und die gesellschaftliche Situation der Frau ausdrücken. Es sind daher die weiblichen Erfahrungen der Geschichte, die in der Erinnerung des Lesers am lebendigsten fortdauern, denn sie wirken wie beseelt von einer wesentlichen Wahrheit, wie zum Beispiel jene flüchtig auftauchende, großartige alte Frau, die Tante von Clarissa, Miss Helena Parry, die mit ihren mehr als achtzig Jahren inmitten des festlichen Trubels nur eine einzige Erinnerung an Birma bewahrt, wo sie als junge Frau einst lebte, nämlich die Erinnerung an die wilden, prachtvollen Orchideen, die sie pflückte und auf Aquarellen wiedergab.

In Meisterwerken, die eine neue Epoche in der Erzählweise einleiten, werden Personen und Handlungen bisweilen derart von der Form überdeckt, daß das Leben zu gefrieren, sich aus dem Roman zu verflüchtigen scheint, als würde es von der Technik aufgesogen, das heißt von den Worten und der Ordnung oder Unordnung der Erzählung. Dies ist zum Beispiel in bestimmten Momenten in Joyce' *Ulysses* der Fall und führt *Finnegans Wake* an die Grenze der Unlesbarkeit. In *Mrs. Dalloway* geschieht nichts dergleichen (aber beinahe in *Die Fahrt zum Leuchtturm* und, besonders, in *Die Wellen*): Die Balance zwischen Form und Inhalt der Erzählung ist vollkommen, und niemals hat der Leser das Gefühl, etwas zu verfolgen, was das Buch *auch* ist, nämlich ein kühnes Experiment; er sieht nur das fein gesponnene, ungewisse Geflecht von Begebenheiten, deren Protagonisten eine Handvoll Menschen an einem warmen Sommertag auf den Straßen, in den Parks und in den Wohnungen des Londoner Zentrums sind. Das Leben ist immer da, in jeder Zeile, in jeder Silbe des Buches, überschäumend vor Anmut und Liebenswürdigkeit, grandios und unermeßlich, reich und vielfältig in jedem seiner Augenblicke und jeder seiner Erscheinungsformen. »Beauty was everywhere«, denkt plötzlich der verirrte Kopf von Septimus Warren Smith, den Angst und Schmerz dazu bringen werden, sich zu töten. Und es stimmt: In *Mrs. Dalloway* ist die wirkliche Welt vom gottesmörderischen Genie des Künstlers neu erschaffen und in einer Weise vervollkommnet worden, daß alles in ihr schön ist, selbst das, was wir in der vergänglichen objektiven Wirklichkeit für schmutzig und häßlich halten.

Ein Roman muß sich von der wirklichen Wirklichkeit emanzipieren, um seine Unabhängigkeit zu erobern, muß sich dem Leser wie eine andere Wirklichkeit aufzwingen, die mit eigenen, unübertragbaren Gesetzen, zeitlichen Strukturen, Mythen und anderen Charakteristiken ausgestattet ist. Was einem Roman seine Originalität aufprägt – seinen Unterschied zur wirklichen Welt –, ist das hinzugefügte Element, eine Addition oder Subtraktion, die Phantasie und Kunst des Schöpfers an der objektiven, historischen Erfahrung vornehmen – das heißt an dem, was für jeden aufgrund seiner eigenen Erfahrung erkennbar ist –, wenn sie diese Erfahrung in Literatur verwandeln. Das hinzugefügte Element ist niemals nur eine Anekdote, ein Stil, eine zeitliche Ordnung, ein Gesichtspunkt; es ist immer eine komplexe Kombination von Faktoren, die entscheidend sowohl die Form als auch die Handlung und die Personen einer Geschichte beeinflussen und ihr Autonomie verleihen. Nur mißlungene Werke der Fiktion reproduzieren das Wirkliche; die gelungenen vernichten und verwandeln es.

Die systematische Verschönerung des Lebens durch seine Brechung in erlesenen Sensibilitäten, die in allen Gegenständen und in allen Umständen die verborgene, geheime Schönheit zu kosten vermögen, verleiht der Welt von *Mrs. Dalloway* ihre wunderbare Originalität. So wie die alte Miss Parry aus ihren Erinnerungen an Birma alles getilgt hat, mit Ausnahme der Orchideen und einiger Bilder von Bergpässen und Kulis, so hat die Welt der Fiktion aus der wirklichen den Sexus, das Elend und die Häßlichkeit ausgesondert und alles, was in irgendeiner Weise an sie erinnert, in konventionelles Gefühl, belanglose Anspielung oder ästhetisches Vergnügen verwandelt. Gleichzeitig hat sie die Präsenz der gewöhnlichen Dinge, des Banalen, des Unantastbaren intensiviert, sie in ungeahnte Pracht gekleidet und ihnen ein ganz neues Relief, eine neue pulsierende Lebendigkeit und Würde verliehen. Diese »poetische« Verwandlung der Welt – dieses eine Mal ist die Bezeichnung unumgänglich – ist radikal und dennoch nicht unmittelbar wahrnehmbar, denn wäre sie es, würde sie dem Leser den Eindruck eines gekünstelten Werkes vermitteln, einer forcierten Verdrehung des wirklichen Lebens: Mit *Mrs. Dalloway* hingegen scheinen wir, wie bei allen überzeugenden Werken der erzählenden Literatur – diesen Lügen, die so perfekt sind, daß sie als Wahrheiten erscheinen –, in die Substanz der menschlichen Erfahrung einzutauchen. Und doch könnte die trügerische Rekonstruktion der Wirklichkeit, die das Buch vornimmt, indem es diese auf bloße ästhetische Sensibilität von höchstem Raffinement reduziert, nicht tiefer noch umfassender sein. Warum fällt dieses Zauberkunststück nicht sofort ins Auge? Aufgrund der rigorosen Kohärenz, mit der die Unwirklichkeit beschrieben – besser gesagt: erfunden – wird, in der der Roman sich abspielt, jene Welt, in der alle Personen ohne Ausnahme sich der wunderbaren Fähigkeiten erfreuen, das Außergewöhnliche im Gewöhnlichen, das Ewige im Vergänglichen und das Glorreiche und Heldenhafte in der Mittelmäßigkeit zu gewahren, nicht mehr und nicht weniger als Virginia Woolf selbst. Denn die Wesen dieses literarischen Werks – aller literarischen Werke – wurden nach dem Bild ihres Schöpfers geschaffen.

Sind es jedoch wirklich die Personen des Romans, die mit dieser besonderen Fähigkeit ausgestattet sind, oder ist es vielmehr jene Person, die sie erzählt, sie diktiert und oft durch deren Mund spricht? Ich meine den Erzähler der Geschichte – wenngleich es hier vielleicht angebracht wäre, von Erzählerin zu sprechen. Dieser ist immer die zentrale Gestalt eines Prosawerkes. Unsichtbar oder gegenwärtig, mit einer oder mehreren Stimmen sprechend, in der ersten, zweiten oder dritten Person verkörpert, allwissender Gott oder in die Handlung des Romans einbezogener Zeuge, ist der Erzähler das erste und wichtigste Geschöpf, das ein Romancier erfinden muß, damit das, was er erzählen möchte, überzeugend wirkt. Der unbeständige, allgegenwärtige und protoplasmatische Erzähler in *Mrs. Dalloway* ist Virginia Woolfs großer Erfolg in diesem Buch, die Ursache für die Wirksamkeit seiner Magie, für die unwiderstehliche Überzeugungskraft, die von der Geschichte ausgeht.

Der Erzähler des Romans befindet sich immer im Innern der Personen, nie in der äußeren Welt. Was er uns von dieser erzählt, erreicht uns gefiltert, aufgelöst, verfeinert durch die Sensibilität jener Gestalten, niemals auf direktem Wege. Die Bewußtseinsströme von Mrs. Dalloway, von Richard, ihrem Mann, von Peter Walsh, von Elizabeth, von Doris Kilman, des gequälten Septimus oder von Rezia, seiner italienischen Frau, bilden die Perspektive, von der aus jener warme Sommermorgen konstruiert wird, von der aus die Londoner Straßen mit ihrem lärmenden Durcheinander hupender Autos Gestalt und die Parks, durch die die Personen spazieren, ihr Grün und ihren Duft erhalten. Die objektive Welt löst sich im Bewußtsein dieser Personen auf, bevor sie zum Leser gelangt, sie wird verformt und neugeformt je nach der seelischen Verfassung eines jeden, erweitert sich um Erinnerungen und Eindrücke und wird phantasmagorisch durch die Träume und Phantasien, die sie im jeweiligen Bewußtsein auslöst. Auf diese Weise sieht sich der Leser von *Mrs. Dalloway* niemals persönlich mit der primären Wirklichkeit konfrontiert, in der sich der Roman abspielt, sondern nur mit den verschiedenen subjektiven Versionen, welche die Personen von ihr vermitteln. Das Leben, das Erinnerung, Gefühl, Empfinden, Begehren, Trieb geworden ist, jene immaterielle Substanz, ungreifbar wie Quecksilber und doch in ihrem Wesen so menschlich, ist das Prisma, durch das der Erzähler in *Mrs. Dalloway* die Welt zeigt und die Handlung erzählt. Und darauf ist die außergewöhnliche Atmosphäre zurückzuführen, die der Roman schon mit den ersten Zeilen herstellt: die Atmosphäre einer subtilen, schwebenden Wirklichkeit, in der die Materie sich mit einer gewissen Idealität angesteckt zu haben und innerlich aufzulösen scheint, ebensowenig dingfest zu machen wie das Licht, die Farben, die zarten und flüchtigen Bilder der Erinnerung.

Dieses immaterielle, in nichts zerfließende Klima oder Ambiente, aus dem die Personen nie heraustreten, vermittelt dem Leser von *Mrs. Dalloway* den Eindruck, einer völlig fremdartigen Welt gegenüberzustehen, obwohl die Ereignisse des Romans nicht trivialer oder nichtssagender sein können. Viele Jahre nach der Veröffentlichung dieses Buches unternahm eine französische Schriftstellerin, Nathalie Sarraute, in einer Reihe von fiktionalen Werken den Versuch, die menschlichen »Tropismen« zu beschreiben, jene Regungen oder instiktiven Bewegungen, die den Handlungen und dem Denken selbst vorausgehen und eine dünne Nabelschnur zwischen den rationalen Wesen, den Tieren und den Pflanzen herstellen. Ihre Romane, die interessant sind, aber niemals mehr als kühle Experimente, besaßen in meinem Fall den Vorzug, daß sie meine Lektüre dieses Romans von Virginia Woolf rückwirkend bereicherten. Jetzt, da ich ihn wiedergelesen habe, bleibt mir nicht der geringste Zweifel: Es ist ihr in *Mrs. Dalloway* – wahrscheinlich ohne bewußte Absicht – gelungen, jene geheimnisvolle, verborgene, primäre Regung des Lebens, jene »Tropismen« zu beschreiben, auf deren Spuren Nathalie Sarraute etliche Jahrzehnte später – wenn auch weniger erfolgreich – ihr ganzes Werk konstruieren sollte.

Der Rückzug auf das Subjektive ist eines der Kennzeichen des Erzählers; ein anderes ist das Aufgehen im jeweiligen Bewußtsein der Personen, dessen Anverwandlung. Es handelt sich um einen außergewöhnlich diskreten und metaphorischen Erzähler, der es vermeidet, sich bemerkbar zu machen, und häufig – aber stets unter den größten Vorsichtsmaßnahmen, um sich nicht zu verraten – von einer Innerlichkeit zur anderen übergeht. Wenn es überhaupt eine Entfernung zwischend dem Erzähler und der Gestalt gibt, dann ist sie minimal und verschwindet ständig, weil ersterer sich verflüchtigt, um letzterer Platz zu machen: Dann wird die Erzählung zum Monolog. Diese Wechsel geschehen ständig, bisweilen mehrmals auf einer Seite, und dennoch bemerken wir es kaum, dank der Meisterschaft, mit der der Erzähler seine Verwandlungen, sein Verschwinden und sein Wiederauferstehen ins Werk setzt.

Worin besteht diese Meisterschaft? Im gekonnten Wechsel zwischen der erlebten Rede und dem inneren Monolog und in der Verbindung der beiden Erzählweisen. Die erlebte Rede, von Flaubert erfunden, besteht darin, durch einen unpersönlichen und allwissenden Erzähler zu erzählen – das heißt in der dritten Person –, der in großer Nähe der Gestalt angesiedelt ist, so nahe, daß er bisweilen eins mit ihr zu sein, von ihr aufgehoben zu werden scheint. Der innere Monolog, von Joyce vervollkommnet, ist die Erzählung durch jemanden, der Erzähler und Gestalt zugleich ist – und in der ersten Person erzählt –, dessen Bewußtseinsstrom direkt (mit unterschiedlichen Graden der Kohärenz oder Inkohärenz) der Erfahrung des Lesers ausgesetzt ist. Wer die Geschichte von *Mrs. Dalloway* erzählt, ist bisweilen ein unpersönlicher Erzähler, sehr nahe der Gestalt, die uns ihre Gedanken, Handlungen, Wahrnehmungen berichtet: Er imitiert ihre Stimme, ihren Tonfall, ihr Zögern, macht sich ihre Sympathien und Ängste zu eigen und ist, bisweilen, die Gestalt selbst, deren Monolog den allwissenden Erzähler aus der Erzählung vertreibt.

Diese Erzähler-»Wechsel« geschehen unzählige Male in dem Roman, aber nur in einigen Fällen sind sie offensichtlich. In vielen anderen gibt es keine Möglichkeit, festzustellen, ob derjenige, der erzählt, der allwissende Erzähler oder die Gestalt selbst ist, denn die Erzählung scheint auf einer Grenzlinie zwischen beiden stattzufinden oder beides zugleich zu sein, eine unmögliche Perspektive, in der die erste und die dritte Person nicht mehr widersprüchlich wären und eine einzige bilden würden. Diese formale Leistung ist besonders wirksam in den Episoden um den jungen Septimus Warren Smith, dessen geistigen Zerfall wir abwechselnd aus großer Nähe verfolgen oder, gleichsam im Sog des unauslotbaren Abgrunds seiner Unsicherheit und seiner Panik, mittels des geschickt ins Werk gesetzten Zauberkunststücks der Sprache nachgerade teilen.

Septimus Warren Smith ist eine dramatische Gestalt in einem Roman, in dem alle anderen ein konventionelles, vorhersehbares

Leben voll Routine und Langeweile führen, das nur die belebende Kraft der Verwandlung von Virginia Woolfs Prosa mit Zauber und Geheimnis erfüllt. Die Anwesenheit dieses armen jungen Mannes, der als Freiwilliger in den Krieg gezogen war und mit Auszeichnungen und scheinbar unversehrt, aber mit seelischen Verletzungen heimkehrte, ruft nicht nur Mitleid, sondern auch Beunruhigung hervor. Denn sie läßt erkennen, daß all den Seiten zum Trotz, auf denen das Wunderbare und Erregende der Welt Clarissa Dalloways und ihrer Freunde gepriesen wird, nicht alles an dieser Welt schön, unterhaltsam, leicht und zivilisiert ist. Es existieren auch, wenn auch weit von ihnen entfernt, Grausamkeit, Schmerz, Verständnislosigkeit, Dummheit, ohne die der Wahnsinn und der Selbstmord von Septimus unvorstellbar wären. Sie werden von den Ritualen und der guten Erziehung, vom Geld und vom Glück auf Distanz gehalten, aber sie sind da, auf der anderen Seite der Mauern, die sie errichtet haben, um blind und glücklich sein zu können, und in gewissen Momenten nimmt Clarissa Dalloway sie mit ihrem scharfen Spürsinn wahr. Deshalb läßt sie die imponierende Gestalt von Sir William Bradshaw, dem Irrenarzt, erschauern, in dem sie, ohne zu wissen, weshalb, eine Gefahr wittert. Sie irrt sich nicht: Die Geschichte läßt keinen Zweifel daran, daß zwar der Krieg den jungen Warren Smith aus dem Gleichgewicht wirft, aber die Wissenschaft der Psychiater ihn in den Abgrund stürzen läßt.

Irgendwo habe ich einmal gelesen, daß ein berühmter japanischer Kalligraph seine Schriften mit einem Tintenfleck zu verunzieren pflegte. »Ohne diesen Gegensatz würde man die Vollkommenheit meiner Arbeit nicht gebührend würdigen«, erklärte er. Ohne die kleine Spur der rohen Wirklichkeit, welche die Geschichte von Septimus Warren Smith in dem Buch hinterläßt, wäre diese Welt nicht so makellos und spirituell, so golden und künstlerisch, die Welt, in der Clarissa Dalloway geboren wurde und zu deren Entstehung sie so viel beigetragen hat.

Fuengirola, 13. Juli 1989

Ein Luftschloß

Der große Gatsby

Der große Gatsby beginnt wie eine oberflächliche Chronik der tollen zwanziger Jahre mit ihren Millionären, ihren Vergnügungssüchtigen, ihren Gangstern, ihren Sirenen und ihrem überschäumenden Lebensgefühl, um sich dann unmerklich in eine zarte Liebesgeschichte zu verwandeln. Bald erlebt der Roman jedoch einen weiteren Umschwung und wird zu einem blutigen Melodram voll absurder Zufälle und grotesker Mißverständnisse, so daß der Leser unserer Tage sich nach der letzten Seite schließlich fragt, ob das Buch, das er gelesen hat, eher ein existentialistischer Roman über die Sinnlosigkeit des Lebens oder ein poetisches Renommierstück, ein Spiel der Phantasie ohne größere Verbindungen mit der gelebten Erfahrung ist.

Obwohl das Buch nicht dicht und geheimnisvoll genug ist, um genial zu sein, ist es doch ein wunderschönes Werk, das seine Frische unversehrt bewahrt und im Lauf der seit seinem Erscheinen im Jahr 1925 vergangenen Zeit Symbolwert für das regellose, unreflektierte Leben in einer Epoche fröhlicher Verantwortungslosigkeit und dekadenten Charmes erlangt hat. *Der große Gatsby* erweist sich gerade in seinem Dilettantismus – jene elegischen, sentimentalen Sätze, die plötzlich die Handlung unterbrechen, um Entzücken über ein Detail der Landschaft auszudrücken oder über die Seele der Reichen zu philosophieren – als Ausdruck der von ihm beschriebenen Zeit, jener prunksüchtigen Welt, in der Kunst und schlechter Geschmack, der ehrliche Unternehmer und der Gauner, Prüderie und Hemmungslosigkeit und überwältigender Reichtum einer am Abgrund stehenden Gesellschaft nebeneinander existierten.

Am Ende seines Lebens schrieb Scott Fitzgerald in einem autobiographischen Text über seine Gestalt Jay Gatsby: »Er ist, was ich immer war: ein armer Junge in einer reichen Stadt, ein armer Junge in einer Schule für Reiche, ein armer junger Bursche in einem Klub für reiche Studenten, in Princeton. Nie konnte ich den Reichen ihr Reichsein verzeihen, und das hat mein Leben und meine sämtlichen Werke überschattet. Gatsbys ganzer Sinn ist auf die Ungerechtigkeit gerichtet, die einen armen jungen Mann daran hindert, ein Mädchen zu heiraten, das Geld hat. Dieses Thema wiederholt sich in meinem Werk, weil ich es erlebt habe.«

Jeder Roman ist ein komplexes Labyrinth mit vielen Türen, deren jede den Zugang zu seinem Inneren öffnet. Die Tür, die uns dieses Geständnis des Autors von *Der große Gatsby* auftut, führt zu einer romantischen, einer rührseligen Geschichte. Ein bescheidener junger Bursche verliebt sich in eine schöne Erbin, die er aufgrund des unüberbrückbaren ökonomischen Abstands zwischen ihnen nicht heiraten kann. Dieser Jugendliebe treu, pflegt er, nachdem er durch unerlaubte Mittel scheinbar ein Vermögen zusammengetragen hat, zahllose Extravaganzen und einen verschwenderischen Lebensstil, um das Mädchen seines Herzens zurückzugewinnen; als es den Anschein hat, dies könne ihm gelingen, greift das Schicksal ein (das Schicksal mit Großbuchstaben, wie es in den großen Fortsetzungsromanen und Schauergeschichten des neunzehnten Jahrhunderts erscheint), um dies zu verhindern, indem es in aller Eile ein opportunes Sühneopfer herbeiführt. Am Ende ist die Landschaft die gleiche wie am Anfang: eine ungerechte, unerbittliche Gesellschaft, in der die Gründe des Geldbeutels stets die Oberhand behalten werden über die Gründe des Herzens.

Scott Fitzgeralds Roman ist *auch* das, aber wäre es nur das, dann wäre ihm keine längere Dauer beschieden gewesen als anderen von der Art »unmögliche-Liebe-mit-Blutvergießen-am-Ende«. Er konfrontiert uns zugleich mit einer verschlungenen, mutwilligen Erzählweise, die uns, bevor wir in den melodramatischen, fatalistischen Kern vordringen, durch einen beteiligten Zeugen – den Erzähler Nick Carraway – entdecken läßt, daß die Wirklichkeit aus sich überlagernden Bildern besteht, die einander widersprechen oder sich gegenseitig relativieren, so daß nichts in ihr vollkommen wahr oder endgültig falsch erscheint, vielmehr alles von unabänderlicher Ambivalenz geprägt ist. Niemand ist, was er zu sein scheint, zumindest nicht für lange Zeit, alles ist äußerst provisorisch und abhängig vom Blickwinkel, aus dem man es betrachtet. Dieser provisorische Charakter der Existenz und der Relativismus, der die Moral und die Verhaltensweisen der Gestalten prägt, ist vielleicht das eigentlich Originelle des Romans und das, was am besten Zeugnis ablegt von der Wirklichkeit der Welt, die ihn inspiriert hat. Denn die verrückten zwanziger Jahre in Nordamerika, die Ära des Jazz und der Prohibition, des goldenen Füllhorns und der großen Depression von 1929 waren vor allem Jahre einer zerbrechlichen, trügerischen Welt des schönen Scheins, ein fröhliches Maskenfest, bei dem die raffinierten Masken und glänzenden Kostüme so manches Ungeheuer und Gespenst verbargen.

Die zarten Schleier, die der Erzähler in seinem Bericht nach und nach beiseite zieht, in dem Maße, wie der einfache, provinzielle Junge aus dem Mittelwesten die Rituale, Intrigen, Ausschweifungen und Verrücktheiten der Welt der Reichen in New York entdeckt, mildern die Schärfen, die das innere Gefüge dieser Gesellschaft entstellen, und retten sie gleichsam mit ästhetischen Mitteln. Obwohl die meisten Gestalten, nüchtern betrachtet, eine strenge moralische Verurteilung verdienen würden, ist es unmöglich, sie zu verurteilen, weil es nicht möglich ist, sie *nüchtern* zu betrachten: Sie erreichen uns in mildes Licht getaucht, freigesprochen von der feinen, großzügigen Sensibilität, die der sympathische Nick Carraway in seinen Blick legt, wenn er sie betrachtet, jener Nick Carraway, der von sich selbst völlig zu Recht sagt: »Ich bin einer der wenigen anständigen Menschen, die mir im Leben begegnet sind.« Er ist es, ohne Zweifel. Und er ist zudem ein Mensch mit einem so überzeugenden Wohlwollen und Verständnis, daß alle Dinge, die durch seine Sensibilität hindurchgehen, besser werden, weil seine Lauterkeit und Güte sich irgendwie auf sie überträgt.

Der – sichtbare oder unsichtbare – Erzähler ist immer die Gestalt, auf deren Schaffung der Autor die größte Sorgfalt verwenden muß, denn von ihr – von ihrer Fähigkeit, ihrer Kohärenz, ihrer Wendigkeit – wird das Geschick aller anderen abhängen. Hätte Scott Fitzgerald nicht einen so feinen, wirksamen Filter erfunden, wie der einfache Börsenmakler, der uns die Geschichte erzählt, es ist, dann hätte *Der große Gatsby* nicht die Grenzen seiner schaurigen, irrealen Handlung überschreiten können. Dank dem diskreten Nick ist diese Handlung weniger wichtig als die Atmosphäre, in der sie sich abspielt, und als die köstliche Vagheit, die ihre lebendigen Wesen körperlos macht und ihnen den Anschein von Traumgestalten, von Bewohnern einer Phantasiewelt verleiht.

Nick Carraways Gesundheit verweist die kränklichen Bewohner des eleganten Badeortes West Egg, auf Long Island, in die Irrealität. Aber sie haben ohnehin eine gewisse Neigung, von der konkreten Welt abzuheben, um sich in Luftschlösser zu flüchten. Dies gilt auch für James Gatz, den Jungen aus der Provinz, der, um besser seiner Phantasie leben zu können, sich erst einmal eine andere Identität erfindet: die von Jay Gatsby. Was ist seine wirkliche Geschichte? Darüber werden wir niemals Gewißheit erlangen; abgesehen von einigen Hinweisen, die Nick uns liefert – zum Beispiel, daß seine Karriere als Alkoholschmuggler und Sarghändler im Schatten von Meyer Wolfsheim gedieh –, bleibt ein Teil seiner Biographie im dunklen. Es ist jedoch gewiß, daß, um Gatsby zu kennen, es nicht so sehr auf die konkreten Ereignisse seines Lebens ankommt als auf seine Illusionen und wahnhaften Vorstellungen, denn, wie der Erzähler sagt, er war »eine Ausgeburt der platonischen Idee seiner selbst«.

Stiefkind einer langen literarischen Tradition, ist Gatsby ein Mann, den ein schicksalhaftes Agens, das sein Begehren und seine Phantasie entzündet, der realen Welt entfremdet und in eine Traumwelt katapultiert. Wie bei Don Quijote die Ritterromane und bei Madame Bovary die Liebesgeschichten sind es im Fall von Gatsby Daisy und ihre flüchtig erschaute Welt der Reichen, die bewirken, daß er eine Ersatzwelt anstelle der wirklichen ersinnt, eine Realität aus purer Phantasie, die er später – wie die Sekte in Borges' Erzählung *Tlön, Ugbar, Orbis Tertius* – in die objektive Wirklichkeit zu infiltrieren, im Leben zu verkörpern versuchen wird. Ebenso wie seine illustren Vorgänger wird der naive Idealist – im ursprünglichsten Sinne des Wortes – erleben, wie die Wirklichkeit seine Illusion zunichte macht, bevor sie ihm das Leben nimmt. Gatsbys Größe liegt nicht in dem, was der großzügige Nick Carraway ihm zuschreibt: besser zu sein als alle Reichen mit alten Namen, die ihn verachten; sie besteht vielmehr darin, daß er über etwas verfügt, das diese entbehren: über die Fähigkeit, seine Wünsche mit der Wirklichkeit, das erträumte Leben mit dem gelebten Leben zu verwechseln, etwas, das ihn zum Mitglied einer illustren literarischen Familie und zum Inbegriff des Literarischen überhaupt macht. Durch sein Verhältnis zur Wirklichkeit, das darin besteht, daß er vor ihr in eine andere, aus Phantasie konstruierte Wirklichkeit flieht und dann versucht, das echte Leben durch diesen privaten Zauber zu ersetzen, ist Jay Gatsby nicht ein Mensch aus Fleisch und Blut, sondern reine Literatur.

Auch Daisy ist eine wunderbar immaterielle Gestalt, ein hübscher Schmetterling, der gleichgültig durch ein Leben flattert, das nur Form, Oberfläche, Spiel, Zerstreuung ist. Ihr Egoismus ist so genuin und natürlich wie ihr Puppengesicht, und es erstaunt nicht, daß sie unfähig ist, Gatsby in seinem chimärischen Bestreben zu folgen, die Vergangenheit aufzuheben, und sich von der Liebe loszusagen, die sie irgendwann einmal für ihren Ehemann, Tom Buchanan, empfunden haben muß. Die geistige Struktur Daisys ist für die Koketterie oder den diskreten Ehebruch geschaffen, das heißt, für mehr oder minder konventionelle und triviale Phantasien; was Gatsby von ihr will – die leidenschaftliche Liebe, den Liebeswahnsinn – liegt jedoch völlig außerhalb ihrer Möglichkeiten. Deshalb findet sie sich am Ende damit ab, bei ihrem Mann zu bleiben, dem unfähigen – aber auch harmlosen – Tom Buchanan.

Tom müßte eigentlich aufgrund seiner heuchlerischen Moral, seiner rassistischen Vorurteile und seines Zynismus so etwas wie der Bösewicht der Geschichte sein. Aber dank des großzügigen Mittlers Nick Carraway, der uns die Gestalt beschreibt und zeigt, verblassen Toms schwarze Seiten und lösen sich auf in Dummheit und Mittelmaß. Am Ende erscheint uns der Ehemann Daisys eher lächerlich als verabscheuungswürdig.

Hemingway zufolge war Scott Fitzgerald fasziniert von den Reichen, von denen er glaubte, sie seien »anders« als die übrigen Menschen. Und es ist bekannt, daß während der kurzen Zeit, in der er selbst dank des außergewöhnlichen Erfolgs seines ersten Romans *Diesseits des Paradieses* (1920) reich war, er und Zelda ein extravagantes, verschwenderisches Leben führten, das durchaus mit dem Leben vergleichbar war, das Jay Gatsby führt, um die Aufmerksamkeit des Mädchens auf sich zu lenken, das er besessen und verloren hat. Freilich scheint sich in *Der große Gatsby* die Welt der vermögenden Männer und Frauen nicht wesentlich von der der übrigen Sterblichen zu unterscheiden, sieht man einmal ab von quantitativen Merkmalen: größere Häuser, Pferde, modernere Autos usw. Der einzige, der die Möglichkeiten, die das Geld bietet, dazu benutzt, über das bürgerliche Leben der gewöhnlichen Menschen hinaus gewisse spektakuläre und paradigmatische Existenzformen zu erreichen, ist kein echter, sondern ein künstlicher Reicher, ein Parvenu: Gatsby. Die wirklichen Reichen der Geschichte wie Tom, Daisy oder die Golfspielerin Jordan Baker, wirken genauso vorhersehbar und substanzlos wie die Mittelklasse-Vertreterin Myrtle oder deren Ehemann, der irregeleitete Mörder Mr. Wilson. Wenn das, was Hemingway Scott Fitzgerald unterstellte – und zwar auf grausamste Weise in der Parodie, die er in seiner Erzählung *Schnee auf dem Kilimandscharo* auf ihn verfaßte –, nämlich von der Überlegenheit besessen zu sein, die der Reichtum verleiht, der Wahrheit entsprach, dann hat er es zumindest in diesem Roman nicht unter Beweis gestellt.

Die menschliche Mythologie, die in dem Buch zum Tragen kommt, umgibt nicht den Reichen, sondern den Außenseiter, den Mann mit dem trüben, verborgenen Leben, der gegen das Gesetz lebt und gedeiht. Das ist natürlich Gatsbys Fall. Und es gilt auch für den karikaturesken Meyer Wolfsheim, dessen Erscheinen in der Geschichte zwar flüchtig, aber denkwürdig ist, denn er hinterläßt einen Pesthauch von Untergrund, Verbrechen, Gewalt und außergewöhnlichen Menschentypen, die die Neugier des Lesers wekken. Diese geschickt geschürte Neugier wird von dem Buch jedoch nicht befriedigt, denn es läßt nur nebenbei und wie verstohlen die Existenz dieser verbrecherischen Unterwelt aufscheinen, die so etwas wie der dunkle, von Ungeziefer wimmelnde Keller der Gesellschaft ist, wo die Reichen sich ihrem unruhigen, gewissenlosen Leben hingeben. Sie sind zwar Ungeziefer, weil sie die soziale Norm überschreiten, aber sie sind auch interessante, intensiv lebende Menschen, die um das Risiko und die Veränderung wissen, bei denen Leben alles heißt, nur nicht Routine und Langeweile. Deshalb zögert der Leser nicht, Gatsby und seinem pittoresken Mentor vor ihren substanzlosen Mitmenschen den Vorzug zu geben, auch wenn sie das Gefängnis verdienen. Sie entstammen nicht nur der historischen Wirklichkeit der Zeit, die der Roman beschreibt – denn die verrückten zwanziger Jahre waren auch die Jahre der Gangster –, sondern vor allem Conrad und dem romantischen Fortsetzungsroman, das heißt, der literarischen Tradition.

Vielleicht könnte dies eine gute Definition von *Der große Gatsby* sein: Er ist ein *sehr* literarischer Roman. Das heißt, sehr »geschrieben« und sehr geträumt, ein Roman, bei dem die Unwirklichkeit, die der Erzählkunst zwangsläufig innewohnt, so etwas wie eine Krankheit oder ein Laster ist, das von vielen seiner Gestalten geteilt wird, und die ungreifbare Substanz, aus der der Held, James Gatz alias Gatsby, von Kopf bis Fuß geformt und mit der er ins Leben entlassen wurde.

Wie alle Erzählungen und Romane, die Scott Fitzgerald geschrieben hat, wirkt auch dieses Werk, als sei es unabgeschlossen, als habe jemand oder etwas gefehlt, um ihm die Dichte und Abgerundetheit eines Meisterwerks zu verleihen. In *Der große Gatsby* hat diese Unabgeschlossenheit jedoch eine Existenzberechtigung, denn sie ist auch ein Attribut der Welt, die der Roman beschreibt, der Menschen, die er erfindet. In diesen und in jener gibt es eine Leere, etwas, das nicht ganz Gestalt angenommen hat, nicht ausgegoren ist, ein undefinierbares Gefühl, daß das Leben auf halbem Weg stehengeblieben, den Menschen durch die Finger geronnen ist, obwohl es doch einmal als ein volles, fruchtbares Leben daherkam. Liegt das Geheimnis von *Der große Gatsby* darin, daß der Roman die Unfertigkeit einer Epoche gezeigt hat, das, was an ihr unerfülltes Versprechen und eben dadurch romantisch war? Oder war das, was Scott Fitzgerald in der Unabgeschlossenheit seiner Geschichte verkörperte, sein eigenes Schicksal des jungen Prinzen der Literatur, der niemals König wurde? Vielleicht müssen beide Fragen mit ja beantwortet werden. Denn in seinem besonderen Fall deutete das frühreife Genie, das *Diesseits des Paradieses* schrieb, in dem sich ein künftiges Meisterwerk ankündigte, das er niemals schuf, in tragischer Weise voraus auf die Zeit, in der sein angekündigtes Talent sich verzettelte und scheiterte, eine Zeit, die letztendlich nichts anderes war als Gatsbys kleiner Palast: ein Luftschloß.

Barranco, 11. März 1988

Die Metamorphosen des Steppenwolfs

Der Steppenwolf

Ich las den *Steppenwolf* zum ersten Mal, als ich noch fast ein Kind war; ein älterer Freund von mir, Bewunderer Hesses, legte mir das Buch in die Hände und drängte mich, es zu lesen. Es kostete mich große Mühe, und ich bin sicher, daß ich nicht fähig war, in die innere Komplexheit des Buches einzudringen. Weder dieser noch irgendein anderer Roman von Hermann Hesse gehörten in meinen Universitätsjahren zu meinen Lieblingsbüchern; meine Vorlieben galten Geschichten, in denen weniger gedacht und mehr gehandelt wurde, galten Romanen, in denen die Ideen die Grundlage, nicht der Ersatz der Handlung waren.

In der Mitte der sechziger Jahre kam es in der westlichen Welt allenthalben zu einer Wiederentdeckung Hermann Hesses. Es waren die Zeiten der psychedelischen Revolution und der *flower children,* der toleranten Gesellschaft und der Aufhebung der sexuellen Tabus, des wilden Spiritualismus und der Religion des Pazifismus. Dem Autor des Romans *Der Steppenwolf,* der kurze Zeit zuvor in der Schweiz gestorben war – am 9. August 1962 –, widerfuhr damals das Angenehmste, was einem Schriftsteller widerfahren kann: Er wurde von den jungen Rebellen der halben Welt angenommen und zum Mentor erhoben. Ich sah dem Ganzen praktisch aus dem Fenster zu – ich lebte damals in London, noch dazu im Herzen des *swing,* in Earls Court –, amüsiert durch das Schauspiel, aber mit einer gewissen Skepsis in bezug auf die Tragweite einer Revolution, die das Ziel hatte, die Welt mit Hilfe von Marihuana, LSD-Visionen und Beatles-Musik zu verbessern. Aber der Kult der damaligen Jugend um den deutsch-schweizerischen Autor machte mich neugierig, und ich las ihn erneut.

Es stimmte, sie waren völlig im Recht, Hesse als ihren Wegbereiter und Guru auf den Thron zu heben. Der Einsiedler von Montagnola – an dessen Tür die Besucher anscheinend ein Spruch des chinesischen Weisen Meng Hsich abwies, der verkündete, ein Mensch habe das Recht, allein mit dem Tod zu sein und nicht von Fremden gestört zu werden – war ihnen vorausgegangen in seiner Verurteilung des Materialismus des modernen Lebens und seiner Ablehnung der Industriegesellschaft; in seiner Faszination für den

Orient und dessen kontemplative, esoterische Religionen; in seiner Liebe zur Natur; in der Sehnsucht nach einem einfachen Leben; in der Leidenschaft für die Musik und im Glauben daran, daß die Drogen die Kenntnis der Welt und die Kontaktfähigkeit der Menschen bereichern können.

Vielleicht ist gerade *Der Steppenwolf* nicht der Roman, der am besten das repräsentiert, was Hesses Werk in den sechziger Jahren in eine so enge Verbindung mit dem Fühlen der nonkonformistischen Jugend Westeuropas und der Vereinigten Staaten brachte, denn in ihm spielt zum Beispiel der Orientalismus keine Rolle, der andere seiner Bücher prägt. Gleichwohl zeigt dieser Roman am deutlichsten die dichte Singularität sowohl der Welt, die Hesse im Lauf seines langen Lebens geschaffen hatte (er war fünfundachtzig Jahre alt, als er starb), als auch des umfangreichen Werkes, innerhalb dessen er mit Ausnahme des Theaters sämtliche Gattungen (einschließlich der des Briefeschreibens) pflegte.

Der Roman erschien 1927, und das Datum ist wichtig, weil der düstere Glanz seiner Seiten sehr anschaulich die Atmosphäre der europäischen Länder widerspiegelt, die die Apokalypse des Ersten Weltkrieges hinter sich gelassen hatten und sich anschickten, die Katastrophe zu wiederholen. Es handelt sich um ein expressionistisches Buch, das zuweilen an die Auflösung und die Exzesse der wilden antibürgerlichen Karikaturen erinnert, die George Grosz in jenen Jahren in Berlin malte, aber auch an die Alpträume und Delirien – den Sieg des Irrationalen –, die seit diesem Jahrzehnt, in dem die Ismen wucherten, die gesamte Literatur überfluteten.

Da es sich nicht um einen Roman handelt, der Realismus vorspiegelt, sondern um eine literarische Fiktion, die eine symbolische Welt beschreibt, in der die Reflexionen, Visionen und Eindrücke das eigentlich Wichtige sind und die objektiven Tatsachen bloßer Vorwand oder Schein, ist es schwierig, ihn zusammenzufassen, ohne etwas inhaltlich Wesentliches auszulassen. Von der Struktur her ist er einfach, wie eine russische Puppe gebaut. Ein namenloser Erzähler schreibt ein Vorwort zum Manuskript des Steppenwolfes, Harry Haller, einem fünfzigjährigen Mann mit kurzgeschorenem Haar, der sich einige Monate lang im Haus seiner Tante eingemietet hatte, wo er diesen Text zurückließ, der den Stamm seines Romans bildet. Innerhalb des Manuskripts von Harry Haller erscheint, wie ein Zweig, ein weiteres, das mutmaßlich ebenfalls transkribiert wurde: der Traktat vom Steppenwolf, der diesem auf geheimnisvolle Weise von einem anonymen Individuum auf der Straße überreicht wird.

Der Roman spielt sich nicht auf ein und derselben Wirklichkeitsebene ab. Er beginnt auf einer objektiven, »realistischen« Ebene und endet im Phantastischen, in einer Art Happening, in dessen Verlauf Harry Haller Gelegenheit hat, mit einem jener unvergänglichen Geister Zwiesprache zu halten, die seine Vorbilder sind: Mozart (zuvor hatte er es mit Goethe getan). Im Verlauf der Geschichte gibt es also verschiedene qualitative Wechsel, bei denen die Erzählung vom Objektiven zum Subjektiven oder, um im Literarischen zu bleiben, vom Realismus ins phantastische Genre übergeht.

Aber die Rationalität ändert sich nicht mit diesen Wechseln. Im Gegenteil: Die drei Erzähler des Romans – der Herausgeber des Buches, Harry Haller und der Autor des Traktats – sind extreme Rationalisten, unerbittliche Zuschauer und Erkunder ihrer selbst. Und es ist zweifellos diese Fähigkeit oder dieser Fluch – mit dem Denken nicht aufhören, der ständigen Introspektion, in der er lebt, nicht entfliehen zu können –, der Harry Haller in einen Steppenwolf verwandelt hat. Mit dieser Formel hat Hesse einen Prototyp geschaffen, dem sich zahllose Individuen unserer Zeit zuordnen lassen: Als extreme Einzelgänger, befangen in irgendeiner Form von Neurasthenie, die ihre Fähigkeit, mit den anderen zu kommunizieren, einschränkt oder zunichte macht, leben sie ein Leben im Exil, in dem sie sich der Bitterkeit und dem Zorn auf eine Welt überlassen, die sie nicht akzeptieren und von der sie sich ebenfalls abgelehnt fühlen.

Und doch wurde dieser Roman, der sich in eine Bibel des Unverstandenen und des Hochmütigen verwandelt hat, in die Bibel dessen, der sich seiner Gesellschaft und seiner Zeit überlegen oder einfach fremd fühlt oder sich als junger Mensch im schwierigen Moment des Eintritts in das Erwachsenenalter befindet, seltsamerweise nicht mit der Absicht geschrieben, eine solche Position geltend zu machen, sondern vielmehr mit der Intention, ihre Nichtigkeit aufzuzeigen und sie zu kritisieren. Mit dem *Steppenwolf* unternahm Hesse eine Selbstkritik. Es gab in ihm, wie aus seiner Korrespondenz hervorgeht, eine Neigung, sich in einen wilden Wolf zu verwandeln, und er kannte, wie seine Romangestalt, die Versuchung des Selbstmords – schon als er noch ein Kind war. Aber in seinem Fall wurde das unbändige, selbstzerstörerische Profil seiner

Persönlichkeit immer durch ein anderes, das eines Idealisten, ausgeglichen, der die einfachen Dinge, die natürliche Ordnung liebte, der bemüht war, seinen Geist zu bilden und durch Selbsterkenntnis den inneren Frieden zu erlangen.

Was in der Persönlichkeit von Hermann Hesse Vorder- und Rückseite war, wird in der Biographie Harry Hallers zu zwei Phasen eines Prozesses. Im Verlauf der Geschichte verliert der Steppenwolf allmählich seine Reißzähne und seine Klauen, verschwinden seine blutigen Anwandlungen gegen jene Menschheit, der er einen gewaltsamen und würdigen Tod wünscht, und er lernt dank seines Abstiegs in die Niederungen der Boheme, dank der sinnlichen Ausschweifung und der Begegnung mit den Unsterblichen das Leben auch in seinen oberflächlichsten und trivialsten Aspekten zu akzeptieren. Es ist anzunehmen, daß Harry Haller, wenn er nach der letzten Phantasmagorie im Magischen Theater sein Leben wieder aufnimmt, der Anweisung Mozarts folgen wird: »Sie sollen leben, und Sie sollen das Lachen lernen.«

»Fast alle Prosawerke, die ich geschrieben habe, sind Seelenbiographien«, erklärte Hesse in einem seiner autobiographischen Texte, »keines beschäftigt sich mit Geschichten, Komplikationen oder Spannungen. Im Gegenteil, in ihnen wird vornehmlich eine einzelne Person – jene mythische Gestalt – in ihren Beziehungen zur Welt und zu ihrem eigenen Ich beobachtet.« Diese Äußerung ist zutreffend. *Der Steppenwolf* erzählt einen geistigen Konflikt, ein Drama, dessen Schauplatz nicht die äußere Welt, sondern die Seele des Protagonisten ist.

Wer ist Harry Haller? Obwohl sein vorheriges Leben kaum erwähnt wird, gehen aus seinen Reflexionen einige Angaben hervor, mit deren Hilfe es sich rekonstruieren läßt. Er hat sich einst wissenschaftlich mit alten Religionen und Mythologien befaßt, und seine Bücher hatten ihn bekannt gemacht; sein Pazifismus und seine nationalismusfeindlichen Ideen bringen ihm Attacken und Schmähungen seitens der reaktionären Presse ein; seine politischen Überzeugungen richten sich in gleicher Weise gegen das Ideal »des Amerikaners oder das der Bolschewiken, die (...) das Leben, weil sie es gar so naiv vereinfachen, furchtbar vergewaltigen und berauben«. Er war verheiratet, aber seine Frau hat ihn verlassen; er hat eine Geliebte, die er fast niemals sieht. Seine einzigen Freuden sind nunmehr die Musik – vor allem Mozart – und die Bücher. Er hat die Mitte des Lebens erreicht und befindet sich, als er sein Manuskript beginnt, in einem Zustand der Verzweiflung, die so weit geht, daß er mit dem Gedanken spielt, seinem Leben mit einem Rasiermesser ein Ende zu setzen.

Warum diese Kluft zwischen dem Steppenwolf und der Welt? Der Grund liegt darin, daß diese eine für ihn unannehmbare Richtung eingeschlagen hat. Unzählbar sind die Dinge, die er kritisiert: die Kriegstreiberei und der niedrige Materialismus; die konformistische Mentalität und der praktische Sinn des Bürgertums; das Philistertum, das die Kultur beherrscht, und die Maschinen und Fertigerzeugnisse der Industriegesellschaft, in denen er die Gefahr der Versklavung für den Menschen erahnt. Alle Prinzipien und Ideale, die sein Leben vorher beseelten, sieht Harry Haller in der ihn umgebenden Welt zerstört oder heruntergekommen: die Suche nach der sittlichen und geistigen Vollkommenheit, die künstlerischen Meisterwerke, die Leistungen jener höheren Wesen, die er »die Unsterblichen« nennt. Wenn Harry Haller sich umschaut, gewahrt er nichts als Dummheit, Gemeinheit und Entfremdung.

Aber wenn er das eigene Innere betrachtet, ist der Anblick nicht ermutigender: ein Abgrund an Hoffnungslosigkeit und Erbitterung, eine radikale Unfähigkeit, sich für die Dinge zu interessieren, die das Leben der anderen erfüllen.

Die Person, die Harry Haller aus dieser existenziellen und metaphysischen Krise rettet, ist weder ein Philosoph noch ein Geistlicher, sondern eine fröhliche Halbweltdame, Armanda, der er während einer seiner ständigen nächtlichen Streifzüge in einer Kneipe begegnet. Mit fester Hand und kluger Koketterie verhilft sie ihm zur Entdeckung – oder womöglich Wiederentdeckung – des Zaubers, der dem Banalen innewohnt, des glücklichen Vergessens, das die Sinnlichkeit schenkt. Der Steppenwolf lernt, die Modetänze zu tanzen, Vergnügungslokale zu besuchen, Gefallen am Jazz zu finden, und lebt ein sexuelles Dreiecksverhältnis mit Armanda und deren Freundin Maria. Von ihnen geleitet, wohnt er jenem Maskenball bei, auf dem sich die wirkliche Welt in eine magische, in reine Phantasie verwandelt, er die Illusion leben und Zwiesprache mit den Unsterblichen halten kann. So entdeckt er, daß diese großen Schöpfer der Weisheit und Schönheit dem Leben nicht den Rücken kehrten, sondern ihre wunderbaren Welten kraft einer liebenden Sublimierung der kleinen Dinge schufen, aus denen das Leben ebenfalls besteht.

Aufgrund eines jener Paradoxe, von denen es in der Literaturgeschichte so viele gibt, wurde dieser Roman, der mit der Absicht geschrieben wurde, das Leben zu bejahen, die Blindheit jener aufzuzeigen, die, wie Harry Haller, der Gefangene des Intellekts und der Abstraktion, den Sinn für das Alltägliche, die Fähigkeit der Kommunikation und des sozialen Kontakts, die Sinnenfreude verloren haben, zum Handbuch für Einsiedler und Menschenfeinde erhoben. Zu ihm greifen, wie zu einem religiösen Text, die Unzufriedenen und Verzweifelten dieser Welt, die überdies der Wirklichkeit jeder anderen möglichen Welt skeptisch gegenüberstehen. Dieser Menschentyp, den Hesse meisterhaft durchleuchtete, ist ein Produkt unserer Zeit und unserer Kultur. Es hat ihn niemals zuvor gegeben, und wir wollen hoffen, daß es ihn auch künftig nicht gibt, in der Annahme, daß die menschliche Geschichte eine Zukunft hat.

Sollen wir die Verfälschung, die das Buch durch die Lektüre seiner Leser erfahren hat, beklagen? Keineswegs. Was mit dem *Steppenwolf* geschehen ist, sollte uns vielmehr über eine unbequeme Wahrheit der Literatur belehren: Ein Romancier weiß niemals, für wen er arbeitet. Weder der rationalste und bewußteste Autor – und Hesse war dies nicht – noch derjenige, der jede Einzelheit bis zur Manie hin und her wendet und obsessiv an seinen Wörtern feilt, kann verhindern, daß seine Geschichten, nachdem sie sich von ihm emanzipiert und ein Publikum gefunden haben, eine Bedeutung erlangen, eine Mythologie erzeugen oder eine Botschaft überbringen, die er nicht intendiert hat und womöglich auch nicht billigen würde. So kann ein Romancier gleichsam auf Abwege geraten und durch die Kräfte, die er durch sein Schreiben auf den Plan gerufen hat, seltsam manipuliert werden. Da er in der Einsamkeit des Schaffensprozesses nicht nur seine Luzidität, sondern auch seine persönlichen Phantasmen ins Spiel bringt, verwirren diese bisweilen das, was sein Wille entwirren will, widersprechen sie seinen Ideen oder geben ihnen eine andere Färbung, errichten sie geheime Ordnungen, die andere sind als die Ordnung, in die er seine Geschichte zu bringen suchte. Hinter seinem rationalen Schein enthält jeder Roman Materialien, die aus den verborgensten Tiefen der Persönlichkeit des Autors stammen. Dieser Tatsache, das heißt dem Umstand, daß der Schöpfer mit seiner ganzen Person in den Akt des Erfindens involviert ist, verdankt die gute Literatur ihre Fortdauer, denn die Dämonen, die die Menschen bedrängen, pflegen dauerhafter zu sein als die anderen Gegebenheiten ihrer Biographien. Indem er eine Fabel ersann, die in seinen Augen ein Amulett gegen den Pessimismus und die Angst einer Welt sein sollte, die eine Tragödie hinter sich hatte und ahnte, daß ihr eine weitere bevorstand, nahm Hermann Hesse ein Porträt vorweg, mit dem sich die nonkonformistische Jugend der Überflußgesellschaft ein halbes Jahrhundert später identifizieren sollte.

London, Februar 1987

Die Freiheit des Bösen

Die Freistatt

I

Seiner eigenen Aussage zufolge schrieb Faulkner die erste Fassung seines Romans *Die Freistatt* 1929 in drei Wochen nieder, unmittelbar nach *Schall und Wahn*. Die Idee des Buches, so erklärte er im Vorwort zur zweiten Auflage des Romans (1932), sei ihm immer »billig« erschienen, denn er habe sie in der alleinigen Absicht konzipiert, Geld zu verdienen (bislang hatte er nur aus »Vergnügen« geschrieben). Sein Motto: »Ich dachte mir das Schrecklichste aus, das überhaupt nur vorstellbar schien«, etwas, das jemand aus Mississippi für ein Modethema halten könnte. Entsetzt über den Text, teilte ihm der Verleger mit, er werde ein derartiges Buch nicht veröffentlichen, da sie sonst beide im Zuchthaus landen würden.

In der Folgezeit schrieb Faulkner, während er als Heizer arbeitete, *Als ich im Sterben lag*. Als dieses Buch bereits veröffentlicht war, erhielt er eines Tages die Druckfahnen von *Die Freistatt*, zu dessen Veröffentlichung der Verleger sich mittlerweile entschlossen hatte. Beim Wiederlesen seines Romans sagte sich Faulkner, daß er in der Tat so, wie er war, nicht präsentabel sei, und nahm etliche Streichungen und Änderungen an ihm vor, so daß die Fassung, die 1931 erschien, erheblich von der ursprünglichen abwich. (Der Vergleich beider Texte ist möglich anhand von Gerald Langfords *Faulkner's Revision of Sanctuary*, University of Texas Press, 1972, 126 S.)

Die zweite Fassung ist nicht weniger »schrecklich« als die erste, denn die schaurigen Elemente der Geschichte sind in beiden erhalten, mit Ausnahme der leicht inzestuösen Gefühle zwischen Horace und Narcissa Benbow und Horace und seiner Stieftochter Klein-Belle, die in der ersten Version sehr viel expliziter sind. Die Abweichung besteht hauptsächlich darin, daß in der ersten Fassung Horace Benbow die Achse der Handlung bildete, während in der neuen Popeye und Temple Drake an Gewicht gewonnen und den ehrlichen, aber schwächlichen Anwalt aus dem Vordergrund verdrängt haben. Was die Struktur betrifft, so war die Originalfassung klarer, trotz ihrer verwickelten Zeitstruktur, da fast die ganze Geschichte aus Horace' Sicht erzählt wurde, während in der endgültigen Fassung die Erzählung ständig – von Kapitel zu Kapitel und manchmal sogar innerhalb ein und desselben Absatzes – den Standpunkt wechselt.

Die schlechte Meinung über *Die Freistatt* begleitete Faulkner sein Leben lang. Ein halbes Jahrhundert nach jenem selbstkritischen Vorwort bezeichnete er in seinen »Gesprächen in der Universität von Virginia« (New York, Vintage Books, 1965) seine Geschichte – zumindest in ihrer ersten Niederschrift – abermals als »schwächlich« und aus »niederen« Beweggründen ersonnen.

II

In Wirklichkeit ist *Die Freistatt* eines seiner Meisterwerke und verdient, nach *Licht im August* und *Absalom, Absalom!* in einer Reihe mit den besten Romanen der Yoknapatawpha-Saga zu stehen. Es stimmt, daß der Roman aufgrund seiner haarsträubenden Schauerlichkeit, aufgrund der zu schwindelerregenden Extremen getriebenen Grausamkeit und Dummheit, die er zeigt, aufgrund des düsteren Pessimismus, der ihn durchdringt, schwer erträglich ist. Aber: Nur ein Genie konnte eine Geschichte mit derartigen Episoden und Personen in einer Weise erzählen, daß sie nicht nur annehmbar wird, sondern den Leser sogar in ihren Bann zieht. Der außergewöhnlichen Meisterschaft, mit der sie erzählt wird, verdankt diese bis zum Aberwitz schreckliche Geschichte den Nimbus einer beunruhigenden Parabel über die Natur des Bösen sowie jene symbolischen und metaphysischen Anklänge, welche die Phantasie der Kritiker bei ihren Interpretationen so sehr beflügelt haben. Denn gewiß hat kein Roman Faulkners zu so unterschiedlichen und barocken Lesarten Anlaß gegeben: Aktualisierung der griechischen Tragödie, Paraphrase der *gothic novel,* biblisches Gleichnis, Metapher gegen die industrielle Modernisierung der Kultur des amerikanischen Südens usw. André Malraux, der ihn 1933 dem französischen Publikum vorstellte, sagte über ihn: »*Die Freistatt* – das ist der Einbruch der griechischen Tragödie in den Kriminalroman.« Und Borges dachte sicher an diesen Roman, als er seine berühmte *boutade* von sich gab, die nordamerikanischen Romanciers hätten die »Brutalität in eine literarische Tugend« verwandelt. Unter dem Gewicht einer derartigen philosophischen und moralischen Symbolhaftigkeit neigt die Geschichte von *Die Freistatt* indes dazu, sich aufzulösen und zu verschwinden. Der

Wert eines Romans bemißt sich jedoch nach dem, was er erzählt, und nicht nach den Deutungen, zu denen er Anlaß gibt.

Was erzählt diese Geschichte? In wenigen Worten: das unheilvolle Abenteuer von Temple Drake, einem hübschen, leichtsinnigen siebzehnjährigen Mädchen aus gutem Hause, Tochter eines Richters, das von einem impotenten und psychopathischen Gangster – der auch ein Mörder ist – mit einem Maiskolben entjungfert und dann in ein Bordell in Memphis eingesperrt wird, wo er sie zwingt, sich vor seinen Augen einem kleinen Ganoven hinzugeben, den er selbst ihr zuführt und den er schließlich umbringt. Mit dieser Geschichte verflochten, entwickelt sich eine andere, die etwas weniger furchtbar ist: Lee Goodwin, Mörder, Alkoholfabrikant und -schmuggler, wird zu Unrecht für den Tod eines Schwachsinnigen (Tommy, Opfer von Popeye) vor Gericht gebracht, verurteilt und bei lebendigem Leibe verbrannt, trotz der Bemühungen, die Horace Benbow, ein gutwilliger Anwalt, der jedoch unfähig ist, dem Guten zum Sieg zu verhelfen, zu seiner Rettung unternimmt.

Diese Scheußlichkeiten sind kaum mehr als eine Stichprobe aus den vielen, die in dem Buch aufeinanderfolgen; der Leser erlebt einen Tod am Galgen, einen Tod durch Lynchjustiz, verschiedene Morde, eine vorsätzliche Brandstiftung und eine ganze Skala moralischer und sozialer Erniedrigungen. In der ersten Fassung zeigte Horace, einziger Träger eines moralischen Bewußtseins, überdies inzestuöse Gefühle für zwei Personen. Dies wurde in der endgültigen Fassung abgeschwächt und ist nur noch als dumpfer Anklang im Gefühlsleben des Anwalts erhalten.

Bei jedem Roman entscheidet die Form – der Stil, in dem er geschrieben ist, und die Reihenfolge, in der das Erzählte erscheint – über Reichtum oder Armut, Tiefe oder Banalität seiner Geschichte. Bei Romanciers wie Faulkner ist jedoch die Form in der Erzählung in einem Maße sichtbar, in einem Maße gegenwärtig, daß sie die Stelle des Protagonisten vertritt und wie eine weitere Person aus Fleisch und Blut agiert oder wie eine *Tatsache* vorkommt, gerade so wie die Leidenschaften, Verbrechen oder Katastrophen der Romanhandlung.

Nehmen wir einmal an, ein vollständiger Roman sei ein Würfel. Vollständig soll heißen: die ganze Geschichte, ohne Auslassung eines einzigen Details, einer einzigen Handlung oder Bewegung der Personen, eines Gegenstandes oder Raumes, die deren Verstehen erleichtern, einer Situation, eines Gedankens, einer Mutmaßung und einer kulturellen, moralischen, politischen, geographischen und sozialen Koordinate, ohne die die Geschichte hinken würde und nicht ausreichend verständlich wäre. Nun wird freilich kein Roman, mag er auch von nachgerade fanatischem Realismus sein, *vollständig* geschrieben. Jeder Roman, ohne Ausnahme, läßt einen Teil der Geschichte unerzählt und überläßt ihn schlicht der Schlußfolgerung oder Phantasie des Lesers, was bedeutet, daß jeder Roman aus sichtbaren Angaben und aus verborgenen Angaben besteht. Wenn wir dem geschriebenen Roman – dem nur aus expliziten Angaben bestehenden – eine Form geben, die sich von dem Würfel des Romanganzen abhebt, dann stellt die spezifische Gestalt dieses Gebildes die Originalität, die eigene Welt eines Romanciers dar. Und das Gebilde, das sich bei jedem Roman Faulkners vom Würfel abhebt, ist vielleicht die barockeste und intelligenteste Skulptur, die das Universum der Erzählformen hervorgebracht hat.

Der Roman *Die Freistatt* bezieht seine formale Wirkung vor allem aus dem, was der Erzähler dem Leser verbirgt, indem er Elemente chronologisch versetzt oder ganz wegläßt. Der Krater des Romans – die barbarische Entjungferung Temples – ist ein *ominöses,* das heißt beredtes Schweigen. Sie wird nie beschrieben, aber diese aufgehobene Brutalität strahlt die giftige Atmosphäre aus, die sich schließlich auf Jefferson, Memphis und die anderen Schauplätze des Romans überträgt und sie am Ende in die Heimat des Bösen verwandelt, in ein Land der Verderbnis und des Schreckens, das unfähig ist zur Hoffnung. Es gibt noch viele weitere verborgene Elemente; einige werden rückwirkend offenbart, nach den Folgen, zu denen sie geführt haben – wie der Mord an Tommy und an Red oder die Impotenz von Popeye; andere bleiben im dunkeln, obwohl wir einige ihrer Auswirkungen erfahren, gerade genug, um unsere Neugier zu bewahren und zu erahnen, daß in diesem Dunkel etwas Schmutziges und Verbrecherisches nistet, wie die geheimnisvollen Reisen und die undurchsichtige Betriebsamkeit von Clarence Snopes und die Abenteuer von Belle, der Frau von Horace.

Diese Manipulation der Gegebenheiten der Geschichte, die dem Leser vorübergehend oder endgültig vorenthalten werden, ist jedoch noch weitaus geschickter, als es diese deutlichen Beispiele zeigen. In Wirklichkeit geschieht dies auf Schritt und Tritt, bisweilen in jedem Satz. Der Erzähler sagt uns *niemals* alles, und oft führt er uns in die Irre: Er enthüllt, was eine Person tut, aber nicht, was sie denkt (das Innere Popeyes zum Beispiel offenbart er nicht), oder umgekehrt, und er geht ohne Vorwarnung über Gesten, Handlungen und Gedanken hinweg, die er erst später, überraschend, enthüllen wird, wie ein Zauberer, der plötzlich das verschwundene Tuch wieder erscheinen läßt. So erhellt und verdunkelt sich die Geschichte; bestimmte Szenen blenden uns durch ihr Licht, während wir andere, fast unsichtbar in der Finsternis, zu erforschen suchen.

Auch das Tempo der Erzählung ist launenhaft, unbeständig: Es beschleunigt sich und fügt sich dem Rhythmus der Dialoge der Personen, die der Erzähler dem Leser nahezu kommentarlos präsentiert – wie in der Gerichtsverhandlung –, oder wird, wie im dreizehnten Kapitel, dem Krater des Romans, zum fast stillstehenden Zeitlupentempo, in dem die Bewegungen der Personen wie rhythmische Evolutionen in einem chinesischen Schattenspiel anmuten. Alle Szenen mit Temple Drake im Alten Franzosenhaus sind theatralisch, von einer zeremoniellen Langsamkeit, welche die Handlungen in Rituale verwandelt. Die Szenen der Erzählung sind, mit einigen Ausnahmen, nebeneinander gesetzt, statt ineinanderzufließen.

Dies alles ist extrem artifiziell, aber nicht willkürlich. Besser gesagt, es wirkt nicht so, daher der Charakter einer notwendigen, authentischen Wirklichkeit. Diese Welt, diese Menschen, diese Dialoge, diese Momente des Schweigens, sie könnten nicht anders sein. Wenn es einem Romancier gelingt, dem Leser mit seinem Roman das entscheidende, unwiderrufliche Gefühl zu vermitteln, daß das, was er erzählt, nur so geschehen – so erzählt werden – konnte, dann hat er auf der ganzen Linie gesiegt.

III

Nicht wenige der fast unzählbaren Interpretationen, zu denen *Die Freistatt* Anlaß gegeben hat, sind auf die unbewußte Absicht der Kritiker zurückzuführen, moralische Alibis zu konstruieren, die es erlauben, eine so hoffnungslos negative Welt, wie sie in dem Roman beschrieben wird, für das Gute zu retten. Einmal mehr begegnen wir damit dem uralten Anspruch – von dem die Literatur sich anscheinend niemals befreien wird –, daß Gedichte und erzählerische Prosa auf die eine oder andere Art erbaulich zu wirken haben, damit die Gesellschaft sie akzeptieren kann.

Die Menschheit, die in dieser Geschichte in Erscheinung tritt, ist fast durchweg verabscheuenswert und, wenn nicht, bedauernswert. In Horace Benbow gibt es ein altruistisches Gefühl, das ihn veranlaßt, Goodwin retten zu wollen und Ruby zu helfen, aber es wird zunichte gemacht durch seine Schwäche und Feigheit, die ihn scheitern lassen, wenn er mit der Ungerechtigkeit konfrontiert wird. Auch in Ruby existiert ein sensibles, solidarisches Moment – sie hat zumindest die Absicht, Temple zu helfen –, aber die Trägheit, welche die erlittenen Schläge und Mißerfolge in ihr, der Gefährtin Goodwins, haben entstehen lassen, verhindert letztlich irgendwelche nutzbringenden Folgen; sie ist ein vom Leiden viel zu abgestumpftes Wesen, um ihre Anwandlungen von Großmut in wirksames Verhalten umsetzen zu können. Selbst das hauptsächliche Opfer, Temple, erzeugt in uns ebensoviel Abneigung wie Mitgefühl, denn in ihr ist ebensoviel Leere und Dummheit – und, potentiell, so viel Hang zum Bösen – wie bei ihren Henkern. Die Figuren des Romans, die nicht töten, schmuggeln, vergewaltigen und schachern, sind – wie die frommen Baptistinnen, die Ruby aus dem Hotel werfen lassen, oder wie Narcissa Benbow – von Vorurteilen zerfressene, rassistische Heuchler und Pharisäer. Nur Geistesschwache wie Tommy scheinen in dieser Welt weniger als ihre Mitmenschen dafür begabt zu sein, den anderen Schaden zuzufügen.

Das Böse des Menschen äußert sich vor allem – in dieser fiktiven Wirklichkeit – in und durch die Sexualität. In keinem anderen Roman der Yoknapatawpha-Saga ist die apokalyptische Vision des Sexuellen, die, ähnlich wie bei den schlimmsten Puritanern, das gesamte Werk Faulkners durchzieht, so sichtbar wie in diesem. Die Sexualität bereichert seine Personen nicht, noch macht sie sie glücklich, weder erleichtert sie die Kommunikation, noch befestigt sie die Solidarität, weder stimuliert sie das Leben, noch macht sie es vollkommen; sie ist, fast immer, eine Erfahrung, die sie zu Tieren macht, sie erniedrigt und oft zerstört, wie die heftige Unruhe zeigt, die Temples Anwesenheit im Alten Franzosenhaus auslöst.

Die Ankunft des blonden, blassen Mädchens mit seinen langen Beinen und seinem spillerigen Körper versetzt die vier Ganoven – Popeye, Van, Tommy und Lee – in einen halb erregten, halb aggressiven Zustand, wie vier Fleischerhunde vor einer läufigen Hündin. Das, was möglicherweise noch an Würde und Anstand in ihnen übrig war, verflüchtigt sich angesichts des jungen Mädchens, das diese Männer, trotz seiner Angst und ohne sich dessen bewußt zu sein, provoziert. Das rein Triebhafte und Animalische gewinnt die Oberhand über alles andere – die Rationalität, ja sogar den Selbsterhaltungstrieb –, das sich in seinen Dienst stellt. Um diesen Trieb zu befriedigen, sind sie bereit, zu vergewaltigen, ja sogar sich gegenseitig umzubringen. Nachdem sie von Popeye beschmutzt und erniedrigt worden ist, nimmt Temple ihre Situation innerlich an, und auch bei ihr wird die Sexualität fortan Überschreitung der Norm, Gewalt sein.

Ist das die Menschheit – dieser beseelte Unrat? Sind wir so? Nein. Es ist die Menschheit, die Faulkner mit einer solchen Überzeugungskraft erfand, daß er uns, zumindest für die Dauer der selbstvergessenen Lektüre seines Buches, glauben macht, dies sei nicht eine Fiktion, sondern das Leben selbst. In Wirklichkeit ist das Leben niemals wie in den Romanen. Zuweilen ist es besser, zuweilen schlechter, immer aber ist es nuancenreicher, vielfältiger und weniger vorhersehbar, als es selbst die gelungensten literarischen Phantasien glauben machen. Das wirkliche Leben ist niemals so vollkommen, abgerundet, kohärent und verstehbar wie in seinen literarischen Darstellungen. Diese fügen ihm etwas hinzu und nehmen ihm etwas fort, je nach den »Dämonen« – den Obsessionen und tiefen Regungen, die Verstand und Vernunft ausdrücken, sie jedoch nicht unbedingt beherrschen und bisweilen auch nicht völlig verstehen – desjenigen, der sie erfindet und ihnen das illusorische Leben verleiht, das die Wörter zu geben vermögen.

Die Erzählkunst reproduziert das Leben nicht; sie negiert es, indem sie ihm ein Trugbild gegenüberstellt, das vorgibt, es zu ersetzen. Aber sie vervollkommnet das Leben auch in einer immer schwer zu bestimmenden Weise, indem sie der menschlichen Erfahrung etwas hinzufügt, was die Menschen nicht in ihrem wirklichen Leben finden, sondern nur in jenen imaginären Leben, die sie dank der Literatur stellvertretend leben.

Die irrationalen Anteile, aus denen das Leben ebenfalls besteht, geben uns allmählich ihre Geheimnisse preis, und dank Autoren wie Freud, Jung oder Bataille kennen wir die (extrem schwierig zu bestimmende) Art und Weise, in der sie das menschliche Verhalten lenken. Bevor es Psychologen und Psychoanalytiker gab, noch bevor es die Hexenmeister und Zauberer taten, halfen fiktionale Werke den Menschen bereits (ohne daß diese sich dessen bewußt waren), mit bestimmten Phantasmen zusammenzuleben und auszukommen, die aus ihrem tiefsten Innern hervortraten, um ihnen das Leben zu komplizieren, indem sie es mit unmöglichen, zerstörerischen Begierden füllten. Sie halfen den Menschen nicht, sich von ihnen zu befreien, ein im übrigen äußerst schwieriges und vielleicht wenig zweckmäßiges Unterfangen, sondern mit ihnen zu leben, einen *modus vivendi* zu schaffen zwischen den Engeln, deren die menschliche Gemeinschaft ausschließlich bedürfte, und den Teufeln, die diese Engel zwangsläufig ebenfalls sind, unabhängig vom kulturellen Niveau oder vom Einfluß der Religion in der Gesellschaft, in der sie geboren werden. Literatur ist immer auch Läuterung. Das, was im wirklichen Leben in Übereinstimmung mit der herrschenden Moral – und manchmal nur um des bloßen Überlebens willen – unterdrückt ist oder unterdrückt werden muß, findet in ihr Zuflucht, Existenzrecht und die Freiheit, selbst in der schädlichsten und furchtbarsten Weise wirksam zu sein.

Was Temple Drake im Yoknapatawpha County nach dem Willen der verschlungenen Vorstellungskraft des überzeugendsten Romanciers unserer Zeit widerfahren ist, rettet auf unbestimmte Weise die schönen College-Studentinnen aus Fleisch und Blut davor, durch das Bedürfnis nach Exzeß und Wahn entehrt zu werden, das zu unserer Natur gehört, und rettet uns davor, dafür verbrannt und gehenkt zu werden.

London, Dezember 1987

Das Paradies als Alptraum

Schöne neue Welt

I

Die Idee oder der Mythos einer vollkommenen Gesellschaft, eines irdischen Paradieses, das von auserwählten höheren Menschen kraft ihrer Klugheit organisiert wird, hat die Menschheit unaufhörlich verfolgt, zumindest seit den Zeiten Platons, dessen *Staat* die erste jener langen Reihe im Okzident entworfener Utopien ist, zu der auch Aldous Huxleys Roman *Schöne Neue Welt* gehört.

Es gibt jedoch einen wesentlichen Unterschied zwischen den Utopisten des alten Griechenland, der Renaissance und des achtzehnten und neunzehnten Jahrhunderts und denen des zwanzigsten Jahrhunderts. In unserer Zeit symbolisieren jene »vollkommenen Gesellschaften« – wie sie zum Beispiel von H. G. Wells in *A Modern Utopia,* von dem Russen Zamjatin in *Wir,* von Huxley in *Schöne Neue Welt* oder von Orwell in *1984* beschrieben wurden – nicht, wie die klassischen, das Glück des irdischen Paradieses, sondern die Alpträume der in der Geschichte verkörperten Hölle. Denn im Unterschied zu einem Saint Simon oder einem Francis Bacon oder einem Kropotkin, die sich jene streng zentralisierten und geplanten Gesellschaften nur nach einem rationalen Schema *vorstellen* konnten, haben die meisten modernen Utopisten bereits kennengelernt, was ein solches Ideal in der Praxis bedeuten kann: die Welt der Konzentrationslager des Faschismus und des Kommunismus. Diese Erfahrung veränderte die Wertigkeit der Utopie in unserer Zeit: Jetzt wissen wir, daß die Suche nach der absoluten gesellschaftlichen Vollkommenheit früher oder später in den absoluten Schrecken führt. Huxleys Roman aus dem Jahre 1931 dämpfte als erster seiner Art die schöne romantische Illusion, daß das irdische Paradies irgendwann einmal seinen Weg aus den religiösen Fabeln oder den literarischen Hirngespinsten in das konkrete Leben finden könnte.

Obwohl die Beschreibung dieser »glücklichen Welt« sarkastisch und von bleiernem Pessimismus ist, bewahrt Huxleys Weltstaat seine enge Verwandtschaft mit den Utopien, die seine Vorgänger als Tempel des menschlichen Glücks entwarfen. Wie fast alle diese Utopien wurde auch der Weltstaat, der seinen Namen von Ford übernommen hat – der Gott als Symbol, Bezugspunkt, Zeitmarke und sogar als Motiv bei Ausrufen und Schwüren ersetzt hat –, ausgehend von einem totalitären Prinzip organisiert: Der Staat steht über dem einzelnen, und dieser ist ihm folglich zu Diensten. Obwohl der utopische Staat theoretisch die Gemeinschaft repräsentiert, wird er in der Praxis immer von einer – bisweilen politischen, bisweilen religiösen, bisweilen militärischen, bisweilen wissenschaftlichen – Aristokratie (in unterschiedlichen Kombinationen) regiert, deren Macht und Privilegien sie in eine für den gewöhnlichen Menschen unerreichbare Ferne rücken. In Huxleys planetarem Staat wird jene Phalanx höherstehender Herrscher von den *Word Controllers* gebildet, von denen wir nur einen kennenlernen: Mustafa Mannesmann, Aufsichtsrat für Mitteleuropa. Eines seiner außergewöhnlichen Vorrechte besteht darin, daß er eine geheime Bibliothek von Klassikern besitzt (denn alle Bücher der Vergangenheit sind für die übrigen Bürger abgeschafft worden).

Ein weiteres Merkmal der utopischen Gesellschaft ist die »Planung«. Alles in ihr ist reguliert. Nichts bleibt dem Zufall überlassen: Die Initiativen des einzelnen (wenn man sie so nennen kann) werden von der zentralen Macht sorgfältig gelenkt und überwacht. In der fordianischen Gesellschaft erreicht die Planung bis ins letzte ausgefeilte Extreme, denn nicht einmal die Zeugung des menschlichen Lebens entgeht ihr: Die Kinder werden im Reagenzglas fabriziert, nach dem Prinzip strenger Arbeitsteilung. Die wissenschaftlichen Fortschritte der Epoche (wir befinden uns im Jahre 632 nach Ford) erlauben es, jeden Hominiden mit der Intelligenz, den Neigungen, den Komplexen und den körperlichen Fähigkeiten oder Mängeln auszustatten, die erforderlich sind für die Funktion, die er im sozialen Gefüge ausüben wird.

In den meisten Utopien (es sei daran erinnert, daß das Wort zum ersten Mal 1515 von Thomas Morus benutzt wurde und daß seine griechische Wurzel »Nicht-Ort« oder »glücklicher Ort« bedeutet) wird die Sexualität unterdrückt und dient nur der Fortpflanzung. Mit wenigen Ausnahmen, wie Charles Fourier, dem Geometer der Leidenschaften, sind die Utopisten gewöhnlich Puritaner, die der Askese das Wort reden, da sie in der individuellen Lust eine Quelle sozialen Unglücks sehen. In Huxleys Roman gibt es eine Variante. Die Sexualität ist losgelöst von der Fortpflanzung und von der Liebe (da diese, ebenso wie alle anderen Gefühle und Leidenschaften, chemisch eliminiert worden ist) und wird von der frühesten

Kindheit an gefördert. Da die Familie ebenfalls abgeschafft wurde, ist die Promiskuität ein allgemein verbreiteter Sport, so sehr, daß nichts Besonderes daran ist, wenn ein Mann wie Helmholtz Holmes-Watson in weniger als vier Jahren 640 Liebhaberinnen hat. Aber diese sexuelle Freiheit hat nichts mit Erotik zu tun, sie wirkt eher wie ihre Negierung. Im Weltstaat Ford ist Sexualität zu einer Angelegenheit geworden, die viel zu hygienisch ist, der es viel zu sehr an Risiko, Geheimnis und Gewalt mangelt, als daß die von seinen Bewohnern praktizierte kopulatorische Gymnastik mit dem übereinstimmen könnte, was wir unter Erotik verstehen, das heißt körperliche Liebe, die durch die menschliche Phantasie bereichert und verfeinert wird. In *Schöne Neue Welt* besitzt die Sexualität keine individuelle, sondern eine soziale Funktion, ein Zeichen dafür, daß sie verfälscht wurde. Ihre Existenzberechtigung besteht darin, die Spannungen, Ängste und Sorgen abzubauen, die sich in ein Ferment des Widerstands gegen das System verwandeln könnten. Wie das »Soma« – jene wunderbare chemische Erfindung, die, einer Romangestalt zufolge, alle Vorzüge des Christentums und des Alkohols und keinen ihrer Nachteile besitzt – trägt die Sexualität im Weltstaat Ford zur Konditionierung der Menschen bei, dazu, sie »ihre unentrinnbare soziale Bestimmung lieben zu lehren«. Deshalb ähneln die »Orgien«, die in regelmäßigen Zeitabständen stattfinden und die köstliche Bezeichnung »Eintrachtsandachten« tragen – wie diejenige, der der widerspenstige Sigmund Marx beiwohnt – eher Messen einer evangelischen Sekte oder Spielen eines Rentnerklubs als den »Sexpartys«, die sie sein wollen.

Was in Campanellas *Sonnenstaat* die Religion und in den anarchistischen Utopien eines Kropotkin oder eines Proudhon die laizistische Moral der Solidarität ist, ist in Huxleys »schöner Welt« die Wissenschaft. Sie ist das regulierende Instrument des Lebens, das Werkzeug, das alles angleicht und zurichtet, mit dem Ziel, jene »allgemeine Beständigkeit« zu erlangen, die im Weltstaat Ford gleichbedeutend ist mit Zivilisation. Darin stimmt diese Utopie mit dem Entwurf von Saint Simon überein, in dem ebenfalls die Wissenschaft mit ihren unendlichen Möglichkeiten für das Glück aller menschlichen Wesen sorgte. Auf dem Planeten Ford sind alle glücklich, und das Glück ist ein chemisches Problem, ein Zustand, den man erreicht, in dem man Somatabletten schluckt. Zwar scheinen einige Exemplare, wie Sigmund Marx, sich der Droge und der psychologischen Konditionierung zu widersetzen, die alle seit ihren Tagen als Fötus erhalten, was darauf hindeuten könnte, daß es eine »menschliche Natur« gibt, die komplexer und weniger willfährig ist, als die fortgeschrittene fordianische Wissenschaft zu bestimmen vermocht hat. Aber diese Sonderlinge sind so selten und so isoliert, daß für die Gemeinschaft niemals Ansteckungsgefahr besteht. (Im übrigen könnte es sein, daß die nonkonformistische Haltung Sigmunds, wie die Gerüchte besagen, darauf zurückzuführen ist, daß die Krankenschwestern einst Alkohol in das vorschriftsmäßige Blutsurrogat der Flasche mischten, in der er heranwuchs.)

Alle sind glücklich, aber nicht alle sind gleich. Ein strenges Kastensystem trennt die Alphas, Gammas, Betas, Deltas und Epsilons voneinander, vollkommener noch als das indische, denn es gründet sich auf einen biologischen Unterschied: Die Menschen sind mit unüberbrückbaren physischen und psychischen Unterschieden geschaffen worden. Mit welchem Ziel? Damit jeder mit der größtmöglichen Effizienz die Aufgabe erfüllt, die ihm im sozialen Bienenstock zugewiesen wurde.

Wie alle Utopien enthüllt auch die Utopie Huxleys, was hinter diesen sinnreichen Nachschöpfungen der Welt steht: eine panische Angst vor der Unordnung des seinem eigenen Lauf überlassenen Lebens. Deshalb eliminieren sie stets die Spontaneität, die Unvorhersehbarkeit, den Zufall und ordnen die Existenz in ein striktes System von Hierarchien, Kontrollen, Verboten und Funktionen ein. Die mathematische Obsession aller Utopien verrät, was sie abschaffen wollen: die Irrationalität, das Triebhafte, alles, was sich gegen die Logik und die Vernunft verschwört. Deshalb erscheinen uns alle Utopien – und die Huxleys ist keine Ausnahme – als inhuman. Seiner dunklen, unkontrollierbaren Tiefe beraubt, verliert das Leben sein Geheimnis und seinen Abenteuercharakter. Das »geplante« Leben hat seinen Preis: das Verschwinden der Freiheit. Deshalb gehören die sozialen Utopien, selbst die großzügigsten – wie die von William Morris oder die »demokratische Utopie« von Gabriel de Foigney – in jene lange geistige Versuchsreihe des »Angriffs auf die Freiheit«, wie Popper sie genannt hat, die begann, seit die Freiheit selbst ihren Einzug in die Geschichte hielt.

Die modernen Utopien wie die Huxleys und Orwells offenbaren, was die klassischen hinter ihren erfundenen idyllischen, harmonischen Gesellschaften verbargen: daß sie ihr Entstehen nicht der Großzügigkeit, sondern der Angst verdanken. Sie entstanden nicht aus dem edlen, altruistischen Willen zu einer mit sich selbst versöhnten und von den Zwängen der Ausbeutung und des Hungers befreiten Menschheit, sondern aus der Furcht vor dem Unbekannten, davor, daß jeder Mensch auf eigene Rechnung sein Leben gestalten muß, ohne die Bevormundung durch eine Macht, die in seinem Namen alle wichtigen Entscheidungen trifft und ihm das Leben regelt. Die Utopie stellt eine unbewußte Sehnsucht nach Sklaverei dar, nach einer Rückkehr zu jenem verantwortungslosen Zustand völliger Auslieferung und Unterwerfung, der für viele auch eine Form des Glücks ist, die Verkörperung der primitiven Gesellschaft, der uralten, magischen, der Geburt des Individuums vorausgehenden Gemeinschaft. *Brave New World* hatte das Verdienst, deutlich zu machen, daß hinter den sozialen Utopien die Faszination für die Knechtschaft steht, der ursprüngliche, atavistische Schrecken des Menschen des Stammes – der kollektivistischen Gesellschaft – vor der individuellen Selbstbestimmung, wie sie aus der uneingeschränkten Ausübung der Freiheit entsteht.

II

Der Roman *Schöne neue Welt* ist jedoch nicht nur die Erfindung einer utopischen Gesellschaft (obwohl die visionäre Kraft Huxleys vor allem in den Details und Nuancen von außerordentlicher Kühnheit ist), sondern auch und vor allem eine frontale Kritik an dieser Utopie im besonderen und, indirekt, an den Utopien im allgemeinen.

Zu diesem Zweck bedient sich der Roman folgender List. Im Weltstaat Ford existieren gleichsam als marginale Auswüchse, als Raritäten, welche die Fordianer an die barbarischen Zeiten erinnern sollen, in denen die Kinder in Frauenleibern heranwuchsen, es Ehen, Familien, Religionen und andere schmutzige Praktiken gab, einige Reservate für Wilde. In diesen entdecken wir in Begleitung von Sigmund Marx und Lenina Crowne eine der unseren ähnliche Menschheit, wenn auch heruntergekommen und verkümmert. Aus dieser Unterwelt taucht eine Gestalt auf – der Wilde –, die plötzlich in die glückliche Welt der nicht lebendgebärenden, promisken und immer schönen und jungen Menschen versetzt wird, welche sich bei ihrem Tod in Phosphate zur Düngung der Felder verwandeln.

Was geschieht, als der Wilde unter die Zivilisierten fällt? Es kommt zu einer Gegenüberstellung oder einem Vergleich, der den Leser unweigerlich dazu führt, Partei zu ergreifen für das Wilde und die Barbarei, gegen »diese« Zivilisation, welche die Welt gesäubert, aber das Menschliche aus ihr verbannt hat. Das Menschliche ist perfektionierbar, niemals perfekt. Der Zustand absoluter Vollkommenheit, vollendeter Verwirklichung ist ein Vorrecht Gottes oder der Maschinen, vielleicht der natürlichen Elemente, nicht aber des Menschen. Es ist die »Unvollkommenheit«, die Unerreichbarkeit jenes Zustands, den seine Phantasie und sein Verlangen immer höher als die vollkommenste seiner Leistungen ansetzen, welche dem gelebten Leben seine »Menschlichkeit« verleiht: den Geschmack von Abenteuer, den Reiz der Gefahr, die Ungewißheit, die das Vergnügen würzt. Die Fordianer sind zweifellos glücklich, aber nur in dem Maß, in dem es ein Automat sein kann, denn für sie besteht das Glück in der künstlichen Befriedigung von künstlich geschaffenen Bedürfnissen.

Dieser Zustand öffnet einen unüberbrückbaren Abgrund zwischen dem Wilden und Lenina Crowne, dem Mädchen, in das er sich verliebt hat. In der ersten Szene des Buches – dem Krater des Romans – versucht Michel, der von Shakespeares Versen im labyrinthischen Sentimentalismus der leidenschaftlichen Liebe erzogene Wilde, mit Lenina eine Beziehung herzustellen, wie sie zwischen den Liebenden des isabellinischen Dramatikers besteht, während sie auf seine Andeutungen entsprechend der psychologisch-chemischen Konditionierung reagiert, mit der sie gedrillt wurde, das heißt mit einer sterilen Wollust, die undurchlässig ist für jeden Anflug von Gefühl. Das Ergebnis ist Michels Verzweiflung, der heftige Ausbruch, der ihn schließlich in den Selbstmord führen wird.

Durch die Gestalt des Wilden bekommt dieses Buch die Konsistenz eines literarischen Werks, welche die Utopien selten aufweisen. Die von den Utopisten beschriebenen »vollkommenen« Welten haben immer die Form von Essays, sind intellektuelle, religiöse oder politische Beweisführungen oder Plädoyers, die man in das dünne Gewand einer literarischen Fiktion gekleidet hat. Bis zu dem Augenblick, da Sigmund und Lenina die Reise zu dem Reservat antreten, wirkt auch dieser Roman eher wie eine intellektuelle Übung mit dem Ziel, die Menschheit vor den Gefahren des »Fortschritts« zu warnen, als wie ein genuiner Roman, also die lebendige Darstellung des Lebens (eines falschen Lebens), wie sie ein Werk der erzählenden Literatur liefert. Denn bis zu dem Augenblick, da Filine, Michel und der Abschaum des Reservats in Aktion treten, gibt es in *Schöne Neue Welt* überhaupt kein Leben, nur Gegenstände, Ideen und von der Wissenschaft und der Konditionierung objektivierte Wesen. Mit dem Wilden tritt in die Geschichte das Unerwartete ein, jemand, mit dem der Leser seine eigene Erfahrung identifizieren kann. Dennoch vermag diese emotionale Verbindung das fordianische Paradies nicht allzusehr unserer Realität anzunähern: Es leuchtet stets wie ein glänzendes Artefakt, das zu weit von der uns bekannten Welt entfernt ist, als daß wir es sehr ernst nehmen könnten.

Denn in dem halben Jahrhundert, das vergangen ist, seitdem *Schöne Neue Welt* geschrieben wurde, hat sich die Wirklichkeit von dieser düsteren Prophezeiung noch weiter entfernt, als sie es 1931 schon war. Die totalitären Reiche sind zusammengebrochen oder scheinen jeden Tag stärker bedroht von ihren ökonomischen Fehlschlägen und ihren inneren Widersprüchen. Im Zeitalter von AIDS scheint die Wissenschaft nicht so allmächtig zu sein wie vor einigen Jahrzehnten. Und die Menschen von heute – vielleicht das hoffnungsvollste Zeichen im Angesicht der Zukunft – zeigen sehr viel weniger Verlangen als die früherer Zeiten nach jenen idealen Gesellschaften, jenen vollkommenen Welten, wie die Utopisten sie geschaffen haben. Es besteht kein Zweifel, daß zu dieser Entwicklung Autoren wie George Orwell und Aldous Huxley maßgeblich beigetragen haben. Sie haben uns mit ihren schrecklichen Paradiesen geholfen zu begreifen, daß jene Behauptung Oscar Wildes, derzufolge »der Fortschritt die Verwirklichung der Utopie« ist, die gefährlichste aller Lügen ist. Denn Utopien sind nur annehmbar und gültig in der Kunst und in der Literatur. Im Leben sind sie stets unvereinbar mit der Selbstbestimmung des Individuums und mit der Freiheit.

Punta Sal, Tumbes, 31. Dezember 1988

Der glückliche Nihilist

Wendekreis des Krebses

Ich erinnere mich noch sehr gut, wie ich den Roman *Wendekreis des Krebses* zum ersten Mal, vor dreißig Jahren las: in fliegender Eile, übererregt, im Verlauf einer einzigen Nacht. Ein spanischer Freund hatte eine französische Fassung dieses großen vom Bannfluch getroffenen Buches ergattert, über das in Lima so viele Geschichten zirkulierten, und lieh es mir für ein paar Stunden, als er sah, wie sehr es mich nach seiner Lektüre verlangte. Es war eine seltsame Erfahrung, völlig anders, als ich sie mir vorgestellt hatte, denn das Buch war nicht, wie behauptet wurde, aufgrund seiner erotischen Passagen skandalös, sondern eher aufgrund seiner Vulgarität und seines heiteren Nihilismus. Es erinnerte mich an Céline, in dessen Büchern Zoten und Schmutz ebenfalls zu Poesie wurden, und an Bretons *Nadja*, denn genau wie in diesem verwandelte sich in *Wendekreis des Krebses* die alltäglichste Wirklichkeit plötzlich in Traumbilder, in beunruhigende Alpträume.

Das Buch beeindruckte mich, aber ich glaube nicht, daß es mir gefiel. Ich hatte damals – und habe noch immer – das Vorurteil, daß Romane Geschichten erzählen müssen, die einen Anfang und ein Ende haben, daß es ihre Pflicht ist, dem Chaos des Lebens eine kunstreiche, tadellose, überzeugende Ordnung entgegenzusetzen. *Wendekreis des Krebses* – und sämtliche späteren Bücher Millers – ist Chaos im Reinzustand, brodelnde Anarchie, ein großes romantisch-schauerliches Feuerwerk, aus dem der Leser schwindlig, aufgewühlt und etwas trauriger über die menschliche Existenz hervorgeht, als er es vor diesem Schauspiel war. Die Gefahr dieser Art von zügelloser, kernloser Literatur ist Geschwätzigkeit, und wie ein anderer zeitgenössischer »Verdammter«, Jean Genet, ist auch Henry Miller ihr oft erlegen. *Wendekreis des Krebses,* sein erster Roman, ist dieser Gefahr jedoch erfolgreich ausgewichen. Es ist zweifellos das beste Buch, das er geschrieben hat, eine der großen literarischen Schöpfungen der Zwischenkriegszeit und, innerhalb von Millers Werk, der Roman, der einem Meisterwerk am nächsten kommt.

Ich habe ihn jetzt mit wahrem Vergnügen wieder gelesen. Die Zeit und die schlechten Sitten unserer Epoche haben sein Ungestüm und seine vermeintlichen rhetorischen Kühnheiten abgeschwächt; wir wissen nunmehr, daß Fürze und Tripper auch ästhetisch sein können. Aber dies hat den Zauber seiner Prosa nicht verblassen lassen und ihr keine Kraft genommen. Im Gegenteil: Es hat ihr einen Hauch von Abgeklärtheit, eine Art Reife hinzugefügt. Als das Buch 1934 in einem halbklandestinen Verlag, im sprachlichen Exil, erschien und von Verboten und aufschlußreichen Attakken verfolgt wurde, war es sein Ikonoklasmus, den man schätzte oder verdammte, die Unverfrorenheit, mit der die schlimmsten unanständigen Wörter in seinen Sätzen die vermeintlich geschmackvollen verdrängten, die Obsession für alles, was in Zusammenhang mit Exkrementen stand. Heute schockiert dieser Aspekt des Buches nur wenige Leser, hat die moderne Literatur doch längst die Usancen übernommen, die Miller mit seinem Roman *Wendekreis des Krebses* einst einleitete, ja diese haben eine solche Verbreitung gefunden, daß sie in vielen Fällen zum Gemeinplatz geworden sind, so wie es ein Gemeinplatz war, im achtzehnten Jahrhundert von der Geometrie der Gefühle zu sprechen und im Zeitalter der Romantik den Bourgeois zu verunglimpfen oder in Zeiten des Existentialismus sich politisch zu engagieren. Die Zote ist schon lange keine solche mehr, und der Sex und seine Zeremonien sind bis zum Überdruß trivialisiert worden. Dies hat natürlich durchaus einige Nachteile, aber ein Vorteil ist unzweideutig, daß man jetzt endlich herausfinden kann, ob Henry Miller außer einem obszönen Romancier mit sprachlicher Sprengkraft auch ein genuiner Künstler war.

Er war es, ohne den geringsten Zweifel. Ein wahrer Schöpfer mit einer eigenen Welt und einer Sicht der menschlichen Wirklichkeit und der Literatur, die ihn deutlich unter den Schriftstellern seiner Zeit auszeichnen. Er steht in unserer Epoche, ebenso wie Céline oder Genet, für jene luziferische Tradition höchst unterschiedlicher Bilderstürmer, für die das Schreiben seit jeher die Bedeutung gehabt hat, den Konventionen der Epoche die Stirn zu bieten, das Spiel der sozialen Harmonie zu verderben, indem sie all das Ungeziefer und all den Schmutz ans Licht der Öffentlichkeit zerrten, die die Gesellschaft – bisweilen zu Recht, bisweilen zu Unrecht – zu verdrängen sucht. Dies ist eine der wichtigsten Funktionen von Literatur: die Menschen daran zu erinnern, daß, so fest der Boden auch scheinen mag, auf dem sie stehen, und so hell die Stadt auch strahlt, die sie bewohnen, überall im Verborgenen Dämonen lauern, die jeden Augenblick eine Katastrophe auslösen können.

Katastrophe, Apokalypse sind Wörter, die sich sofort anbieten, wenn man von *Wendekreis des Krebses* spricht, obwohl auf seinen Seiten nicht mehr Blut fließt als das einiger Betrunkener bei ihren Keilereien und kein anderer Krieg stattfindet als der der (stets kriegerischen) Hurereien der Romangestalten. Aber das Vorgefühl einer unmittelbar bevorstehenden Katastrophe durchzieht die Seiten des Romans, die Ahnung, daß all das, was erzählt wird, im Begriff ist, in einem großen Sühneopfer unterzugehen. Diese Ahnung bewirkt, daß seine pittoresken und promisken Gestalten in hemmungsloser Raserei leben. Es ist eine Welt, die zu Ende geht, die moralisch und sozial zerfällt in einer hysterischen Orgie, während sie auf Pest und Tod wartet wie in einer schaurigen Vision von Hieronymus Bosch. Historisch gesehen hat dies seine Richtigkeit. Miller schrieb den Roman zwischen 1931 und 1933 in Paris, während die Grundlagen für den großen Brand gelegt wurden, der Europa einige Jahre später verheeren sollte. Es waren produktive und ausschweifende Jahre voll fröhlicher Unbewußtheit und großartiger Kreativität. Sämtliche ästhetischen Avantgarden standen in Blüte, und die Surrealisten entzückten die Modernen mit ihrer poetischen Bilderkraft und ihren »provokativen Spektakeln«. Paris war die Hauptstadt der künstlerischen Welt und des menschlichen Glücks.

In *Wendekreis des Krebses* kommt die Kehrseite dieser Blütezeit zum Vorschein. Die Welt des Romans ist Paris, und doch ist sie Lichtjahre entfernt von jener Gesellschaft der Sieger und erfolgreichen Optimisten: Sie besteht aus Parias, Pseudomalern, Pseudoschriftstellern, Außenseitern und Parasiten, die am Rand der Stadt leben, ohne am Fest teilzuhaben, und sich um die Abfälle streiten. Es sind Vaterlandslose, die keine Nabelschnur mehr mit ihrem Ursprungsland – Vereinigte Staaten, Rußland – verbindet, die in Paris keine Wurzeln geschlagen haben und in einer Art kulturellem Limbus leben. Ihre Geographie besteht aus Bordellen, Bars, verrufenen Hotels, schäbigen Zimmern, billigsten Restaurants und den Parks, Plätzen und Straßen, welche die Vagabunden anziehen. Um in dieser schwierigen Heimat zu überleben, ist jedes Mittel recht: von der stumpfsinnigen Arbeit – Fahnenkorrektur bei einer Zeitung – bis zu Pump, Zuhälterei und Bauernfängerei. Ein vages künstlerisches Vorhaben ist das häufigste moralische Alibi innerhalb dieser Fauna – den entscheidenden Roman schreiben, die erlösenden Bilder malen usw. –, aber in Wirklichkeit ist das einzig Seriöse der

Mangel an Seriosität, der ihre Angehörigen auszeichnet, ihre Promiskuität, ihre passive Gleichgültigkeit, ihr langsamer Verfall.

Es ist dies eine Welt – besser gesagt, eine Unterwelt –, die ich Ende der fünfziger Jahre in der Wirklichkeit kennenlernte, und ich bin sicher, daß sie nicht viel anders war als die Welt, die Miller zwanzig Jahre früher erlebt und die ihm als Vorbild für *Wendekreis des Krebses* gedient hatte. Der langsame, nutzlose Tod jener Pariser Boheme flößte mir Schrecken ein, und nur die Not ließ mich ihre Nähe suchen, solange mir keine andere Wahl blieb. Deshalb kann ich das ganze Ausmaß der Leistung ermessen, dieses Milieu, diese Menschen, diese Rituale und diese ganze erstickende Mittelmäßigkeit durch das Mittel der Literatur in die dramatischen und heroischen Existenzen verwandelt zu haben, die in dem Roman erscheinen. Aber vielleicht ist das eigentlich Bemerkenswerte die Tatsache, daß ein so ehrgeiziges schöpferisches Unterfangen wie *Wendekreis des Krebses* in diesem von Trägheit und Defätismus vergifteten Ambiente konzipiert und verwirklicht werden konnte. (Das Buch wurde dreimal neu geschrieben und in seiner endgültigen Fassung auf ein Drittel reduziert.)

Denn dieses Buch ist nicht so sehr ein Zeugnis als eine künstlerische Schöpfung. Der dokumentarische Wert des Romans ist unbestreitbar, aber das, was Miller kraft seiner Phantasie und seiner Obsessionen hinzugefügt hat, überwiegt das Historische und verleiht dem *Wendekreis des Krebses* seinen literarischen Rang. Das Autobiographische des Buches ist mehr Schein als Wirklichkeit, ist eine erzählerische Strategie, um einer Fiktion einen glaubwürdigen Anstrich zu verleihen. Das geschieht unvermeidlich in jedem Roman, unabhängig von den Intentionen des Autors. Vielleicht wollte Miller sich selbst in seine Geschichte einbringen, sich in einer großen exhibitionistischen Schau totaler Entblößung als Schauspiel anbieten. Das Ergebnis ist jedoch dasselbe, wie es der Romancier erzielt hätte, der sich sorgsam aus der Welt seiner Erzählung heraushält und versucht, sie so weit wie möglich zu entpersönlichen. Der »Henry« in *Wendekreis des Krebses* ist nicht der Henry Miller, der den Roman schrieb, mag er auch dessen Namen usurpieren und einige Episoden berichten, die jener ähnlich erlebt hat, denn die Unterschiede zwischen beiden sind größer als die Übereinstimmungen. Der Autor ist immer ein Wesen aus Fleisch und Blut, und die Romangestalt ist aus Wörtern gemacht, ist eine durch das Wort belebte Phantasie, deren Existenz von einem rhetorischen Kontext – von anderen, ebenso trügerischen Wesen – und von der Leichtgläubigkeit der Leser abhängig ist. Der Henry Miller, der den Roman schrieb, war ein vierzigjähriger Hungerleider, ein umherirrender Vagabund, von der modernen Zivilisation enttäuscht und von schöpferischer Leidenschaft besessen; der »Henry« in *Wendekreis des Krebses* ist eine Erfindung, die unsere Sympathie oder unsere Abneigung durch einen Charakter gewinnt, der sich selbständig, innerhalb der Grenzen der Fiktion, vor den Augen des Lesers entfaltet, ohne daß wir diese Person, um an sie zu glauben – sie zu sehen, zu fühlen und, vor allem, zu hören –, mit dem lebenden Vorbild vergleichen müßten, das vermutlich bei ihrer Erschaffung Pate stand. Zwischen dem Autor und dem Erzähler eines Romans gibt es immer einen Abstand; stets erschafft der erstere den letzteren, als unsichtbaren Erzähler oder als jemanden, der mit in die Geschichte verwickelt ist, als allmächtigen, unanfechtbaren Gott, der alles weiß, oder als eine Gestalt unter anderen Gestalten mit einer so engen und subjektiven Sicht, wie sie jeder ihrer fiktiven Mitmenschen besitzt. Der Erzähler ist in jedem Fall das erste Geschöpf, das der Autor eines Romans, dieser wortklaubende Phantast, phantasieren muß.

Die Erzähler-Gestalt in *Wendekreis des Krebses* ist die große Schöpfung des Romans, der größte Erfolg Millers als Romancier. Dieser obszöne und narzißtische »Henry«, der Weltverächter, dessen Sorge einzig seinem Phallus und seinen Eingeweiden gilt, hat vor allem ein unverwechselbares Mundwerk, eine rabelaissche Vitalität und Fähigkeit, das Vulgäre und Schmutzige in Kunst zu verwandeln, die Körperfunktionen, die Armseligkeit, das Gemeine durch seine laute, rauhe, poetische Stimme zu vergeistigen, allem Groben eine ästhetische Würde zu verleihen. Am bemerkenswertesten an ihm ist nicht die Ungeniertheit und Natürlichkeit, mit der er das Sexualleben beschreibt oder darüber phantasiert, wobei er die Schamlosigkeit zu bis dahin in der modernen Literatur unbekannten Extremen trieb, sondern seine moralische Haltung. Wäre es vielleicht zutreffender, von Amoralität zu sprechen? Ich glaube nicht. Denn obwohl das Verhalten des Erzählers und seine Ansichten der etablierten Moral – oder besser gesagt, den verschiedenen Formen etablierter Moral – zuwiderlaufen, wäre es ungerecht, in seinem Fall von Gleichgültigkeit in bezug auf diese Frage zu sprechen. Seine Handlungs- und Denkweise ist kohärent: Seine Verachtung der gesellschaftlichen Konventionen entspringt einer tiefen Überzeugung, einer bestimmten Sicht des Menschen, der Gesellschaft und der Kultur, die, wenn auch schwach konturiert, im Verlauf des Buches immer mehr hervortritt.

Man könnte sie als die Moral eines romantischen Anarchisten definieren, der gegen die moderne Industriegesellschaft rebelliert, in der er eine Bedrohung für die Selbstbestimmung des Individuums sieht. Die Verwünschungen gegen den »Fortschritt« und die Automatisierung der Menschheit – was Miller in einem späteren Buch den »klimatisierten Alptraum« nennen sollte – unterscheiden sich nicht sehr von denen, die in eben jenen Jahren Louis-Ferdinand Céline in seinen ebenfalls mit Beschimpfungen angefüllten Büchern gegen die Unmenschlichkeit des modernen Lebens richtete oder die Ezra Pound von sich gab, für den die »merkantile« Gesellschaft das Ende der Kultur bedeutete. Céline und Pound glaubten – ebenso wie Drieu La Rochelle und Robert Brasillach –, daß diese Entwicklung Verfall bedeutete, Abweichung von bestimmten exemplarischen Modellen, die der Okzident in bestimmten Augenblicken der Vergangenheit hervorgebracht hatte (Rom, das Mittelalter, die Renaissance). Diese reaktionäre Rückwärtsgewandtheit warf sie in die Arme des Faschismus. Bei Miller war dies nicht der Fall, weil er die moderne Gesellschaft nicht im Namen einer idealen, erloschenen oder erfundenen Zivilisation verwirft, sondern im Namen des Individuums, dessen Rechte, Launen, Träume und Triebe für Miller unveräußerliche, hohe, im Aussterben begriffene Werte sind, die mit lauter Stimme eingefordert werden müssen, bevor sie von der Modernität unerbittlich zunichte gemacht werden.

Seine Haltung ist nicht minder utopisch als die anderer »verdammter« Schriftsteller, die sich im Krieg gegen den verhaßten Fortschritt befinden, aber sie ist sympathischer und letztlich vertretbarer als die Position derer, die Nazis wurden, weil sie glaubten, sie verteidigten damit die Kultur oder die Tradition. Gegen diese Gefahr war Miller durch seinen rabiaten Individualismus gefeit. Keine Form sozialer Organisation und vor allem von Kollektivismus war annehmbar für diesen Rebellen, der seine Arbeit, seine Familie und alle möglichen Verantwortlichkeiten aufgegeben hatte, weil sie Zwänge für ihn waren, der sich entschieden hatte, ein Paria und ein Außenseiter zu sein, weil er auf diese Weise, durch eine solche Existenz, den Unbequemlichkeiten und dem Hunger zum Trotz seine Freiheit besser bewahren konnte.

Diese Überzeugung – in seinem halben Bettlerdasein, jeder Verpflichtung entzogen und ohne Respekt vor den geltenden gesellschaftlichen Konventionen freier und authentischer zu sein als in der schrecklichen Masse der entfremdeten Bürger – macht aus »Henry«, dem unheilbaren Pessimisten, wenn es um das Schicksal der Menschheit geht, einen fröhlichen Menschen, der das Leben genießt und, in gewisser Weise, glücklich ist. Diese ungewöhnliche Mischung ist einer der originellsten und attraktivsten Züge der Gestalt, der größte Zauber des Romans: Sie ist es, die das Ambiente aus Frustration, Amoralität, Verwahrlosung und Schmutz, in dem sich die Geschichte abspielt, erträglich, ansprechend und sogar verführerisch macht.

Obgleich es nicht ganz richtig ist, im Falle dieses Romans von »Geschichte« zu sprechen. Zutreffender wäre es, von Szenen, Bildern, Episoden ohne Zusammenhang und ohne sehr genaue Chronologie zu sprechen, die nur durch die Gestalt des Erzählers zusammengehalten werden, einer sich selbst verherrlichenden Kraft, die so erdrückend ist, daß alle übrigen Personen auf konturlose Komparsen reduziert werden. Diese zusammenhanglose Form ist jedoch nicht willkürlich: Sie entspricht dem Charakter des Erzählers, spiegelt seine hartnäckige Anarchie, seine Allergie gegen jede Organisation und Ordnung, jene extreme Willkürlichkeit wider, die er mit Freiheit verwechselt. In *Wendekreis des Krebses* gelang Miller die schwierige Balance zwischen der Unordnung der Spontaneität, der reinen Intuition und der minimalen rationalen und planmäßigen Kontrolle, die jede literarische Fiktion benötigt, um überzeugend zu sein (denn obwohl sie eher eine Geschichte der Triebe und Leidenschaften ist als der Ideen, muß sie doch immer den Weg über den Verstand des Lesers nehmen, bevor sie seine Gefühle und sein Herz erreicht). Bei späteren Büchern traf dies nicht mehr zu, und deshalb wirkten viele von ihnen langweilig, zu formlos, um den Leser in ihren Bann zu ziehen, obwohl die Sprache bisweilen wie ein schönes Feuer Funken sprühte und es durchaus denkwürdige Episoden gab. Bei diesem Buch hingegen ist der Leser schon beim ersten Satz gefangen, und der Zauber dauert bis zum Ende fort, bis zu jener glückseligen Betrachtung der dahinfließenden Seine, mit der der Ausflug in die Territorien des Außenseiterdaseins und die Höhlen des Sexus endet.

Das Buch ist wunderschön, und mag seine Philosophie auch naiv sein, so ergreift sie uns doch tief. Es stimmt, keine Zivilisation widersteht einem so unbändigen, extremen Individualismus, es sei denn, sie ist bereit, den Menschen in das Zeitalter des Knüppels und der Grunzlaute zurückzukatapultieren. Und doch, welche Sehnsucht weckt dieser Aufruf zur totalen Verantwortungslosigkeit, zu jener großen Unordnung des Lebens und des Sexus, wie sie aller Gesellschaft, allen Regeln, Verboten und Gesetzen vorausgeht.

Lima, August 1988

Ein realistischer Alptraum

Die Blendung

Canetti erzählt in seinen Memoiren, der Roman *Die Blendung* habe seinen Ursprung in einem Bild, das ihn wie ein kleiner hartnäckiger Teufel plagte: Ein Mann legt Feuer an seine Bibliothek und verbrennt zusammen mit seinen Büchern. Er begann mit der Arbeit an seinem Roman im Herbst 1930, im trügerischen, vorapokalyptischen Wien Brochs und Musils, Karl Poppers und Alban Bergs, als Teil einer »Comédie Humaine an Irren«, die auf acht Geschichten angelegt war, deren Protagonist jeweils ein maßloser Mensch an den Grenzen der Unvernunft sein sollte. Von dem ehrgeizigen Vorhaben nahm nur dieser Roman Gestalt an (der, so sagt er, alle anderen in gewisser Weise zusammenfaßte), in dessen Mittelpunkt ein exzentrischer Brandstifter, der Buch-Mensch Peter Kien steht. Canettis Absicht war es, ein »strenges Buch« zu schreiben, »erbarmungslos gegen mich selbst wie gegen den Leser«, etwas völlig anderes als die damals herrschende Wiener Literatur, von der er eine geringe Meinung hatte: »Vor allem, was angenehm oder gefällig sein könnte, war ich durch einen tiefen Widerwillen (...) gefeit.«

Die Äußerungen eines Romanciers über sein eigenes Werk sind nicht immer erhellend; sie können sogar Verwirrung stiften, falsch sein, denn Text und Kontext sind für ihn schwierig zu trennen, und der Autor tendiert dazu, in dem, was er gemacht hat, das zu sehen, was er angestrebt hat (und beides kann zwar zusammenfallen, klafft jedoch oft erheblich auseinander). Im Fall von *Die Blendung* – der Roman wurde 1936 veröffentlicht, erfuhr zunächst begeisterte Anerkennung in Europa, fiel dann während des Krieges und der Nachkriegszeit dem Vergessen anheim, erlebte in den sechziger Jahren in den westlichen Ländern eine begrenzte Wiederentdekkung und erlangte nach 1981, als sein Autor den Nobelpreis erhielt, neuen Ruhm – sind Canettis Erklärungen jedoch nützlich und helfen dem Leser, sich im Dickicht seiner Seiten zurechtzufinden.

Denn *Die Blendung* ist eines der ehrgeizigsten Werke der modernen Prosaliteratur, aber auch eines der schwierigsten, eines jener Bücher, die, wie Brochs *Der Tod des Virgil* oder Musils *Der Mann ohne Eigenschaften* eine intellektuelle Anstrengung und eine gute Dosis Beharrlichkeit erfordern, bevor sie dem Leser ihren tiefen Sinn, die Schlüssel zu ihrem komplizierten Symbolismus enthüllen.

Die größte Schwierigkeit des Romans besteht nicht darin, zu verstehen, was in ihm geschieht, sondern vielmehr darin, sich eine kohärente Vorstellung von der Gesamtheit der Episoden zu machen, aus denen er sich zusammensetzt. Diese sind, einzeln betrachtet, sehr klar: triviale oder schaurige Tatsachen; häusliche Banalitäten und visionäre Maßlosigkeiten; die kleinbürgerlichen Stereotype und Klischees, die ohne Unterlaß aus dem Mund einer Haushälterin sprudeln, und die extravaganten Überlegungen eines neurotischen Orientalisten; die schäbigen Brutalitäten eines Hausbesorgers und Schlägers und die kriminellen Schandtaten eines buckligen Zwergs aus der Unterwelt; auf der Straße sich ergebende Komplikationen von irrwitziger Absurdität, bürokratische Verwicklungen, Verbrechen und Gewalttaten jeder Art. All diese Ereignisse sind, für sich genommen, verstehbar und besitzen Überzeugungskraft. Ihre Verkettung hingegen läßt sich schwer erkennen; das Verhältnis von Ursache und Wirkung, das sie verbindet oder verbinden sollte, ist so verborgen, daß es sich oftmals verflüchtigt. Die plötzlichen Wechsel von Ton, Inhalt, Humor und Bedeutung von einer Episode zur anderen wirken bisweilen verwirrend. Auch in dieser Hinsicht ist Canettis Zeugnis aufschlußreich: »Eines Tages kam mir der Gedanke, daß die Welt nicht mehr so darzustellen war wie in den früheren Romanen, sozusagen vom Standpunkt *eines* Schriftstellers aus, die Welt war *zerfallen,* und nur wenn man den Mut hatte, sie in ihrer Zerfallenheit zu zeigen, war es noch möglich, eine wahrhafte Vorstellung von ihr zu geben.«

Das entscheidende Wort ist »Zerfallenheit«. Die Welt, wie sie uns in *Die Blendung* entgegentritt, ist eine zerfallene Welt – »Ein Kopf ohne Welt«, »Kopflose Welt« und »Welt im Kopf« sind die Teile des Romans bezeichnenderweise überschrieben –, eine auf den ersten Blick inkohärente Welt, ein Amalgam aus Tatsachen und Personen, deren Beschaffenheit und Artikulierung keiner rationalen Logik, sondern ausschließlich der künstlerischen Willkür gehorchen. Die Anarchie des Romans, sein halb grotesker, halb alptraumhafter Charakter, der hysterische Verlauf, den seine Ereignisse nehmen, seine sonderbaren Verstiegenheiten, die Sprachspiele, die seinen Text würzen (»er war ja so klein, er entschwand sich selbst«), die überladene, moralisch kranke Atmosphäre vieler seiner Seiten, all dies ist natürlich nicht willkürlich. Die Kritiker haben darin das Losungswort, die literarische Chiffre des germanischen Europa der Zwischenkriegszeit gesehen, das von all den Dämonen heimgesucht wurde, die wenige Jahre nach Erscheinen des Romans in die Katastrophe des Zweiten Weltkriegs führen sollten.

Die Interpretation des Romans als einer ideologischen und moralischen Allegorie ist zweifellos berechtigt. Der Krater der Geschichte, das Bild der in Flammen stehenden Bibliothek und der Opferung ihres Besitzers, nimmt in anschaulicher Weise die Inquisiton des Nationalsozialismus und die Zerstörung einer der schöpferischsten Kulturen jener Zeit durch den Nazi-Totalitarismus vorweg. Aber auch die Verantwortung, die dabei vielen Künstlern und Intellektuellen zufiel, die Komplizen der kollektiven Entfremdung waren oder sich unfähig zeigten, sie in ihren Anfängen zu erkennen und zu bekämpfen. Wenn die Kultur nicht dazu dient, historische Tragödien dieser Art zu verhindern, was für eine Aufgabe erfüllt sie dann?

Diese Frage ist absolut zulässig im Fall von Peter Kien, dem Sinologen in *Die Blendung*, der sein ungeheures Wissen – er beherrscht ein Dutzend östliche Sprachen und etliche westliche – buchstäblich für nichts gebrauchen kann, was seinen Zeitgenossen zugute käme. Denn nichts von dem, was er weiß – was er lernt und denkt –, hat einen Bezug zu den anderen; es richtet vielmehr eine Trennmauer zwischen ihm und seiner Welt auf. Warum weigert er sich, zu unterrichten? Warum geizt er so mit seinen Veröffentlichungen? Warum lebt er eingeschlossen in dieser Bibliothek mit 25 000 Bänden, zu der niemand sonst Zutritt hat? Für Peter Kien ist Wissen nicht etwas, das geteilt werden muß, eine Brücke zwischen den Menschen; es ist eine Form, auf Distanz zu gehen und schwindelerregende Überlegenheit über die Mehrheit zu erlangen, über jene Analphabeten, für die Glück das »verächtliche Lebensziel« ist. Peter Kien will nicht glücklich sein; er will gelehrt sein. Dies gelingt ihm zweifellos, und es mag auch seinen Hochmut nähren, aber in der Praxis schützt ihn sein Wissen nicht davor, gerade von den in seinen Augen so verächtlichen Personen – der Haushälterin, die er heiratet, dem brutalen Hausbesorger, seinem Bruder, dem Psychiater –, verspottet, schikaniert, aus seinem Heim vertrieben und auf den Scheiterhaufen gestoßen zu werden. Es gehört zu den Manien des Sinologen, den Blinden zu spielen. Es verwundert daher nicht, daß Peter Kien, dem seine Lektüre und seine Forschungen erlauben, sich in den Religionen und Philosophien des Orients wie zu Hause zu fühlen, niemals imstande war, die Stadt zu sehen, in der er lebte, noch die Menschen, die ihn umgaben.

Ist er schon keine sympathische Figur, so sind es die anderen Haupt- und Nebengestalten der Geschichte noch weniger. Egoistisch, abgestumpft, gierig, konventionell, gefangen in einer kleinen, von ihren abstoßend schäbigen Interessen begrenzten Welt, verlassen sie die Zellen ihrer jeweiligen Existenz nur, um Schaden anzurichten oder Opfer zu sein. Der Zerfall dieser Welt folgt aus dem absoluten Mangel an Solidarität zwischen ihren Angehörigen, von denen keiner den anderen so etwas wie Großzügigkeit oder eine gewisse Loyalität entgegenzubringen scheint. Die Hierarchie ist strikt: Herren und Sklaven; Befehlende und Dienende; Starke und Schwache. Die menschlichen Beziehungen verlaufen ausschließlich in vertikaler Richtung. Befehlen oder gehorchen: es gibt keine andere Wahl. Unter dem Schein der Koexistenz ist das soziale Gefüge von allen möglichen Anfeindungen und Vorurteilen unterminiert. Unauffällig werden tausend Kriege gleichzeitig geführt. Die Männer verachten die Frauen – Männlichkeitswahn und Antifeminismus herrschen vor –, und diese hassen jene und verschwören sich, um sie zu ruinieren, so wie Therese Krumpholz ihren Mann ruiniert.

Der Antisemitismus ist eines von vielen Gesichtern, die der gegenseitige Haß der Bürger dieser Gesellschaft annimmt. Ausdruck dieses Gefühls ist die pittoreskeste und lebendigste Gestalt des Romans, der bucklige Zwerg Fischerle, Schachspieler, Zuhälter und Ganove, eine lebende Karikatur, deren groteske Züge – seine Hakennase, seine Raubgier – und tragisches Ende – er stirbt unter den Faustschlägen von Johann Schwer, als er versucht, einen Knopf zu verschlucken – Ausflüsse jenes grausamen, diskriminierenden, nach Gewalt dürstenden Instinktes sind, der in der gesamten menschlichen Fauna des Buches zu nisten scheint. Obwohl der Roman die Politik ausspart, erscheint *Die Blendung,* besonders wenn man das Buch heute liest, das heißt aus der Sicht der Geschichte des deutschen Volkes unter dem Bann Hitlers und der Todeslager, in denen sechs Millionen Juden ums Leben kamen, als schaurige Metapher einer Gesellschaft, die im Begriff steht, der fanatischsten Unvernunft und Demagogie anheimzufallen und der Katastrophe zuzutreiben.

Es wäre jedoch unzureichend und würde dem Roman nicht gerecht, wollte man *Die Blendung* nur als eine politische Allegorie betrachten. Er ist vor allem eine fiktive Welt, eine parallele, autonome Wirklichkeit mit eigenem Leben, die kein Abglanz jener wirklichen Wirklichkeit ist, aus der ihre historischen und kulturellen Materialien stammen, sondern etwas anderes, das sich von seinem Vorbild emanzipiert hat, es verleugnet und auf Distanz zu ihm geht, indem es ihm ein übersteigertes Bild gegenüberstellt, das mehr Unterschiede aufweist als Ähnlichkeiten.

Man hat von der Affinität dieses Romans zu Kafka gesprochen, den Canetti während der Arbeit daran voll Begeisterung entdeckte; dennoch erscheinen mir die Unterschiede zwischen den beiden Autoren beträchtlich zu sein, sieht man einmal von der offensichtlichen Tatsache ab, daß beide jüdische Schriftsteller deutscher Sprache waren – gleichsam Gäste einer Kultur, die, von der rassistischen Hysterie erfaßt, sie bald als dekadente Parasiten ausstoßen sollte –, in deren Werken das Vorgefühl der nahen Katastrophe seine Spuren hinterlassen hat. In der absurden Welt Kafkas gibt es eine unterschwellige Zärtlichkeit, und Pathos tränkt seine einsamen Gestalten, über die geheimnisvolle zerstörerische Kräfte hereinbrechen, so daß der Leser sich gefühlsmäßig mit ihnen zu identifizieren und ihre beklemmenden Schicksalswendungen als eigene zu erleben vermag. Canetti hingegen hält den Leser in Schranken, indem er ihm diese Art von Vampirismus absichtlich unmöglich macht. Die Grausamkeit, Banalität, Krankhaftigkeit und Extravaganz, die seine Geschöpfe erkennen lassen, sind solcherart, daß sie eine Kluft schaffen, die für den Leser schwer zu überwinden ist: Diese Personen wurden konzipiert, um ihn zu irritieren und, bisweilen, in Staunen zu versetzen; auch um ihn zu erbittern, aber nicht, um ihn zu rühren.

Der Mangel an Sentimentalität ist ein zentrales Merkmal des Romans, ebenso wie in den Essays und im Theater Canettis. Die zerebrale Kälte seiner Visionen, jene seltsame Kontrolle, die der Verstand selbst in den Augenblicken größten Deliriums in den Episoden auszuüben scheint – wie der Ansprache, die der auf eine Leiter gekletterte Peter Kien an seine Bücher hält, oder den schachspielerischen Phantasien, die Fischerle um Capablanca kreisen läßt –, in denen, innerhalb der fiktiven Wirklichkeit, die Grenze zwischen den objektiven Tatsachen und den Wünschen verschwindet und das Leben zu einer phantastischen Mischung aus beiden wird, lassen an einen expressionistischen Roman denken. Wie auf den Bildern eines Kirchner oder Dix oder wie in den Stichen und Karikaturen von Grosz treten farbliche Intensität und Kontraste, boshafte Zeichnung, verzerrte Perspektiven, das heißt die formale Machart des Werkes, dem Leser wie ein Schauspiel entgegen und revolutionieren damit die äußere Wirklichkeit, die der künstlerische Gegenstand darzustellen vorgibt, verwandeln sie schließlich in eine eigene Wirklichkeit, die der Subjektivität und der Fähigkeit des Künstlers mehr verdankt als der Ähnlichkeit mit dem Vorbild, das sie inspirierte. Ein objektives Leben ist zweifellos erkennbar, schwach und fern, neu zusammengesetzt in der literarischen Fiktion nach Maßgabe der Laune und der Phantasien eines Schöpfers, der sich seiner bedient hat, um letztere auszudrücken. *Die Blendung* ist, wie die gelungensten Bilder des deutschen Expressionismus, ein realistischer Alptraum.

Canetti benutzte nicht nur die Dämonen seiner Gesellschaft und seiner Epoche, sondern auch diejenigen, die nur ihn selbst heimsuchten. Barockes Emblem einer kurz vor der Explosion stehenden Welt, ist sein Roman auch eine selbständige phantasmagorische Schöpfung, in der der Künstler seine innersten Ängste und Begierden mit den Erschütterungen und Krisen verschmolzen hat, die seine Welt brüchig werden lassen. Von »Dämonen« zu sprechen ist in seinem Fall unabdingbar. Die obsessiven, bedrohlichen Phantasmen, die den Roman bevölkern, angefangen bei seinem Titel bis hin zur Bücherverbrennung am Ende, haben eine doppelte, widersprüchliche Wertigkeit. Einerseits verkörpern sie, wie wir bereits gesehen haben, den Konformismus, die Passivität, die Abdankung einer Gesellschaft, die sich sehr bald in »Masse« verwandeln wird. Andererseits sind es die irrationalen Kräfte und Antriebe, die den Künstler leiten und veranlassen, schöpferisch tätig zu sein. *Die Blendung,* symbolische Anklage gegen eine Gesellschaft, die sich von den schlimmsten Instinkten beherrschen läßt, ist auch ein Roman, der stolz das Recht auf die Obsession einfordert.

Wenn die kollektiven Dämonen zerstörerisch sind, sind dann nicht die privaten Dämonen, die den verborgenen Käfig bevölkern, den jeder Mensch in seinem Herzen mit sich herumschleppt, die Quelle der menschlichen Wünsche, der Antrieb der Phantasie? Sind sie nicht die Wurzeln der Kunst im allgemeinen und der Erzählkunst im besonderen? Diese individuellen Dämonen sind die unsichtbaren Protagonisten in *Die Blendung*. Jede Person trägt die ihren zur Schau und ist ihnen in absoluter Schamlosigkeit zu Diensten, wie Peter Kien und seine pervertierte Liebe zu den Büchern, Therese Krumbholz und ihr merkwürdiges Verhältnis zu jenem gestärkten blauen Rock und jener unbezähmbare Drang, der Benedikt Pfaff, diesen Besessenen, alle Frauen zugrunde richten läßt.

Damit ein Werk zum dichterischen wird, muß es der Welt, dem Leben etwas hinzufügen, was zuvor nicht existierte, was nur ausgehend von ihm und dank seiner Teil der unermeßlichen Wirklichkeit wird. Dieses *hinzugefügte Element* ist das, was die Originalität eines dichterischen Werks ausmacht, was dieses ontologisch von jedem historischen Dokument unterscheidet. In dem Roman *Die Blendung* besteht eines der wichtigsten Dinge, die der Künstler der Welt hinzugefügt hat, darin, daß er den »menschlichen Dämonen« öffentliches Bürgerrecht verliehen hat, jenen Phantasmen, die Männer und Frauen im wirklichen Leben tief in ihrem Inneren verborgen halten und nur gelegentlich – vermittelt in symbolischen Handlungen und Gesten – ans Tageslicht treten lassen. In diesem Werk verhält es sich umgekehrt: Die Dämonen eines jeden – seine Obsessionen – werden ohne Maske zur Schau getragen, und alle leben, in stolzer Verachtung der Folgen, um ihnen zu gehorchen und zu huldigen, egal wie absurd und grausam sie sind. Das Unbehagen, das der Roman in uns hervorruft, kommt sicherlich von der beunruhigenden Wahrheit, die sich ihm entnehmen läßt: Die Dämonen, welche die gesellschaftlichen Wahnvorstellungen und Apokalypsen auslösen, stiften auch die Meisterwerke.

London, 17. Mai 1987

Das Recht auf Hoffnung

Die Kraft und die Herrlichkeit

Graham Greene hielt sich 1938 einige Monate in Mexiko auf – hauptsächlich in den Staaten Tabasco und Chiapas –, um sich über die von Präsident Calles in Gang gesetzte und von Lázaro Cárdenas – wenn auch weniger heftig – fortgeführte religiöse Verfolgung zu informieren. Aus dieser Erfahrung entstanden ein Reisebuch, *The Lawless Roads* (1939) und *Die Kraft und die Herrlichkeit,* ein Roman, der gemeinsam mit *Das Herz aller Dinge* zum besten gehört, was er geschrieben hat.

Auch heute noch, fast ein halbes Jahrhundert nach seinem Erscheinen im Jahre 1940 und vor einem historischen Hintergrund, der sich gegenüber dem, der ihm als Vorlage diente, wesentlich verändert hat – wenn auch nicht in der Form, da der mexikanische Staat noch immer einen gewissen rhetorischen Antiklerikalismus praktiziert und den Geistlichen weiterhin das Tragen des Ordensgewandes verbietet, was nicht verhindert hat, daß das Land vor allem im Bereich der unteren Volksschichten als sehr katholisch erscheint –, ist er ein kraftvoller Roman, der mittels einer einfachen, wirksamen, wunderbar erzählten Geschichte den alten Widerstreit zwischen Vernunft und Glauben, oder, umfassender ausgedrückt, zwischen den gegensätzlichen Utopien des Spiritualismus und des Materialismus dramatisiert. Der anonyme, verfolgte Geistliche und der Polizeileutnant, sein anonymer Verfolger, entbehren nicht zufällig der Eigennamen. Denn sie sind nicht vor allem zwei besondere Menschen, sondern zwei allgemeine Ideen, zwei Abstraktionen, die einander abstoßen wie Tag und Nacht oder Tugend und Laster. Sie stehen für die beiden Pole eines Gegensatzes, der sich mit seinem Gefolge verschiedener Doktrinen und Ideologien wie ein Labyrinth im Verlauf der Menschheitsgeschichte verästelt.

Der Trick des Erzählers des Romans besteht darin, so zu tun, als mache er sämtliche Konzessionen zugunsten dessen, der, von seinem Standpunkt aus, das Böse symbolisiert – der Leutnant–, während er seinen Unwillen gegen den kleinen Geistlichen richtet, der das Gute personifiziert, und dessen zahlreiche Inkonsequenzen und Schwächen offenbart. Diese Technik war bereits von katholischen Romanciers benutzt worden, als Graham Greene sie anwandte: Bei François Mauriac, bei Bernanos waren die Leser daran gewöhnt, den Lichtstrahl der Gnade im Schmutz des menschlichen Elends zu erahnen und die Reinheit der Seele zwischen den üblen Ausdünstungen der Niedertracht aufsteigen zu sehen. Bei diesen Schriftstellern, so bei Claudel – bei diesem mehr als bei jedem anderen –, war die Strategie jedoch allzu offensichtlich, und die Schlußmoral verwandelte ihre Geschichten und Dramen am Ende in Parabeln. Sie waren gute Schriftsteller, aber sie wußten nur für Gläubige und Überzeugte zu schreiben. *Die Kraft und die Herrlichkeit* hingegen ist ein Roman für Ungläubige. Und obwohl der Autor weder den stilistischen Reichtum eines Claudel, noch die intellektuelle Subtilität eines Mauriac besitzt, ist sein Buch ein modernes Buch, für Leser unserer Tage, während die Bücher jener zunehmend veralten.

Der Leutnant ist ein strenger, gradliniger Mann, der in vollkommener Harmonie mit seinen Ideen lebt. Seine Pflicht füllt sein ganzes Leben aus. Er trinkt nicht, und trotz seiner Jugend locken ihn die Frauen nicht. Er besitzt ein klares Bewußtsein der sozialen Ungerechtigkeit und haßt die Kirche und die Geistlichen, weil er in ihnen die Komplizen des Mißbrauchs und der Ausbeutung der einfachen Leute sieht. Er sagt es dem Geistlichen an dem Tag, da er ihn gefangennimmt: Er könne keine Religion akzeptieren, die sich im Beichtstuhl die Sünden des Herrn wider seine Knechte anhört, sie vergibt, sie vergißt und sich dann zum Essen an seinen Tisch setzt. Seine Solidarität mit den Armen ist abstrakt, aber sie äußert sich auch in großzügigen Gesten, wie darin, daß er den armen Teufeln, die er wegen Alkoholschmuggels einsperren muß, Geld aus seiner eigenen Tasche schenkt. Der Leutnant glaubt an das Gesetz und an diese Welt, an die Verbesserung dieser Welt durch das Gesetz. Damit die Ungerechtigkeit und das Elend dieser Welt verschwinden, muß die andere Welt – deren Emissär der Geistliche ist – verschwinden. Ihre Existenz, besser gesagt, ihre Illusion, ist ein unüberwindliches Hindernis bei der Errichtung des Paradieses auf Erden. Solange der Aberglaube die Armen glauben läßt, daß ihre Leiden in der anderen Welt belohnt werden und sie sich deshalb in die Unterwerfung fügen, wird sich nichts ändern. Damit alles sich ändert, damit diese Welt endlich eine gerechte Welt wird, die ihre Gestalt durch die Vernunft und nicht durch die Angst oder das Blendwerk des Glaubens erhält, durchforstet der Leutnant die feuchten Landstriche seines Staates auf der Suche nach Geistlichen, füsiliert er Geiseln und verbreitet er Schrecken in den Dörfern. Seine Logik ist die des Zwecks, der die Mittel heiligt: Damit der Himmel zu einer irdischen Wirklichkeit wird, muß die Welt von himmlischem Ungeziefer gereinigt werden.

Sein Gegner kann nicht im entferntesten mit so kohärenten Zielen und Methoden aufwarten, wie sie den Leutnant kennzeichnen. Der Geistliche ist nicht nur ein Säufer und Frauenschänder – er hat in betrunkenem Zustand mit einer Bäuerin eine Tochter gezeugt –, sondern auch ein Feigling und Wirrkopf. Er macht sich in dieser Hinsicht nichts vor (auch der Erzähler versucht nicht, uns etwas vorzumachen, indem er nach moralischen oder psychologischen Alibis für seine Gestalt sucht). Als im Staat die Verfolgungsmaßnahmen gegen Geistliche einsetzten, war er, im Gegensatz zu anderen, die flohen, geblieben. Tat er dies um des Prinzips, um einer hohen Moral willen? Bei seiner schrecklichen Gewissensprüfung auf dem Weg in den Tod entdecken wir, daß sein Heldentum keines war oder daß es zumindest befleckt war mit Eitelkeit und fehlerhaftem Kalkül. Er bliebt *auch*, weil er dadurch, daß er allein zurückblieb, nach seinem Gutdünken, ohne irgendwelche Rücksichten verfahren konnte und weil er sich durch ein solches Handeln gegenüber jenen Geistlichen ins Recht gesetzt fühlte, die ihn kritisiert hatten (und jetzt geflohen sind). Später, als die Regierung das Gesetz verabschiedete, dem zufolge alle Geistlichen die Ehe einzugehen hatten, erhielt er nicht einmal die Gelegenheit, dieser Anordnung Folge zu leisten, wie es Pater José getan hatte, dieses erbärmliche Wrack. Es war, als hätten die anderen ihm die Rolle des Märtyrers zugewiesen, ohne ihm die Möglichkeit zu geben, sie zurückzuweisen.

Andererseits ist das Bild, das er als Prototyp eines Mannes des Glaubens bietet, nicht beneidenswert. Er lebt in Verwirrung, unfähig, in seinem eigenen Leben den göttlichen Willen richtig zu deuten, und auf all seinen Handlungen lastet irgendwie das Gewicht des schlechten Gewissens. In der Ausübung seines Amtes läßt er den Gläubigen keine große Hilfe zukommen, seine Ungeduld und sein Mangel an Takt gegenüber den Laienschwestern können ihn arrogant erscheinen lassen. Obwohl er in seiner bedrängten Lage bereits seit acht Jahren ausharrt, könnte man meinen, er sei immer im Zweifel gewesen und habe kurz vor der Flucht gestanden. Die Feigheit quält ihn ohne Unterlaß; jener Ausruf am Ende, den Mr.

Trench vernimmt und den das Maschinengewehrfeuer unterbricht, war er ein Siegesruf, dem ein Platz auf den Heiligenbildern gebührt? Innerhalb der seelischen Koordinaten der Gestalt könnte es sehr wohl ein von höchster Angst ausgelöster Glaubensabfall *in extremis* sein.

Und doch läßt die Schlußfolgerung, die der Leser am Ende der Geschichte zieht, keinen Raum für Zweifel. Wer in dieser Geschichte das Menschliche, das Bewundernswürdige verkörpert, wer Solidarität verdient, ist nicht der integre Rationalist, der das Gesetz anwendet, sondern sein Opfer, dieser Abgrund an Widersprüchen und Fehlern, dessen von Kugeln durchlöcherter Leichnam von Geiern umringt auf jenem Dorfplatz liegt.

Denn von den beiden sich in dem Roman gegenüberstehenden Ideologien ist die sinnfällig falsche und gefährliche diejenige, der zufolge sich das Paradies auf Erden mit Hilfe von Richtstätten und Kirchenbränden schaffen läßt. Wie viele Menschen würde der Leutnant noch erschießen müssen, um die von ihm erträumte Gesellschaft errichten zu können? Nach den Geistlichen würden dann viele seiner eigenen Anhänger vor dem Exekutionskommando vorbeidefilieren müssen, angefangen bei seinem eigenen Chef, für den die Revolution nicht, wie für den Leutnant, ein Ideal ist, sondern ein Vorwand, um Macht auszuüben und sich durch illegale Geschäfte zu bereichern. Der Offizier ist, gesellschaftlich gesehen, schlimmer als ein Fanatiker: ein politischer Träumer, dem die hypnotische Konzentration auf eine Chimäre den Blick für das wirkliche Leben verstellt. Er besteht hartnäckig darauf, den verfaulten Ast abzusägen, während in Wirklichkeit der ganze Wald um ihn herum brennt. Es mag ja sein, daß Geistliche wie der von ihm verfolgte mit ihren Predigten über das Jenseits bei den Armen den Geist der Revolte geschwächt haben, aber was der Leutnant nicht sieht, ist, daß die Revolution, die er für befreiend hält, eine Ungerechtigkeit durch eine andere ersetzt und mittels einer Rhetorik der Veränderung, an die anscheinend nur er glaubt, während die anderen sie als Propaganda benutzen, neue Formen des Mißbrauchs, des Obskurantismus und der Korruption etabliert.

Man kann die Argumente, mit denen der Geistliche seinen Glauben verteidigt, anfechtbar oder sogar unerträglich finden. Einem Vertreter der Theologie der Befreiung unserer Tage würden die Haare zu Berge stehen. Es handelt sich, man muß es betonen, um einen präkonziliaren Geistlichen, der in dem Gespräch mit dem

Leutnant am Tag seiner Festnahme – einem der Krater des Romans – die Meinung vertritt, »es lohnt sich nicht, sich um ein wenig Schmerz hienieden zu sorgen, da alle Welt unglücklich ist, gleich ob reich oder arm«. Ist nicht die Rettung der Seele das einzig Wichtige? Folgt man seiner Argumentation, dann läßt sich der Schluß ziehen, daß die sozialen Ungleichheiten gewissermaßen hinzunehmen sind, da sie eine Garantie für die letztendliche Rettung der Armen darstellen. Was die schlimmsten Gewißheiten des Leutnants über die historische Funktion des Glaubens rechtfertigen würde.

Tatsächlich ist jedoch unsere Sympathie für den Geistlichen in *Die Kraft und die Herrlichkeit* nicht auf seine Beweggründe zurückzuführen. Sie gilt vielmehr seinem Schicksal und einer Hoffnung, die sowohl ihn selbst als auch seine Ideen transzendiert und unausgesprochen sein Leben und sein Amt bestimmt, wie viele Niederlagen er auch in beiden erlitten haben mag. In seiner Schutzlosigkeit und Einsamkeit steht er für den Schwachen, der dem Mächtigen ausgeliefert ist, für das konkrete, wehrlose Individuum gegenüber der institutionalisierten Gewalt, und mehr noch als sein Glauben macht diese Situation ihn zu einem Menschen, der den Opfern der Gesellschaft nahesteht, jenen Bauern und Indios, aus deren Reihen die Revolution kalt ihre Geiseln rekrutiert. Darüber hinaus verkörpert dieser Mann – einer Kerze gleich, die verzweifelt versucht, vom Wind der Geschichte nicht gelöscht zu werden –, ob der Leser nun seinen Glauben an die andere Welt und seinen Gehorsam gegenüber Rom teilt oder nicht, jene Dimension des Menschlichen, die – bisweilen unter dem Namen Religion, bisweilen unter dem Namen Philosophie – der Barbarei und dem Schrecken aller Zeiten mit Gründen der Hoffnung und des Widerstands gegen Leid und Ungerechtigkeit zu begegnen gewußt hat. Ohne diesen spirituellen Glauben an etwas Höheres, das Gegenwärtige Überschreitende, der in dem Geistlichen lebt, wäre alles noch schlimmer gewesen, und dies verleiht ihm eine moralische Größe, an der sich nicht das mindeste ändern würde, wenn sein persönliches Glaubensbekenntnis falsch und sein Glauben an eine Gerechtigkeit nach dem Tode ein Hirngespinst wäre. In einer Zeit, die allergisch ist gegen belehrende und erbauliche Geschichten, hat *Die Kraft und die Herrlichkeit* überlebt, weil dieser Roman, statt ein Dogma im Namen eines anderen Dogmas zu bekämpfen, der Intoleranz etwas entgegensetzt, was Gläubige und Ungläubige teilen können: das Recht auf Hoffnung. Ist sie nicht substantieller Bestandteil der Imagination, des Geistes?

Ein weiterer Grund dafür, daß dieser Roman die Prüfungen der Zeit bestanden hat, ist darin zu sehen, daß die politischen und moralischen Angelegenheiten, die er behandelt, in subtiler Weise in seinem Handlungsgeflecht aufgelöst sind und aus diesem hervorgehen, im Unterschied zu so vielen Ideen-Romanen, in denen die Geschichte bloßes Vehikel für die Formulierung einer These ist. Wenn der Leser bemerkt, daß die Personen der Handlung nicht freie Wesen, sondern Marionetten eines höheren Willens sind, der sie, wie ein Puppenspieler seine Puppen, willkürlich bewegt, verliert der Roman an Überzeugungskraft und büßt sie bisweilen völlig ein. Dann ist das dichterische Werk gescheitert, so wichtig auch seine Themen und so intelligent und originell auch die Ideen sein mögen, die der Autor verbreiten wollte. Denn die erste Pflicht eines Romans – nicht die einzige, wohl aber die vorrangige, aus der sich die anderen zwangsläufig ergeben – ist nicht, den Leser zu belehren, sondern ihn zu bezaubern: sein kritisches Bewußtsein zu zerstören, seine Aufmerksamkeit zu fesseln, seine Gefühle zu manipulieren, ihn der wirklichen Welt zu entziehen und in eine illusorische zu versetzen. Der Romancier erreicht die Intelligenz des Lesers auf Umwegen, nachdem er ihn mit der künstlichen Vitalität seiner imaginären Welt angesteckt und ihn während des magischen Zwischenspiels der Lektüre die Lüge als Wahrheit und die Wahrheit als Lüge hat erleben lassen.

Graham Greene ist ein geschickter Geschichtenerzähler. Er weiß die Effekte abzustufen, die Erwartung durch unverhoffte Enthüllungen wachzuhalten, allzu dramatische Situationen durch humoristische Anflüge abzumildern und in wenigen Linien die Identität einer Person und einer Landschaft zu skizzieren. Die visuelle, filmische Natur seiner Geschichten wird in *Die Kraft und die Herrlichkeit* sehr deutlich. In gewisser Weise begründete dieser Roman das Schema, dem andere seiner Geschichten obsessiv, wenn auch nicht so erfolgreich, folgen sollten. Es ist eine exotische, primitive, von Gewalt geprägte Welt, in der die europäische Zivilisation auf ihrem Durchzug nur malerische Trümmer hinterlassen zu haben scheint. Mr. Trench, der an Blähungen leidende Zahnarzt, der Bananenpflücker Mr. Fellows und seine hypochondrische Frau, die Lehrs, die lutheranischen Bauern dieser Geschichte, sie sind der Prototyp jener von Europa in der Dritten Welt ausgesäten langen Genealogie von Gaunern, Spionen, Exzentrikern und Abenteurern aller Art, welche Greene zu Helden – oder vielmehr zu Antihelden – seiner Romane gemacht hat.

Mit ihm schließt sich in Wahrheit ein Kreis. In den Geschichten von Conrad und Kipling, die ebenfalls an der Peripherie des Westens angesiedelt sind, brachten die europäischen Romangestalten die Zivilisation in diese Regionen oder kamen mit der Absicht, sich zu läutern, indem sie den Elementen und einer barbarischen Menschheit trotzten. In den Geschichten Greenes hat sich dieses gute Gewissen verflüchtigt und einem wirren Schuldgefühl Platz gemacht. Jene Peripherie ist immer eine elementare Welt, in der die Grausamkeit gedeiht, aber die Europäer, die sich dort befinden, sind nicht unbeteiligt an diesen Verhältnissen, sondern mitverantwortlich für einen Zustand, von dem sie sich oftmals nähren wie die Geier vom Aas.

Mustique, West Indies, März 1987

Der Fremde muß sterben

Der Fremde

Neben *Der Mensch in der Revolte* ist *Der Fremde* das beste Buch, das Camus geschrieben hat. Der Plan dazu entstand im August 1937, wenn auch zunächst sehr vage, als Camus in einem Sanatorium in den Alpen von einem der zahlreichen Rückfälle genas, unter denen er seit der 1930 ausgebrochenen Tuberkulose litt. In seinen *Carnets* weist er darauf hin, daß er den Roman im Mai 1940 beendete. (Er erschien jedoch erst 1942 dank der Vermittlung von André Malraux, einem der literarischen Vorbilder des jungen Camus, bei Gallimard.)

Die Epoche und die Umstände, in denen *Der Fremde* konzipiert wurde, sind durchaus relevant. Der eisige Pessimismus, der die Geschichte durchzieht, wo sie von der Gesellschaft und der menschlichen Existenz handelt, war zweifellos zu einem großen Teil auf die Krankheit zurückzuführen, die diesen empfindlichen Körper zeitweise schwächte, und auf die angsterfüllte Atmosphäre in Europa, das das Ende der Zwischenkriegszeit und den Beginn des Zweiten Weltkrieges erlebte.

Das Buch wurde als eine Metapher für die Absurdität der Welt und des Lebens aufgefaßt, als literarische Darstellung des »Gefühls des Absurden«, das Camus in *Der Mythos von Sisyphos* beschrieben hatte, dem Essay, der kurz nach dem Roman erschien. Es war Sartre, der wie kein anderer beide Texte in einem brillanten Kommentar zu *Der Fremde* in Bezug zueinander brachte. Meursault wäre die Verkörperung des in ein sinnloses Leben geworfenen Menschen, Opfer von gesellschaftlichen Mechanismen, die unter der Maske großer Worte – Recht, Gerechtigkeit – nichts als Willkür und Irrationalität verbergen. Als naher Verwandter der anonymen Helden Kafkas würde Meursault die beklemmende Situation des Individuums verkörpern, dessen Schicksal von Kräften abhängt, die um so weniger kontrolliert werden können, da sie unbegreiflich und arbiträr sind.

Sehr bald meldete sich jedoch eine »positive« Interpretation des Romans zu Wort: Meursault als Prototyp des authentischen, von Konventionen freien Menschen, der unfähig ist, sich oder andere zu täuschen, und den die Gesellschaft verurteilt, weil er unfähig ist, zu lügen oder vorzuspiegeln, was er nicht empfindet. Camus selbst nährte diese Deutung der Gestalt, denn er schrieb im Vorwort zu einer nordamerikanischen Ausgabe von *Der Fremde:* »Der Held des Buches wird verurteilt, weil er das Spiel nicht mitspielt ..., weil er sich weigert, zu lügen. Lügen heißt nicht nur sagen, was nicht ist. Es bedeutet auch und vor allem, mehr zu sagen als das, was ist, und, was das menschliche Herz betrifft, mehr zu sagen, als man fühlt. Es ist etwas, was wir alle täglich tun, um uns das Leben zu erleichtern. Allem Anschein zum Trotz will Meursault sich das Leben nicht erleichtern. Er sagt, was ist, er weigert sich, seine Gefühle zu bemänteln, und sofort fühlt sich die Gesellschaft bedroht ... Es ist daher nicht ganz falsch, in *Der Fremde* die Geschichte eines Menschen zu sehen, der – ohne heroische Attitude – bereit ist, für die Wahrheit zu sterben.«

Diese Interpretation ist vollkommen gültig – wenn auch unvollständig, wie wir sehen werden – und in den Studien zu Camus nahezu kanonisch geworden: *Der Fremde,* ein Plädoyer gegen die Tyrannei der Konventionen und der Lüge, auf der das soziale Leben beruht. Meursault, Märtyrer der Wahrheit, geht ins Gefängnis, wird verurteilt und vermutlich guillotiniert, weil er ontologisch unfähig ist, seine Gefühle zu verbergen und zu tun, was die anderen Menschen tun: eine Rolle spielen. Es ist Meursault zum Beispiel unmöglich, beim Begräbnis seiner Mutter mehr Traurigkeit vorzuspiegeln, als er empfindet, und die Dinge zu sagen, von denen man erwartet, daß ein Sohn sie unter solchen Umständen sagt. Ebensowenig vermag er – obwohl es dabei um sein Leben geht – vor dem Gericht Reue für den von ihm verursachten Tod zu heucheln. Und das wird bestraft, nicht sein Verbrechen.

Am besten entwickelt hat diese Argumentation vielleicht Robert Champigny in seinem Buch *Sur un héros païen* (Paris, Gallimard, 1959), das dem Roman gewidmet ist. Ihm zufolge wird Meursault verurteilt, weil er »die theatralische Gesellschaft (ablehnt), das heißt, nicht die Gesellschaft als eine aus natürlichen Wesen bestehende, sondern die Gesellschaft als sanktionierte Heuchelei«. Mit seinem »heidnischen« – das heißt nicht-romantischen und nichtchristlichen – Verhalten ist Meursault die lebendige Verweigerung des »kollektiven Mythos«. Sein wahrscheinlicher Tod unter der Guillotine ist also der Tod eines freien Menschen, eine heroische und lehrreiche Tat.

Diese Sicht des *Fremden* erscheint mir indes einseitig und unzureichend. Es besteht kein Zweifel, daß die Art und Weise, in der Meursaults Gerichtsverhandlung durchgeführt wird, sittlich und juristisch empörend ist, eine Parodie der Rechtsprechung, denn was an ihm verurteilt wird, ist nicht der Mord an dem Araber, sondern sein antisoziales Verhalten, seine Psychologie und seine Moral, die abweichen von dem, was die Gemeinschaft bestimmt. Meursaults Verhalten wirft ein Licht auf die Unzulänglichkeiten und Laster der Justizverwaltung und läßt die schmutzigen Details des Journalismus erkennen.

Aber deshalb die Gesellschaft, die ihn verurteilt, als »theatralisch« und auf einem »kollektiven Mythos« beruhend zu verurteilen, heißt einen Schritt zu weit zu gehen. Die moderne Gesellschaft ist nicht theatralischer als die anderen; alle sind es gewesen und werden es sein, ohne Ausnahme, obwohl jede ein jeweils anderes Schauspiel aufführt. Es gibt keine Gesellschaft, das heißt keine Form des Zusammenlebens, ohne einen Konsens ihrer Mitglieder über gewisse Rituale oder Formen, die von allen respektiert werden müssen. Ohne diese Vereinbarung gäbe es keine »Gesellschaft«, sondern einen von entfesselten Zweifüßern bevölkerten Dschungel, in dem nur die Stärksten überleben würden. Auch Meursault spielt durch seine Wesensart eine Rolle: die des völlig freien Menschen, der gleichgültig ist gegenüber den sanktionierten Formen des sozialen Umgangs. Das Problem, vor das uns der Roman stellt, ist vielmehr: Ist Meursaults Wesensart derjenigen seiner Richter vorzuziehen?

Darüber kann man streiten. Trotz der Andeutungen des Autors zieht der Roman keine Schlußfolgerungen in dieser Hinsicht. Diese Aufgabe kommt uns, den Lesern, zu.

Der »kollektive Mythos« ist der stillschweigende Pakt, der den Individuen erlaubt, in Gemeinschaft zu leben. Dieses Zusammenleben hat einen Preis, den der Mensch nur mühsam zahlt, ob er es weiß oder nicht. Er besteht im Verzicht auf die absolute Selbstbestimmung, in der Einschränkung bestimmter Wünsche, Triebe, Phantasien, deren Verwirklichung die anderen in Gefahr bringen würde. Die Tragödie, die Meursault symbolisiert, ist die des Individuums, dessen Freiheit verstümmelt wurde, um das kollektive Leben möglich zu machen. Und genau dieser wilde, unbezähmbare Individualismus der von Camus erdachten Gestalt bewirkt, daß sie uns bewegt und unsere dunkle Solidarität weckt: Tief in uns allen steckt ein sehnsüchtiger Sklave, ein Gefangener, der genauso spontan, frei und antisozial sein möchte wie er.

Gleichzeitig muß man jedoch zugeben, daß die Gesellschaft sich nicht täuscht, wenn sie in Meursault einen Feind erkennt, jemanden, der, würde sein Beispiel Schule machen, den Verfall des gemeinschaftlichen Ganzen herbeiführen müßte.

Seine Geschichte ist ein schmerzhafter, aber eindeutiger Beweis dafür, daß »Theater«, Fiktion oder, um es krasser auszudrücken, Lüge in den menschlichen Beziehungen notwendig sind. Das fingierte Gefühl ist unerläßlich zur Sicherung der gesellschaftlichen Koexistenz, eine Form, die aus der Sicht des Individuums zwar hohl und gezwungen erscheint, vom Standpunkt der Gemeinschaft aus jedoch Substanz und Notwendigkeit besitzt. Diese fiktiven Gefühle sind Konventionen, die den kollektiven Pakt besiegeln, nicht anders als die Worte, die lautliche Konventionen sind, ohne die es keine Kommunikation zwischen den Menschen gäbe. Wären die Menschen, gleich Meursault, reiner Trieb, dann würde nicht nur die Institution der Familie, sondern die Gesellschaft überhaupt verschwinden, und die Menschen würden sich schließlich auf ebenso absurde Weise gegenseitig töten wie Meursault den Araber am Strand tötet.

Eines der großen Verdienste des *Fremden* ist die Ökonomie seiner Prosa. Man hat beim Erscheinen des Buches von ihr gesagt, sie eifere in ihrer Makellosigkeit und Kürze der Prosa Hemingways nach. Sie ist jedoch sehr viel reflektierter und intellektueller als die des Nordamerikaners. Sie ist so klar und präzise, daß sie nicht wie geschrieben, sondern wie gesprochen, oder, besser noch, wie gehört wirkt. Ihre Beschränkung auf das Wesentliche, der völlig geläuterte Stil, der aller Verzierung und aller Gefälligkeit entbehrt, tragen entscheidend zur Wahrscheinlichkeit dieser unwahrscheinlichen Geschichte bei. In ihr verschwimmen die Charakteristika der Schreibweise und die des Protagonisten: Meursault ist nicht weniger transparent, direkt und elementar.

Das Bedenklichste an ihm ist seine Gleichgültigkeit gegenüber den anderen. Die großen Ideen oder Ursachen oder Dinge – Liebe, Religion, Gerechtigkeit, Tod, Freiheit – lassen ihn kalt. Auch das fremde Leid. Die Tracht Prügel, die sein Zimmernachbar Raymond Sintès seiner arabischen Geliebten verabreicht, löst nicht das geringste Mitgefühl in ihm aus; im Gegenteil, er hat nichts dagegen, dem Zuhälter als Zeuge zu dienen, um ihm gegenüber der Polizei zu einem Alibi zu verhelfen. Aber er tut es auch nicht aus Zuneigung oder Freundschaft, sondern eher aus purer Nachlässigkeit. Hingegen finden kleine Dinge oder bestimmte alltägliche Begebenheiten sein Interesse, wie die traumatische Beziehung zwischen dem alten Salmadano und seinem Hund; ihnen gilt seine Aufmerksamkeit und sogar seine Sympathie. Aber die Dinge, die ihn wirklich bewegen, haben nichts mit den Menschen zu tun, sondern mit der Natur oder bestimmten menschlichen Landschaften, die er ihrer Menschlichkeit beraubt und in sensorische Wirklichkeiten verwandelt hat: das betriebsame Leben seines Viertels, die Gerüche des Sommers, die glühenden Sandstrände.

Er ist ein Fremder im radikalen Sinne, denn er kommuniziert besser mit den Dingen als mit den Menschen. Um mit diesen in eine Beziehung zu treten, muß er sie animalisieren oder verdinglichen. Dies ist das Geheimnis, warum er sich so gut mit Maria versteht, deren Kleidung, Sandalen und Körper in ihm eine empfindsame Saite erklingen lassen. Das Mädchen weckt kein Gefühl in ihm, das heißt, nichts Dauerhaftes; kaum mehr als kurz aufloderndes Begehren. Nur der animalische Teil ihrer Person, der Trieb interessiert ihn an ihr, oder, besser gesagt, an dem, was an Triebhaftem und Animalischem in ihr vorhanden ist. Die Welt Meursaults ist keine heidnische, sondern eine entmenschlichte Welt.

Meursault ist zwar antisozial, aber sonderbarerweise kein Rebell, denn er besitzt kein nonkonformistisches Bewußtsein. Was er tut, gehorcht keinem Prinzip oder Glauben, der ihn dazu führen würde, der etablierten Ordnung zu trotzen: er ist so. Er verweigert den gesellschaftlichen Pakt, hält sich nicht an die Rituale und Formen, auf denen das kollektive Leben beruht, aber er tut es auf natürliche Weise und ohne es überhaupt zu bemerken (zumindest nicht bis zu seiner Verurteilung). Seine Passivität, sein Desinteresse sind für diejenigen, die ihn richten, zweifellos schwerwiegender als sein Vergehen. Hätte er Ideen oder Werte, mit denen er seine Handlungen, seine Wesensart rechtfertigen könnte, dann wären seine Richter womöglich wohlwollender ihm gegenüber. Sie könnten die Möglichkeit erwägen, ihn umzuerziehen, ihn davon zu überzeugen, daß er die kollektive Norm akzeptiert. Aber Meursault in seiner Art ist unverbesserlich und für die Gesellschaft unwiederbringlich verloren. In der Berührung mit ihm werden die Begrenzungen, Exzesse und Lächerlichkeiten offenbar, die Teil des »kollektiven Mythos« oder gesellschaftlichen Paktes sind: alles, was falsch und absurd am gemeinschaftlichen Leben ist, angefangen bei der Erfahrung des isolierten Individuums, jedes Menschen, nicht nur eines anormalen Wesens wie Meursault.

Als der Staatsanwalt von ihm sagt, er habe »nichts mit einer Gesellschaft gemein, deren wesentlichste Grundsätze (...) (er) mißachte«, sagt er die Wahrheit. Gewiß, vom Richterstuhl aus gesehen ist Meursault eine Art Ungeheuer. Andererseits zeigt sein Fall die monströse, verstümmelnde Seite der Gesellschaft, denn selbst in der freiesten aller Gesellschaften wird es immer Einschränkungen und Bestrafungen für die absolute Freiheit geben, die jedes Individuum im Grunde seines Wesens erstrebt.

Im Herzen des existentiellen Pessimismus des *Fremden* brennt jedoch eine schwache Flamme der Hoffnung. Sie bedeutet nicht Resignation, sondern Luzidität und erscheint in dem schönen Absatz am Schluß, als Meursault, gereinigt durch den Zorn, den der Kaplan in ihm ausgelöst hatte, der ihn durch den Glauben zähmen wollte, gelassen und vertrauensvoll sein Schicksal als Mensch auf sich nimmt, der empfänglich ist für »die zärtliche Gleichgültigkeit der Welt«.

Camus' Pessimismus ist nicht defätistisch; im Gegenteil, in ihm steckt ein Aufruf zum Handeln, oder, genauer gesagt, zur Revolte. Der Leser schließt das Buch wahrscheinlich mit widersprüchlichen Gefühlen in bezug auf Meursault, aber auch mit der Überzeugung, daß die Welt unzulänglich ist und sich ändern müßte.

Der Roman zieht weder explizit noch implizit den Schluß, man solle, da *die Dinge so sind,* resigniert eine Welt akzeptieren, die von Fanatikern wie dem Untersuchungsrichter oder histrionischen Rechtsbeugern wie dem Staatsanwalt geregelt wird. Beide Gestalten flößen uns Abneigung ein. Und selbst der Kaplan mißfällt uns aufgrund seiner Unflexibilität und seines Mangels an Takt. Mit seinem verwirrenden Verhalten offenbart Meursault den prekären Charakter und die zweifelhafte Moral der Konventionen und Rituale der Zivilisation. Seine von bürgerlichen Normen abweichende Haltung demaskiert die Heuchelei und die Lügen, die Irrtümer und die Ungerechtigkeiten, die das soziale Leben mit sich bringt. Und sie offenbart die Verstümmelung – oder die Verdrängungen, um es mit einem Begriff Freuds zu sagen, der ihr großer Entdecker und erster Erforscher war – der individuellen Selbstbestimmung, der Triebe und Wünsche, wie sie die Herdenexistenz erfordert.

Obwohl der Einfluß Kafkas sehr deutlich ist und obwohl der philosophische oder essayistische Roman, der während der existentialistischen Mode hoch im Kurs stand, in Mißkredit geraten ist, liest und diskutiert man den *Fremden* auch in einer Epoche wie der unsrigen, die sich sehr von der unterscheidet, in der Camus ihn schrieb. Dafür gibt es zweifellos einen tieferen Grund als den, der sich zunächst anbietet, nämlich seine vollkommene Struktur und sein schöner sprachlicher Ausdruck.

Romane wachsen gleich lebendigen Wesen, und nicht selten altern und sterben sie. Die Überlebenden wechseln die Haut und das Wesen, wie Schlangen oder Raupen, die sich in Schmetterlinge verwandeln. Diese Romane sagen den neuen Generationen etwas anderes, als sie den Lesern bei ihrem Erscheinen sagten, und bisweilen sagen sie etwas, was ihr Autor niemals durch sie mitteilen wollte. Auf die heutigen Leser, vor allem in Europa, das so viel wohlhabender, zuversichtlicher und hedonistischer ist als das angsterfüllte, betäubte und katastrophische Europa, in dem *Der Fremde* erschien, kann der einsame Protagonist dieses Werks deshalb anziehend wirken, weil ihm etwas Epikureisches anhaftet, weil er mit seinem Körper zufrieden und stolz auf seine Sinne ist, weil er seine Wünsche und elementaren Begierden ohne Scham noch Pathos, wie ein natürliches Recht, geltend macht. Von all dem Feuerwerk der 68er »Mairevolution«, jenem großen Aufruhr der vage idealistischen, großherzigen und konfusen jungen Menschen, die mit ihrer Gesellschaft und ihrer Zeit unzufrieden waren, scheint diese Errungenschaft geblieben zu sein: Die menschlichen Wünsche verlassen die verborgenen Orte, in die sie der Gesellschaftskörper verbannt hatte, und beginnen Bürgerrecht zu erwerben.

In dieser Zivilisation der frei gelebten Wünsche, wie sie anzubrechen scheint, wäre Meursault ebenfalls für den Mord an einem Menschen bestraft worden. Aber niemand hätte ihn zur Guillotine verurteilt, die als obsoletes Artefakt im Museum vor sich hin rostet, und, vor allem, niemand hätte sich an seinem tiefen Desinteresse für seine Mitmenschen oder seinem maßlosen Egoismus gestoßen. Sollen wir uns darüber freuen? Ist es ein Fortschritt der Zeiten, daß der von Camus vor einem halben Jahrhundert erdachte Meursault als Vorahnung eines zeitgenössischen Prototyps erscheint? Es besteht kein Zweifel, daß die westliche Zivilisation viele entbehrliche Schranken niedergerissen hat und heute freier, weniger oppressiv in bezug auf die Sexualität, die Situation der Frau, die Sitten im allgemeinen ist als diejenige, welche Meursault (vielleicht) köpfen ließ. Aber zugleich läßt sich nicht behaupten, daß die in verschiedenen Bereichen errungene Freiheit sich in einer spürbaren Verbesserung der Lebensqualität, in einer Bereicherung der Kultur ausdrückt, die alle oder zumindest die große Mehrheit erreicht. Im Gegenteil, in zahllosen Fällen scheint es eher so zu sein, daß sich diese Freiheiten, kaum errungen, in Verhaltensweisen ausdrücken, die sie erniedrigen und trivialisieren, und daß neue Formen von Konformismus sich unter den glücklichen Nutznießern breitmachen.

Wie andere gute Romane war auch *Der Fremde* seiner Zeit voraus, denn er antizipierte das deprimierende Bild eines Menschen, den die Freiheit, die er geltend macht, weder moralisch noch kulturell bereichert; sie entseelt ihn vielmehr und beraubt ihn der Solidarität, der Begeisterung, des Ehrgeizes, macht ihn passiv, routinebestimmt und triebhaft in fast animalischem Ausmaß. Ich glaube nicht an die Todesstrafe, und ich hätte ihn nicht aufs Schafott geschickt, aber wenn sein Kopf durch das Fallbeil gefallen ist, dann sollten wir nicht um ihn weinen.

London, 5. Juni 1988

Dirne, Philosophin und Sentimentale

Die Römerin

Die angenehmste Arbeit, der ich im Leben nachgegangen bin, war die eines Bibliotheksgehilfen in einem eleganten Klub in Lima, als ich Student war. Ich mußte dort jeden Vormittag zwei Stunden lang erscheinen und theoretisch die Neuerwerbungen katalogisieren. Aber in dem Jahr, in dem ich in seinen britischen Örtlichkeiten arbeitete, erwarb der Klub nicht ein einziges Buch, so daß ich diese beiden Stunden damit verbrachte, in den Regalen zu stöbern und zu lesen.

Es war eine sehr anständige Bibliothek oder, besser gesagt, sie war es gewesen, denn irgendwann in der Vergangenheit hatte sich das Interesse der Mitglieder an der Lektüre verflüchtigt; die Buchkäufe hörten etwa in der Mitte der vierziger Jahre auf. Das Originellste an ihren Beständen war eine Sammlung erotischer Bücher, die umfassend, vielfältig und kosmopolitisch war, wenn auch mit einer klaren Schwäche für die französische Richtung. Unter anderen Schätzen gehörte ihr die vollständige Ausgabe von »Les Maîtres de l'amour« an, die Guillaume Apollinaire zusammengestellt und eingeleitet hatte, und die umfangreiche Autobiographie von Restif de la Bretonne, von der ich sicher bin, daß ich sie von Anfang bis Ende gelesen habe (ich war damals der festen Überzeugung, daß man ein einmal angefangenes Buch bis zu Ende lesen mußte).

Die ausschließlich erotische Literatur ist gewöhnlich langweilig, von einer Rhetorik, in der die möglichen Varianten der Liebeserfahrung bald erschöpft sind und mechanisch wiederholt werden. Charakteristisch für sie ist die Monotonie, der Umstand, daß sie den Eindruck von Unwirklichkeit vermittelt, von Phantasien, die von der objektiven Erfahrung losgelöst sind. Selbst Sade, bei dem die obsessiv sexuelle Nachschöpfung und Deutung der Wirklichkeit etwas Geniales besitzt, wirkt die meiste Zeit betäubend, ob er nun Geschichten erzählt oder philosophiert. Denn der Sexus, aus seinem Zusammenhang gerissen und in die einzige Perspektive verwandelt, aus der die menschliche Wirklichkeit beschrieben oder erfunden wird, wird körperlos, abstrakt, ein intellektuelles Konstrukt, in dem der Leser schwerlich seine eigene Erfahrung wiedererkennen kann. Deshalb ist die Literatur, die nur erotisch sein will, ebenso wie die Gattung des Kriminalromans oder der Science Fiction, dazu verurteilt, ein minderes Genre zu sein. Es gibt keine große erotische Literatur, oder, besser gesagt, große Literatur ist niemals nur erotisch gewesen, obwohl ich bezweifle, daß es große Literatur gibt, die unter anderem nicht auch erotisch ist.

Wenige moderne Schriftsteller sind so sehr durchdrungen von Sex und Erotik (beides kann ein und dasselbe oder sehr verschieden sein) wie der Autor des Romans *Die Römerin*. Bei der erneuten Lektüre dieses Romans, den ich zum ersten Mal dem Verbot der Familie zum Trotz gelesen hatte, als ich ein Junge mit kurzen Hosen war, stieg aus meinem Unterbewußtsein eine Flut von Erinnerungen an jene libertinen Geschichten des achtzehnten Jahrhunderts empor, die ich entdeckt hatte, während ich der angenehmen Tätigkeit eines Bibliotheksgehilfen im Club Nacional nachging.

Worin besteht die Ähnlichkeit zwischen diesem emblematischen Roman des italienischen Neorealismus der Nachkriegszeit und, zum Beispiel, den pikaresken Werken des Edelmanns Andrea de Nerciat oder des Philosophen Diderot? Nicht in der »Erotik«, denn in *Die Römerin* erscheint der Sexus, obwohl Adriana, die Hauptgestalt, aus sowohl beruflichen als auch persönlichen Gründen häufig mit Männern ins Bett geht, nicht mit dem erregenden Nimbus, den die Gattung verlangt, sondern als eine eher deprimierende Betätigung, in der sich der negativste Teil der Männer und Frauen dieser fiktiven Welt offenbart: die Gewalttätigkeit Sonzognos, die ödipalen Obsessionen Astaritas, die Herzenskälte Minos und der käufliche Geist Gisellas.

Die Ähnlichkeit liegt in der Struktur, in der Erzähltechnik und in den Konventionen, die der Leser akzeptieren muß, wenn er den Roman mit Gewinn lesen will. Die typische Form der Literatur der Libertinage ist das autobiographische Zeugnis. Wie die Gestalt bei Moravia erzählt der Protagonist oder die Protagonistin jener Romane die galanten Abenteuer, deren Nutznießer oder Opfer er oder sie war. Und sie tun es immer mit der gleichen Ausführlichkeit wie Adriana. Zwar ist dies auch die übliche Form des Schelmenromans des spanischen Goldenen Zeitalters – der Monolog des schreibenden *picaro* –, doch steht *Die Römerin* dem achtzehnten Jahrhundert näher als dem Schelmenroman, denn in diesem Roman wird mehr gedacht als gehandelt. Ebenso wie ihre beiden berühmten Schwestern Justine und Juliette, die vom göttlichen

Marquis in einem Turm der Bastille ersonnen wurden, ergeht sich Adriana mehr – man könnte sagen: findet sie ihre Lust – in der Reflexion und im Philosophieren über das, was ihr widerfährt, als im Referieren jener Begebenheiten (das tut der *picaro*). Dies verleiht dem Roman ein langsames Tempo, das mühsam wäre, würde es nicht dann und wann von melodramatischen Episoden unterbrochen, die große Überzeugungskraft besitzen und die Erzählung vibrieren lassen, wie zum Beispiel der Hinterhalt, in den Adriana in Viterbo gerät, der Verrat, den Mino übt, oder die Diebstähle, die die Prostituierte begeht, nicht aus Habsucht oder Not, sondern um sich selbst ihre moralische Verkommenheit zu bestätigen. Diese Diebstähle wie auch das seltsame Vergnügen, das Adriana jedesmal empfindet, wenn sie Geld für die Liebe erhält, geben der Gestalt komplexere und verwirrendere Züge, als sie selbst nach ihrem eigenen Zeugnis zu besitzen glaubt.

Der Vergleich mit einem Roman des achtzehnten Jahrhunderts drängt sich vor allem deshalb auf, weil *Die Römerin* – wie *Die Nonne* oder *Justine* – nur für den Leser glaubhaft ist, der auf die Illusion des Realismus verzichtet und sich mit der Bereitschaft in das Buch vertieft, eine literarische Phantasie, eine reine Fiktion zu erleben. Nach außen hin ist die Handlung realistisch: Sie riecht geradezu nach Papier und Tinte, sie mißrät zu guter Literatur. Das ist die Konvention, die der Leser akzeptieren muß. Diese junge Frau von einundzwanzig Jahren, bäurisch, einfach, unwissend, naiv, erzählt von sich mit der Sicherheit einer Akademikerin und ohne auch nur ein einziges Mal gegen die guten grammatikalischen Manieren zu verstoßen; sie ist eine genaue Beobachterin des eigenen und des fremden Verhaltens und imstande, die Psyche der Menschen in ihrer verborgensten Tiefe auszuloten. Man darf dies nicht als einen Widerspruch betrachten, der die Glaubwürdigkeit des Romans mindert. Man muß ihn vielmehr als einen Roman sehen, der statt der »veristischen« Konvention der Sprache einer anderen anhängt, der »gebildeten«, so wie es die Romanciers der Aufklärung taten (auch sie hielten sich für realistisch). In dieser fiktiven Welt, die nicht die unsere ist, herrschen andere Spielregeln, und wir müssen diese Regeln als ein weiteres fiktives Element dieser erfundenen Welt akzeptieren.

Zu den Anklängen an das achtzehnte Jahrhundert gesellt sich bei diesem Roman das soziale Bewußtsein des engagierten Intellektuellen des zwanzigsten Jahrhunderts. Die Mischung ist typisch für Moravia. Es gibt in ihm einen Schriftsteller, der fasziniert ist vom Sexus und seinen Labyrinthen, der ein zeitgenössischer »Libertin« hätte sein können, wie Roger Vailland es zu sein versuchte, aber es niemals ganz gewesen ist. Denn obwohl der Sexus die Atmosphäre seiner fiktiven Welt ausmacht, wird er stets in Schranken gehalten und zum Zweck einer kritischen, von Zweifeln getragenen Sicht der Gesellschaft instrumentalisiert.

Das Italien, wie es uns aus dem Buch entgegentritt, ist das des Faschismus (»Es war gerade die Zeit des Krieges in Abessinien«), ein armes, schäbiges und unterdrücktes Land mit Untergrundbewegungen und finsteren Amtsstuben, in denen die Besucher beim Eintreten den römischen Gruß entbieten müssen. Die Politik steht nicht im Mittelpunkt der Handlung, denn Adriana versteht weder etwas von Politik noch interessiert sie sich für sie, aber sie ist ihr unverzichtbarer Kontext. Zwei der Liebhaber der Protagonistin stecken im übrigen bis zum Hals in der politischen Tätigkeit: Astarita, Geheimpolizist des Regimes, und Mino, der antifaschistische Kämpfer.

Das Beste an dem Buch ist indes nicht das düstere, hoffnungslose Bild, das es von einer Epoche zeichnet, sondern die Galerie der Menschen, die auf seinen Seiten vorbeidefilieren. Obwohl die Art und Weise, in der Adriana sich in ihr Schicksal fügt, konventionell und unkompliziert ist, liegt darin und in ihrer Leidenschaft für Mino eine dunkle Größe. Außer ihr verdient keine der Gestalten Bewunderung, nicht einmal Respekt. Aber alle sind sie interessant und hervorragend herausgearbeitet und differenziert. Moravias Meisterschaft in der psychologischen Zeichnung erreicht in diesem Roman, ebenso wie in *Agostino* und in *Der Konformist,* ihren Höhepunkt. Besonders zwei Gestalten beeindrucken durch ihre Komplexheit und Gewalttätigkeit. Sonzogno, der Mörder, dessen Bedürfnis, weh zu tun, wie ein unwiderstehlicher Trieb, eine Art physiologischer Befehl erscheint, und Astarita, die gelungenste Gestalt des Buches, ein undurchsichtiges, schwaches Wesen, zerebral und leidenschaftlich, der seine Tätigkeit zweifellos mit der sterilen Sauberkeit eines Chirurgen ausübt. Daß beide fast zur gleichen Zeit – und jeweils durch die Schuld des anderen – sterben, ist ein Hinweis darauf, daß jene Welt trotz ihrer Grisaille nicht völlig vom Bösen beherrscht wird.

Hervorragend gezeichnet ist auch die Gestalt der Mutter, obwohl der Typus häufig in den Filmen und Romanen des italienischen Neorealismus erscheint. In ihr kommt eine antiromantische Auffassung zum Tragen: Die Armut vergeistigt oder sublimiert den Menschen nicht, sie stumpft ihn ab und erniedrigt ihn. Die Nöte und die Dumpfheit ihres Lebens haben aus der Mutter Adrianas ein kaltes, unmoralisches Wesen gemacht, ebenso oder mehr noch als Gisella. Wenn sie ihre Tochter zur Prostitution drängt, tut sie es nicht aus Bosheit; die Erfahrung hat ihr gezeigt, daß jedes Mittel recht ist, um die Sicherheit und die Bequemlichkeiten zu erlangen, die sie niemals gehabt hat. Es gibt etwas im Wesen dieser armen Frau, die wie ein Automat in einer fast animalischen Routine gefangen ist, das uns rührt und uns erschreckt, eine Art Anklage. Dem Autor ist mit der bitteren, ressentimentgeladenen Trägheit von Adrianas Mutter ein großartiges Symbol der sozialen Ungleichheiten gelungen.

Mino hingegen ist verschwommener und weniger überzeugend. Nicht nur aufgrund seiner Hemmungen und mangelnden Lebenskraft, sondern weil er schematisch gezeichnet ist. Bürgersohn, Intellektueller, von Widersprüchen gelähmt, welche die Widersprüche seiner Klasse widerspiegeln sollen, von einer Schwäche, die zunächst einen Unentschlossenen und später einen Verräter aus ihm macht, besitzt sein Selbstmord zu viele allegorische Anklänge, um den Leser zu bewegen. Wer sich in diesem verlorenen kleinen Hotel eine Kugel in den Kopf schießt, wirkt nicht wie ein konkretes Wesen, sondern wie eine ideologische Abstraktion.

Man fragt sich nicht ohne Erstaunen, weshalb *Die Römerin* einst ein umstrittenes Buch war, das bei seinem Erscheinen für einen großen Skandal sorgte. Was war an dem Roman so Empörendes? Die sexuellen Episoden sind ziemlich harmlos, von der einen oder anderen kurzen Ausnahme abgesehen, und Adriana, die Erzählerin, geht zwar der Prostitution nach, legt jedoch eine überaus strenge, an Konformismus nicht zu überbietende Moral an den Tag. Die einzige Kühnheit des Buches ist die bittere Amoralität der Mutter, die fast so etwas wie Augenzeugin der Begegnungen ihrer Tochter mit ihren Kunden ist (oder ihren »Liebhabern«, wie Adriana sie in ihrer gebildeten Sprache nennt). Es kostet jedenfalls Mühe, sich vorzustellen, daß dieses für die Geschichte nebensächliche Detail für all die Betrachtungen verantwortlich ist, die dem Roman *Die Römerin* eine Zeitlang die Aureole eines vom Bannfluch getroffenen Buches verliehen haben.

Sowohl die Leser als auch die Bücher müssen sich in den letzten vierzig Jahren sehr gewandelt haben, denn diese Geschichte, die meine Großeltern und meine Mutter mir bei Strafe der Hölle zu lesen verbaten, würde jetzt, da bin ich sicher, nicht einmal die Wangen der tugendhaftesten jungen Damen zum Erröten bringen. Es ist etwas Gutes an dieser Veränderung: Die Leser können *Die Römerin* endlich unvoreingenommen, ohne die damaligen Vorurteile lesen.

London, Juni 1988

Lob des schlechten Romans

Jenseits von Eden

Merkwürdig an der zeitgenössischen Literatur ist, daß heutzutage die schlechten Romane unterhaltsamer zu sein pflegen als die guten. Im vergangenen Jahrhundert – dem Jahrhundert des Romans schlechthin – war dies nicht der Fall. Wenn man Tolstoi, Melville, Stendhal, Flaubert las, dann hatte man es mit spannenden historischen, amourösen, psychologischen Abenteuern *und* mit kühnen literarischen Experimenten zu tun, mit Romanen, die imstande waren, die alte Bestimmung der epischen Gattung – die Aufmerksamkeit des Lesers so sehr zu bannen, daß er die Geschichte »erlebt« – mit kühnen Neuerungen im Gebrauch der Sprache und in der Erzählweise zu verbinden.

Ausgehend von Autoren wie Conrad und, vor allem, Henry James und Proust zeichnet sich allmählich eine subtile Spaltung in der Erzählkunst ab. Im Bewußtsein, daß der Roman mehr Form ist – Wort und Ordnung – als Handlung, konzentriert sich das literarische Genie mehr und mehr auf erstere zum Nachteil letzterer, um schließlich Extreme zu erreichen, bei denen das »Wie« des Erzählens das »Was« nahezu überflüssig gemacht und verdrängt hat. *Finnegans Wake* ist natürlich der Stammvater dieses edlen Geschlechts. Liest man beispielsweise den Italiener Gadda, den Deutschen Broch, den Österreicher Musil und den Kubaner Lezama Lima – um nur vier Beispiele herausragender Autoren zu nennen, die in bewußter Absicht ausgewählt wurden, weil sie sich genau auf der Grenze zwischen Lesbarkeit und Unlesbarkeit befinden –, so ist dies ein faszinierendes intellektuelles Erlebnis, das sich jedoch qualitativ von dem der traditionellen – oder, wenn man es vorzieht, konventionellen – Leser von erzählender Literatur unterscheidet. Diese lasen, um im Gelesenen aufzugehen, um ihr individuelles Bewußtsein zu verlieren und in das der Helden zu schlüpfen, deren Missetaten, Gefahren und Leidenschaften sie dank der geschickten Manipulation ihrer Gefühle und ihres Verstandes durch den Erzähler innerlich teilten. Der Leser von *Der Tod des Vergil, Die gräßliche Bescherung in der Via Merulana, Der Mann ohne Eigenschaften* und *Paradiso* löst sich niemals in der imaginären Welt dieser Romane auf, so wie es dem Leser von

Die Elenden oder *Die Präsidentin* widerfährt. Im Gegenteil, sein Bewußtsein muß wach sein, in höchstem Maße geschärft, und sein ganzer Verstand, seine ganze Bildung müssen sich an der Lektüre beteiligen, damit er die raffinierte, komplexe Konstruktion, die er vor sich hat, ihre subtilen und mannigfachen literarischen, philosophischen, linguistischen und historischen Anklänge gebührend schätzen kann und sich nicht auf den labyrinthischen Wegen der Erzählung verliert. Wenn er das Ende erreicht, dann hat er ohne Zweifel etwas gelernt, seinen Intellekt bereichert, seine literarische Sensibilität geformt. Aber es läßt sich schwerlich behaupten, er habe sich amüsiert wie sich der einfache Sterbliche amüsiert, der gemeinsam mit d'Artagnan Gegner aufspießt, mit Julien Sorel Liebe und Krieg erfährt oder mit Emma Bovarys zitternden Lippen das tödliche Arsen trinkt. Angesichts der Schizophrenie in der heutigen Romanliteratur könnte man meinen, die Romanciers hätten sich die Arbeit aufgeteilt: Den Besten kommt die Aufgabe zu, zu erschaffen, zu erneuern, zu erkunden und, oftmals, zu langweilen; Sache der anderen – der Schlechtesten – ist es, den alten Zweck der Gattung lebendig zu halten; zu bannen, zu verzaubern, zu unterhalten. Die Romanciers unserer Zeit, die, wie Faulkner oder García Márquez, fähig gewesen sind, die Einheit der erzählenden Prosa in Werken wiederherzustellen, die große stilistische Schöpfungen *und* mit Leben und Abenteuer, Denken und Leidenschaft angefüllte Welten sind, lassen sich an einer Hand abzählen.

Jenseits von Eden ist ein mehr als schlecht konstruierter Roman, den man gleichwohl mit der Gier und der inneren Beteiligung der guten Geschichten liest. Steinbeck scheint ihn als Familienerinnerung begonnen zu haben, als ein Buch, das die Ankunft der Familie seiner Mutter in Salinas Valley und, anhand von deren Schicksal, die Niederlassung der Einwanderer und die Entwicklung dieses Winkels in Kalifornien erzählen sollte. Die Mutter und die Großeltern des Autors sind Gestalten des Romans; in den Anfangskapiteln wird in der ersten Person erzählt und deutlich gesagt, daß der Erzähler John Steinbeck selbst ist. Aber plötzlich verschwindet dieser, und an seine Stelle tritt ein allwissender Erzähler, wie auch die fiktiven Gestalten die erinnerten verblassen lassen. Was ein Zeugnis sein sollte, ein familiäres und soziales Dokument, verwandelt sich in eine melodramatische Phantasie, reich versehen mit allem, was zu den unverzichtbaren Bestandteilen des Genres gehört: Lokalkolorit, Schauerlichkeit, Heldentum und Grausamkeit in extremis, Sex, Blut, Geld und Liebe.

Der Leser amüsiert sich prächtig. Welcher angesehene Schriftsteller – und Steinbeck war es 1952, als *Jenseits von Eden* erschien, in höchstem Grade – hätte gewagt, ernsthaft eine Geschichte wie die der absolut bösen Cathy Adams zu erzählen, eine Gestalt, die direkt Borges' *Universalgeschichte der Niedertracht* entsprungen zu sein scheint? Zwar gehörte dies ganz offensichtlich nicht zu den Absichten des Autors, aber Cathy Adams löscht sämtliche anderen Gestalten des Romans aus – die erinnerten und die erdachten – und erleuchtet mit luziferischem Licht die Kapitel, in denen sie erscheint, schön, kalt, grausam, wie eine Reminiszenz der romantischen Zeiten, als Romane nicht geschrieben wurden, um »das Leben zu schildern«, sondern um es zu übersteigern und durch die Exzesse des Begehrens und der Phantasie zu erschüttern.

Cathy Adams – oder Cathy Track, wie sie nach ihrer Heirat mit Adam heißt – ist die lebendige Negation der gesunden Moral und des pragmatischen Rationalismus, von denen das Buch durchtränkt ist, eine Philosophie, die der Autor den beiden »positiven« Helden des Romans zuweist und in den Mund legt: dem Erfinder und Wünschelrutengänger Samuel Hamilton und Lee, Adams chinesischem Koch und Diener, der zugleich Moralist, Intellektueller und so etwas wie ein wilder Mystiker ist. Beide rühren sie uns mit ihrer hartnäckigen Güte, ihrem lauteren Verhalten, ihrem solidarischen Charakter und machen uns oft ungeduldig mit ihren Moralpredigten. Aber zum Glück ist da die perverse Cathy, um uns daran zu erinnern, daß das Leben nicht nur aus Tugend, Vernunft und guten Gefühlen, sondern auch aus dunklen Trieben, Gewalt und Schlechtigkeit besteht. Jedesmal, wenn ihr bleiches Gesicht und ihr starrer Blick im Buch auftauchen, schauert es den Leser: Welche Abscheulichkeit wird sie dieses Mal begehen? Er wird niemals enttäuscht. Denn Cathys Leben, angefangen damit, daß sie ihre Eltern bei lebendigem Leib verbrennt und ihren Lehrer in den Selbstmord treibt, bis hin zu ihrem eigenen Selbstmord (wobei sie in *extremo mortis* den Ganoven Joe, der ihr hilft, das Bordell in Salinas zu führen, an die Polizei verrät), ist eine einzige Folge von Schrecken. Am ungewöhnlichsten daran ist vielleicht nicht die lange Liste der verräterischen und verbrecherischen Handlungen, sondern die scheinbare Willkür, mit der sie das Böse tut. Sie tut es nicht aus materiellem Interesse oder psychischer Verirrung, denn sie ist eine konventionelle, in ihren Neigungen und Verhaltensweisen gewöhnliche Person, sondern, könnte man meinen, aus physischer Notwendigkeit, aufgrund einer ontologischen Veranlagung. Will man ein literarisches Äquivalent für sie finden, dann muß man auf die großen romantischen Schauerromane des neunzehnten Jahrhunderts oder sogar auf die Missetaten von Robert dem Teufel (vor seiner Bekehrung) zurückgreifen.

Der satanische Bezug ist nicht ganz unangebracht, denn *Jenseits von Eden* ist von einer deutlich religiösen Aura umgeben. Verschiedene Gestalten haben einen biblischen Hintergrund, und an zahlreichen Stellen des Romans wird die Intention des Autors erkennbar, Episoden und Gleichnisse aus dem Alten Testament zu paraphrasieren. Der genaue Sinn dieses symbolischen Aspekts des Buches ist nicht sehr klar – was er in bezug auf das Leben und die Menschen beweisen will –, aber es besteht kein Zweifel, daß dieser Bestandteil der Geschichte eine besondere Färbung verleiht und daß ihm die sympathische Eigenart einiger ihrer Gestalten zu verdanken ist. Wenn Cathy der Teufel ist und ihre Söhne, die Zwillinge Cal und Aron, eine moderne Version von Kain und Abel sind, dann repräsentieren die wichtigsten männlichen Gestalten, Samuel Hamilton und der kalifornische Chinese Lee, die seltene Mischung aus Primitivismus und Weisheit, leutseliger Tatkraft und ethischer Selbstgewißheit der biblischen Propheten.

Samuel, der irische Einwanderer, der mit den Pionieren nach Salinas Valley kommt und sein Leben damit verbringt, nach im Erdinnern verborgenen Wasseradern zu suchen, Gutes zu tun und Ratschläge zu erteilen, besitzt die gradlinige, stereotype Persönlichkeit der Helden der Parabeln und der mittelalterlichen *»exiemplos«* und ist doch kraftvoll und überzeugend. Subtiler als er, aber auch weniger wahrscheinlich, ist der bezaubernde Diener Lee, Sohn einer Schändung – seine Mutter, die als Mann verkleidet in einem Lager arbeitete, empfing ihn bei einer kollektiven Vergewaltigung durch ihre Arbeitsgefährten –, ein feinsinniger Kenner der Wissenschaft, der Literatur, der menschlichen Seele und zumindest zweier Kulturen, der westlichen und der östlichen. Soviel Wissen und geistiger Scharfsinn bei einem einfachen Diener wirken selbst in einem Roman exzessiv, der sich – wie Melodramen, die etwas auf sich halten – durch keinerlei Wahrscheinlichkeitsanspruch stören läßt. Sieht man von diesem Vorbehalt ab, so besteht kein Zweifel, daß das stets maßvolle und großzügige Wirken Lees und sein unfehlbarer Sinn für das Gerechte und Gute ein wirksamer Balsam angesichts der großen Schändlichkeiten und menschlichen Niedrigkeiten seiner Umgebung sind. In einer der großartigsten Episoden der Geschichte verwickeln sich Samuel Hamilton, Adam Track und Lee in eine lange theologische Diskussion über Kain und Abel. Dabei stellt sich heraus, daß Lee hebräisch gelernt hat, um den genauen Sinn des Wortes »Timshel« zu ergründen, das mit dem biblischen Brudermord verbunden wird. Als wäre dies an sich nicht schon exotisch genug, erfahren wir im Verlauf der Diskussion, daß eine Gruppe chinesischer Gelehrter in San Francisco, von Lee angestachelt, schon seit Jahren in Hebräisch-Studien verstrickt ist, um dem semantischen Rätsel auf die Spur zu kommen.

Um Spaß an einer Geschichte zu haben, muß man ihr nicht unbedingt Glauben schenken. Es genügt, wenn man sich von ihr fortreißen läßt, wenn man sich gutwillig ihren Listen und Fallstricken überläßt und unter Verzicht auf das kritische Bewußtsein, die intellektuelle Scham und die abstrakte Verstandeskälte die Tür zu den verschwiegenen Bezirken der Sentimentalität, Schamlosigkeit, Ausschweifung, Grausamkeit und sogar Vulgarität öffnet, die ebenfalls Teil jedes Menschen sind. Die erzählende Prosa entstand ursprünglich, um diesen elementaren, kruden Gelüsten des gewöhnlichen Menschen Nahrung zu verschaffen, nicht aber den raffinierten des gebildeten Bürgers (diese Aufgabe erfüllte die Poesie und das Theater). Später, mit dem Aufstieg der Gattung in die offizielle Kultur, wurde ihre Form immer ausgefeilter, komplizierter und die Handlung verwickelter und subtiler in ihrem Bestreben, die menschliche Wirklichkeit in ihrer unendlichen Komplexheit so umfassend wie möglich auszudrücken. Gleichwohl hat die »plebejische«, an Unreinheiten reiche Natur des epischen Genres allen Versuchen widerstanden, diese Gattung zu verfeinern und in die elegantesten Gewänder der Sprache und der Kultur zu kleiden. Im Unterschied zur Poesie, bei der Vollkommenheit unerläßlich ist, ist diese Perfektion beim Roman unmöglich. Und außerdem unangebracht. Denn seit er als menschliche Erfindung entstand, haben seine Leser auf seinen Seiten die Befriedigung bestimmter Gelüste und den Ersatz für Entbehrungen gesucht, welche für die menschliche Unvollkommenheit schlechthin stehen, für all das, was die menschliche Gattung unterjocht, begrenzt und zugrunde richtet und sie daran hindert, jenes Ideal, jenes Ziel zu erreichen, das Religionen, Sittenkodexe und Philosophien ihr vergeblich setzen. Im

Unterschied zu einem schlechten Gedicht, das uns immer langweilt und mißfällt, vermag daher ein »schlechter Roman«, vorausgesetzt er hält sich an gewisse Grundregeln des Genres, uns zu betören und uns an der Nase genau dorthin zu führen, wo er will. Das heißt, zum Lachen, zur Zärtlichkeit, zum Haß, zur Sympathie, zum Begehren und zum Mitgefühl.

Jenseits von Eden läßt sich mit keinem der großen nordamerikanischen Romane seiner Zeit vergleichen, ja er besitzt noch nicht einmal die Eigenschaften anderer Romane von Steinbeck selbst, wie die Kraft von *Die Früchte des Zorns* oder die Zartheit von *Die Perle*. Der Roman leidet unter etlichen Konstruktionsfehlern – mangelnde Kohärenz der Erzählerperspektive, zum Beispiel –, die überraschend sind bei einem so erfahrenen und vielseitigen Schriftsteller, und es wäre nicht schwierig, eine lange Liste von Mängeln aufzustellen, die sich auf seinen Aufbau, seinen Stil, die Zeichnung seiner Charaktere, die Oberflächlichkeit seiner Ideen und die naive, manichäische Sicht des sozialen Lebens beziehen. Und doch handelt es sich trotz alledem um eine Geschichte, die man mit leidenschaftlicher Teilnahme liest, deren Seiten man voll Ungeduld überspringt, um zu erfahren, was passiert. Der ihn schrieb, war jemand, der wußte, was er erzählen wollte, wenn er auch noch nicht das Wissen seiner Zeitgenossen Hemingway, Faulkner oder Fitzgerald um das »Wie« des Erzählens besaß. Er war kein großer Schöpfer von Worten oder erzählerischen Ordnungen, wohl aber ein vollendeter Erzähler mit einem sicheren Gespür für das, was man sagen und was man verbergen muß, um die Aufmerksamkeit zu erregen und sie wachzuhalten, und dafür, welches Mittel man anwenden muß, um am Verstand des Lesers vorbei Personen, Situationen, Handlungen zu ersinnen, die direkt sein Herz und seine Instinkte ansprechen. Dieses ursprüngliche Erzähltalent befindet sich in harmonischer Übereinstimmung mit der ursprünglichen Welt, wie sie in der Mehrzahl seiner Geschichten und besonders in *Jenseits von Eden* erscheint.

Es ist eine halbfertige, werdende Welt, in der die Menschen noch kämpfen, um die Natur zu beherrschen, und dies mit ihren eigenen, schwieligen Händen tun. Eine einfache, frugale Welt, die von Glaubensvorstellungen gelenkt wird, die ebenso grob und einfach sind wie ihre Bewohner, in der jedoch die großen physischen Leistungen und die direkte, ungezwungene Form der Existenz bisweilen eine wahre verborgene Hölle aus inneren Verdrängungen, Enttäuschungen und Zwängen erkennen läßt. Die ersten Romane überhaupt müssen in solchen Gesellschaften geschrieben worden sein – bei allen sonstigen Unterschieden –, in Welten, die in ähnlicher Weise im Entstehen begriffen waren, und sie entstanden zu dem Zweck, der Erholung, Zerstreuung und Belohnung derer zu dienen, die sich im harten Existenzkampf erschöpften. Diesen Phantasien in Romanform ging es nicht darum, das zu reproduzieren, was diese Männer und Frauen bereits aus dem Leben kannten. Vielmehr war es ihnen darum zu tun, der Existenz dieser Menschen das hinzuzufügen, was ihnen fehlte, die Phantasmen, die aus ihren Wünschen nach einer Bereicherung der Wirklichkeit entstanden. Diese Geschichten waren mitreißend und irreal, zärtlich, schrecklich, überspannt und unterhaltsam, wie es die Geschichte *Jenseits von Eden* ist. Und der Leser, der sie voll Vergnügen liest, spürt, daß sie mit all ihren Mängeln aus dem herrlichen Stoff der allerältesten, der unzerstörbaren Geschichten geformt ist.

London, 26. September 1989

Ist es möglich, Schweizer zu sein?

Stiller

Ist es so schrecklich, Schweizer zu sein? Wenn man einige zeitgenössische Autoren dieses Landes liest, könnte man meinen, es gebe keinen unheilvolleren Alptraum als die Zivilisation. Wohlhabend, gebildet und frei zu sein, ist anscheinend von tödlicher Langeweile. Der Preis, den man für den Genuß derartiger Privilegien zahlt, ist die Monotonie der Existenz, ist ein endemischer Konformismus, der Verlust der Phantasie, das Verschwinden des Abenteuers und eine Formalisierung der Emotionen und Gefühle, welche die Beziehungen zwischen den Menschen auf rituelle, substanzlose Gesten und Worte reduziert.

Vielleicht ist es so. Vielleicht haben der materielle Fortschritt und die politische Entwicklung, die so viele arme und unterdrückte Völker als Paradigma betrachten, einen deprimierenden Aspekt. Das beweist natürlich nur, was wir durch einen Blick auf die bisherige Geschichte hätten erkennen können: Jedes Stadium des menschlichen Fortschritts bringt neue Formen der Frustration und des Unglücks für die Gattung mit sich, die ihrerseits wiederum die Unzufriedenheit und den Wunsch nach einem anderen, besseren Leben nähren. Das heißt nicht, daß es keinen sogenannten »Fortschritt« gibt, daß die »Zivilisation« ein Betrug ist, sondern daß diese Begriffe ihren Ausdruck niemals in abgeschlossenen, vollkommenen Existenzformen finden. Beide sind provisorisch und relativ und besitzen ihre Gültigkeit vor allem als Vergleichsmaßstab. Eine Gesellschaft kann noch so fortgeschritten und bewundernswert sein, in ihr herrscht immer Unzufriedenheit, und wäre es nicht so, dann müßte man sie um des künftigen Wohls des betreffenden Volkes willen herbeiführen, und sei es auch künstlich. Dennoch existiert der Fortschritt: Es ist besser, als Schweizer an Langeweile zu sterben, als an Hunger in Äthiopien oder durch die Folter in irgendeiner Diktatur der Dritten Welt.

Es ist jedoch wichtig, daß die Menschen, die dafür kämpfen, daß ihre Länder eines Tages den Entwicklungsstand eines Landes wie der Schweiz erreichen, die Makel kennen, die einen solchen Erfolg entstellen können, denn dies kann ihnen helfen, sie zu vermeiden oder zumindest abzumildern. Und diese Gefahr läßt sich am besten in der Literatur erkennen, ein Bereich, der wie kein anderer den Widerspruchsgeist des Menschen offenbart, seine Weigerung, sich mit dem Erreichten – unabhängig davon, wie verdienstvoll und erhaben es ist – zufrieden zu geben. Dieser Unzufriedenheit, die den Menschen des Okzidents seit den griechischen Anfängen wie ein Schatten begleitet, verdankt diese Kultur, daß sie so viel erreicht hat; aber auch, daß sie unfähig gewesen ist, jene Bürger, die sie, von Rückschlägen abgesehen, jeden Tag weniger arm, gebildeter und freier gemacht hat, glücklicher zu machen.

Diese Problematik steht im Mittelpunkt des Romans *Stiller*, und es ist nicht verwunderlich, daß das Buch bei seinem Erscheinen im Jahr 1954 einen so großen Erfolg in Europa und in den Vereinigten Staaten hatte. Der Roman von Max Frisch, obwohl in der Schweiz angesiedelt, kreist um ein Problem, das sämtliche freien, entwickelten Gesellschaften innerlich betrifft. Es läßt sich auf sehr einfache Weise formulieren: Wer ist in diesen Ländern schuld daran, daß das Glück unmöglich ist: der einzelne oder die Gesellschaft? Die Frage ist nicht akademisch. Wenn man ergründet, ob die materielle und politische Entwicklung, die der Westen erreicht hat, unvereinbar ist mit einem intensiven, reichen individuellen Leben, das Antwort auf die innersten Ungewißheiten zu geben und den Wunsch nach Fülle und Ursprünglichkeit zu erfüllen vermag, der in den Menschen lebendig ist (zumindest in vielen von ihnen), dann weiß man, ob die demokratische Zivilisation nicht ebenfalls zur Uniformierung und zur Zerstörung des Individuums führt, nicht mehr und nicht weniger als die geschlossenen, nach dem starren Modell eines kollektivistischen Ideals organisierten Gesellschaften.

Anatol Stiller, ein Bildhauer aus Zürich, der im Spanischen Bürgerkrieg in den Internationalen Brigaden gekämpft hat (wo er eine demütigende Situation erlebte, weil er nicht zu schießen wagte, als er es hätte tun müssen), folgt eines Tages einem vagen Impuls und flieht vor seiner Frau, seiner künstlerischen Bestimmung, seinem Land und seinem Namen. Er durchstreift die Vereinigten Staaten und Mexiko und taucht fast sieben Jahre später mit einem nordamerikanischen Paß, unter dem Namen Sam White, wieder in der Schweiz auf. Dort wird er von der Polizei festgenommen, die seine wahre Identität ahnt und herausfinden will, ob er an einem Verbrechen – der »Affäre Smyrnov« – beteiligt war.

Der Roman besteht aus den Heften, die Stiller im Gefängnis vollschreibt, während sein Fall untersucht wird, und einem Epilog, den der Staatsanwalt Rolf verfaßt hat, dessen Frau Sibylle die Geliebte des Bildhauers war, kurz bevor dieser auf mysteriöse Weise verschwand.

Während eines guten Teils der Geschichte bezieht die Erzählung ihre Spannung aus einem Rätsel: Ist Stiller White, wie die Polizei behauptet, oder handelt es sich um ein absurdes Mißverständnis, wie der Verhaftete erklärt? Der Zweifel wird durch objektive Widersprüche und, vor allem, durch die kategorische Sicherheit genährt, mit der der Verfasser der Aufzeichnungen leugnet, Stiller zu sein. Später jedoch, als durch sein eigenes Zeugnis die Wahrheit ans Licht kommt und offensichtlich wird, daß Stiller und White ein und dieselbe Person sind, löst ein anderes Rätsel das erste ab und hält das Interesse des Lesers wach. Was geschieht mit dem Bildhauer? Warum flieht er vor sich selbst und negiert seine Vergangenheit und seinen Namen mit dieser blinden Verzweiflung? Ist es eine von Reue diktierte Flucht, eine unbewußte Verweigerung der Verantwortung, die ihm beim Scheitern seiner Liebesbeziehung mit Julika zukommt? Oder handelt es sich um etwas Abstrakteres und Umfassenderes, um die Ablehnung einer Kultur, von Seins- und Lebensweisen, die für Stiller immer unvereinbar waren mit einem wirklich erfüllten Leben?

Das zweite Rätsel wird im Unterschied zum ersten vom Roman nicht gelöst: Diese Aufgabe kommt dem Leser zu. Das Buch beschränkt sich darauf, ihm ein reichhaltiges, heterogenes Material an Episoden und Situationen aus dem Leben Stillers zu liefern, die er sich zurechtlegen und miteinander vergleichen kann, um dann seine jeweils eigenen Schlußfolgerungen zu ziehen. Und diese Lebensbeschreibung ist von einer Dichte und Subtilität, daß die Schlußfolgerungen, die sich über Stiller ziehen lassen, in der Tat sehr unterschiedlich sind: angefangen bei der pathologischen These – ein einfacher Fall von Schizophrenie –, bis hin zur metaphysisch-kulturellen – eine allegorische Verweigerung des »Schweizer-Seins« oder, besser gesagt, der Unmöglichkeit, als ein solcher der menschlichen Existenz in all ihren reichen, mannigfachen Möglichkeiten teilhaftig zu werden.

Was ist es, das Stiller an seiner zürcherischen Welt haßt? Daß alles so sauber und ordentlich ist und das Leben sich seinen Landsleuten als vorhersehbare Routine darstellt, in der kein Platz für Exzesse und Größe ist. Die Mittelmäßigkeit, so denkt er, haben seine Landsleute in den tugendhaften Namen »Mäßigkeit« gekleidet, und da sie auf das »Wagnis« verzichtet haben, sind sie geistlos geworden und abgestorben, haben an Lebenskraft verloren: »... in der Tat (...) finde ich, daß die schweizerische Atmosphäre heute etwas Lebloses hat, etwas Geistloses in dem Sinn, wie ein Mensch stets geistlos wird, wenn er nicht mehr das Vollkommene will.« Nicht einmal die Freiheit, derer sich die Schweizer rühmen, erscheint ihm wirklich, denn der Konformismus hat aus ihren Leben »die Gefahr des Zweifels« verbannt und diese Haltung ist in den Augen des Bildhauers kennzeichnend für den Mangel an Freiheit.

In dieser Atmosphäre »schwerer Selbstgefälligkeiten« wird alles, was eine Gefahr oder einen Bruch mit den etablierten Lebensformen in sich birgt, unterdrückt und vermieden, und deshalb sikkert die unter dem materiellen Wohlstand verborgene Mittelmäßigkeit auch in die menschlichen Beziehungen ein, läßt sie verarmen und bringt sie zum Scheitern, wie die beiden Liebesgeschichten zeigen – wenn man sie so nennen kann –, die in dem Roman enthalten sind: die zwischen Julika und Stiller und die zwischen Rolf und Sibylle.

Trotz der nonkonformistischen Attitüden und Anwandlungen des Bildhauers sind seine ehelichen Konflikte mit Julika, der schönen, an Tuberkulose erkrankten Ballettänzerin, die unter ihm leidet und die er schlecht behandelt, bevor er sie verläßt – um sie später bei seiner Rückkehr in die Schweiz halbwegs zurückzuerobern –, typisch bürgerlich (und leicht langweilig). Niemals wird sehr klar, was Stiller der zarten, geduldigen Julika vorwirft. Vielleicht ihre Zartheit und ihre Geduld? Daß sie sich abfindet mit dem, was ist und was sie hat? Nicht »Unmögliches begehrt«, nach den Worten Goethes, die er in Verhaltensnorm verwandeln möchte? Vielleicht ist es die Furcht, von ihr zum konventionellen Leben, zur *aurea mediocritas* seiner Mitbürger verleitet zu werden, welche Stiller von dieser Frau wegtreibt, die er andererseits zweifellos liebt. Als Stiller bei der Rückkehr in sein Land und zu seiner Identität versucht, dieser gescheiterten Liebe neues Leben einzuflößen, ist es zu spät, und ein trivialer Tod – ein Tod wie aus einem Hintertreppenroman – setzt dem Versuch ein Ende.

Die Liebesgeschichte zwischen dem Staatsanwalt Rolf und seiner Frau Sibylle, die im Rahmen von Stillers Abenteuer erzählt wird, ist vielleicht der gelungenste Teil des Buches, veranschaulicht er doch am deutlichsten jene Entfremdung der Liebe durch die moderne Zivilisation, die *Stiller* anprangert.

Jung, gebildet, vorurteilslos, haben die Eheleute beschlossen, daß ihre Ehe eine offene Beziehung ohne Zwänge sein soll, in der beide ihre Unabhängigkeit und Freiheit bewahren werden. Wie gewöhnlich, funktioniert die schöne Theorie nicht in der Praxis. Als Sibylle einen Geliebten hat (Stiller), reagiert Rolf mit einer tiefen Verstörung. Vielleicht entdeckt er nun zum ersten Mal, daß er seine Frau liebt und braucht. Und das Abenteuer Sibylles mit dem Bildhauer nimmt sich wie eine instinktive Strategie Sibylles aus, um Rolfs Liebe zu provozieren, oder, mit anderen Worten, sie zu schüren, zu entflammen, ihr Substanz zu verleihen und sie vor der Routine zu retten. Die Bedingungen sind vorhanden, damit dieses Paar, das sich im Grunde liebt, die geeignete Form dafür findet und daraus eine intensive und gegenseitig bereichernde Beziehung erwächst. Dies ist jedoch unmöglich, weil keiner von beiden imstande ist, sich von den guten Manieren, von der Zurückhaltung und Kälte zu lösen, die beiden gleichsam zur zweiten Natur geworden sind. Formell noch in der Formlosigkeit, die sie in ihre Ehe hatten einführen wollen, trennen sich Rolf und Sibylle schließlich. Später versöhnen sie sich und werden gewissermaßen glücklich, wenn auch in jener passiven und resignierten – formellen – Weise, die Stiller mit Schrecken erfüllt.

Denn in dem Bildhauer gibt es ein romantisches Substrat – Unmögliches zu begehren –, das ihn zum Unglück verurteilt. Bei Lamartine heißt es in einem Kommentar zu *Die Elenden* von Victor Hugo: das Schlimmste, was einem Volk widerfahren könne, sei, der »Leidenschaft des Unmöglichen« zu verfallen. Auch für den einzelnen ist dies eine sehr gefährliche Krankheit. Aber aus dieser Krankheit ist den Menschen, so möchten wir hinzufügen, nicht nur viel Leid entstanden; ihr entstammen auch die großartigsten Leistungen des menschlichen Geistes, die Meisterwerke der Kunst und des Denkens, die großen wissenschaftlichen Entdeckungen und – das Wichtigste – der Begriff und die Praxis der Freiheit. Der Wunsch nach dem Unmöglichen ist Teil der Natur des Menschen, dieses tragischen Wesens, dem das Begehren und die Phantasie geschenkt wurden, die ihn immer verleiten werden, die Grenzen überwinden und das erreichen zu wollen, was er nicht ist und was er nicht besitzt.

Das und nicht so sehr die Unvollkommenheit seines Landes ist wahrscheinlich der Grund, weshalb Anatol Stiller flieht und sich auf die Suche nach dem begibt, was er als Garantie für die Fülle des

Lebens betrachtet: Abenteuer und Exotik. In den Jahren seines freiwilligen Exils scheint er in den Vereinigten Staaten und Mexiko ein unstetes, ursprüngliches Leben geführt zu haben, das seine Aufzeichnungen uns in Bruchstücken enthüllen. Es sind Erinnerungen, die, von einer gewissen Melancholie geprägt, oft ein hohes künstlerisches Niveau erreichen, wie die wunderschöne Beschreibung der Gärten von Xochimilco oder des Marktes von Amecameca und des Allerseelentages auf Janitzio, die malerisch und amüsant sind, wie die Erzählung vom plötzlichen Erscheinen eines Vulkans auf der Tabak-Plantage in Paricutín, wo Stiller – beziehungsweise sein Phantom – als Tagelöhner arbeitet.

Hat der Bildhauer auf der Flucht vor der zerstörerischen städtischen Zivilisation die gesuchte Lebensintensität gefunden, indem er ein ursprüngliches Leben in den Wäldern von Oregon führte oder das Elend und die Ausbeutung der mexikanischen Bauern teilte? Sein Zeugnis ist vage, aber die Ironie und der Sarkasmus, die bisweilen in diesen Erinnerungen aufscheinen, deuten wohl darauf hin, daß die Antwort negativ ist. Obwohl er es nicht sagt, hat man den Eindruck, daß Stiller bei der Rückkehr von seiner Pilgerfahrt diese harte Wahrheit begriffen hat: daß das wirkliche Leben niemals an die Träume der Menschen heranreichen wird und daher die Unzufriedenheit, die ihn zum Verschwinden veranlaßte, niemals gestillt werden kann.

Außer vielleicht im Bereich des Imaginären, im Bereich der Fiktion. Dort können die Menschen wohl – und auf unschädliche Weise – ihren Hang zur Ausschweifung, ihr Verlangen nach einem außergewöhnlichen Leben oder nach dem Drama und der Apokalypse befriedigen. Das ist etwas, was Stiller anscheinend im Untersuchungsgefängnis lernt, wo ihn die Behörden einsperren, während sie seine Identität festzustellen suchen. Den seelenguten Knobel, seinen Wärter, unterhält und erschreckt er mit angeblich von ihm begangenen Verbrechen und mit verschiedenen Anekdoten voll Komik und Farbigkeit, von denen man ahnt, daß sie erlogen oder extrem verzerrt sind. Es sind Seiten, für die der Leser ob ihres Humors und ihrer Ironie dankbar ist, denn sie wirken wie ein erfrischender Balsam in einem Buch, das insgesamt aus langsamen Bewegungen besteht und von düsterem Pessimismus erfüllt ist.

Im übrigen widerspricht die bloße Existenz eines Romans wie *Stiller* der von ihm vertretenen These. Die schreckliche Zivilisation des Landes, in dem sich die Geschichte zuträgt, kann weder so zerstörerisch auf den kritischen Geist gewirkt haben, noch kann der aus ihr erwachsende Konformismus so verbreitet sein, wenn ein so strenger Widerspruchsgeist wie Max Frisch und ein so scharfer Protest wie dieser Roman aus ihr hervorgehen konnten.

Man darf also die Hoffnung nicht verlieren: Mit ein wenig Glück wird die schweizerische Vorhölle eines Tages vielleicht die Hölle sein, die Menschen wie Anatol Stiller sich so sehr wünschen.

Barranco, 12. Februar 1988

Lolita wird dreißig

Lolita

Lolita hat Nabokov reich und berühmt gemacht, aber der Skandal, der das Erscheinen des Werkes begleitete, hat ein Mißverständnis in bezug auf diesen Roman geschaffen, das bis in unsere Tage andauert. Heute, da das schöne *Nymphchen,* Schrecken aller Schrecken, auf die Vierzig zugeht, ist es angebracht, ihm den gebührenden Platz zuzuweisen, das heißt einen Platz zwischen den subtilsten und komplexesten literarischen Schöpfungen unserer Zeit. Was im übrigen nicht bedeutet, daß es sich nicht auch um ein provozierendes Buch handelt.

Daß seine ersten Leser nur letzteres wahrnahmen und nicht das andere – das heute für jeden durchschnittlich sensiblen Leser offensichtlich ist –, zeigt anschaulich, auf welche Widerstände ein wirklich innovatorisches Werk stößt, bis es in seinem wahren Wert erkannt wird. Tatsache ist, daß vier nordamerikanische Verlage das Manuskript von *Lolita* ablehnten, bevor Nabokov es Maurice Girodias von Olympia Press übergab, einem Pariser Verlag, der Bücher in englischer Sprache veröffentlichte und Berühmtheit erlangt hatte durch die Zahl der Gerichtsurteile und Beschlagnahmungen, deren Opfer er unter der Anklage der Obszönität und des Verstoßes gegen die guten Sitten geworden war. (Das Verlagsprogramm war eine aberwitzige Mischung von billiger Pornographie und genuinen Künstlern wie Henry Miller, William Burroughs und J. P. Donleavy.) Der Roman erschien 1955 und wurde ein Jahr darauf vom französischen Innenminister verboten. Zu dieser Zeit war er bereits reichlich zirkuliert – Graham Greene löste eine Polemik aus, als er ihn zum besten Buch des Jahres erklärte – und von jenem Nimbus des »verdammten Romans« umgeben, von dem er sich nie hat freimachen können und den er in gewissem, wenn auch nicht im üblichen Sinne verdient. Das Buch erzielte jedoch erst nach 1958, als die nordamerikanische Ausgabe und Dutzende anderer in der übrigen Welt erschienen, jene durchschlagende Wirkung, welche über die bloße Zahl seiner Leser hinausgehen sollte. In kurzer Zeit hatte es einen neuen Terminus – »Lolita« – für einen neuen Begriff zum Allgemeingut gemacht: die Kind-Frau, die, emanzipiert, ohne es zu wissen, unbewußtes Symbol der Revolution der zeitgenössischen Sitten ist. In gewisser Weise ist *Lolita* einer der ersten Marksteine – und zweifellos auch eine der Ursachen – der Ära der sexuellen Toleranz, in der die Tabus zwischen den Jugendlichen der Vereinigten Staaten und Westeuropas schwanden, eine Epoche, die ihren Höhepunkt in den sechziger Jahren erreichte. Das Nymphchen entstand indes nicht mit der von Nabokov geschaffenen Romanfigur. Es existierte ohne jeden Zweifel in den Träumen der Perversen wie auch im blinden, bebenden Verlangen der unschuldigen Mädchen und nahm durch die bloße Entwicklung der Gewohnheiten und der Moral unausweichlich Gestalt an. Aber dank des Romans verlor es seine vage Erscheinung und wurde leibhaftig, verließ es sein unruhiges Untergrund-Dasein und gewann Bürgerrecht.

Daß ein Roman Nabokovs eine derartige Verstörung bewirkte, das Verhalten von Millionen von Menschen beeinflußte und schließlich Teil der modernen Mythologie wurde, ist das eigentlich Außergewöhnliche dieser Geschichte. Denn man kann sich unter den Schriftstellern dieses Jahrhunderts schwerlich jemandem mit einem geringeren Hang zu Popularität und Aktualität vorstellen, ja quasi zur bloßen Realität – ein Wort, das, wie er schrieb, nichts bedeutet, wenn es nicht in Anführungszeichen steht –, als den Autor von *Lolita*. 1899 in Petersburg, in einer Familie der russischen Aristokratie geboren – sein Großvater väterlicherseits war Justizminister zweier Zaren und sein Vater ein liberaler Politiker, der in Berlin von monarchistischen Extremisten ermordet wurde –, hatte Vladimir Vladimirovič Nabokov eine sorgfältige Erziehung erhalten, der er seine polyglotten Fähigkeiten verdankte. Er hatte zwei englische Kindermädchen, eine schweizerische Gouvernante und einen französischen Hauslehrer und studierte in Cambridge, bevor er aus Anlaß der Oktoberrevolution aus seinem Land nach Deutschland auswanderte. Obwohl sein kühnstes Buch *(Fahles Feuer)* erst 1962 herauskam, war der Großteil seines Werkes bereits publiziert, als *Lolita* erschien. Es war umfangreich, aber kaum bekannt: Romane, Gedichte, Theaterstücke, kritische Essays, eine Biographie über Nikolai Gogol, Übersetzungen ins und aus dem Russischen. Es war anfänglich in russischer Sprache, später in französischer und schließlich in englischer Sprache verfaßt. Sein Autor, der, nach Deutschland, in Frankreich lebte, entschied sich schließlich für die Vereinigten Staaten, wo er seinen Lebensunterhalt als Universitätsprofessor verdiente und im Sommer seiner zweiten Leidenschaft frönte, der Entomologie, Spezialgebiet Lepidopteren. Er hatte einige wissenschaftliche Artikel veröffentlicht und beschrieb anscheinend als erster drei Schmetterlinge: *Neonympha Maniola Nabokov, Echinargus Nabokov* und *Cyclargus Nabokov*.

Dieses Werk, das dank des Erfolges von *Lolita* in zahlreichen Neuausgaben und Übersetzungen wiederauferstehen sollte, war »literarisch« in einem Grad, den nur ein anderer Zeitgenosse Nabokovs – Jorge Luis Borges – zu erreichen vermocht hat. »Literarisch« soll heißen: ausschließlich konstruiert auf der Grundlage präexistenter Literaturen und einer erlesenen intellektuellen und sprachlichen Raffinesse. Auch *Lolita* ist ein Beweis dafür. Darüber hinaus handelt es sich jedoch um einen Roman – und darin lag seine große Neuheit innerhalb des Gesamtwerks von Nabokov –, in dem das nahezu dämonische Verwirrspiel seiner Machart in eine scheinbar einfache und attraktiv brillante Handlung gekleidet war: die Verführung eines kleinen, zwölf Jahre und sieben Monate alten Mädchens – Dolores Haze, Dolly, Lo oder Lolita – durch seinen Stiefvater, den obsessiven, vierzigjährigen, nur unter seinem Pseudonym bekannten Schweizer Humbert Humbert, und die Zirkulation ihrer Amouren kreuz und quer durch die Vereinigten Staaten.

Ein großes literarisches Werk erlaubt immer widerstreitende Interpretationen, ist wie die Büchse der Pandora, in der jeder Leser unterschiedliche Bedeutungen, Nuancen, Motive und sogar Geschichten entdeckt. Das gilt auch für den Roman *Lolita*, der oberflächliche Leser in Bann geschlagen hat und zugleich mit seinem Reichtum an Ideen und Anspielungen und seiner ausgeklügelten Konstruktion den gebildeten Leser verführte, der an jedes Buch den Anspruch stellt, mit dem jener junge Mann einst Cocteau herausforderte: *Étonnez-moi!*

In seiner expliziten Fassung ist der Roman das schriftliche Geständnis, das Humbert Humbert den Richtern des Gerichts, das ihm als Mörder den Prozeß machen wird, über seine Vorliebe für frühreife Mädchen macht, die seit seiner Kindheit in Europa mit ihm gewachsen ist und ihren Höhepunkt und ihre Erfüllung in Ramsdale, einer verlorenen kleinen Ortschaft in Neu-England, finden sollte. Dort heiratet er eine relativ wohlhabende Witwe, Mrs. Charlotte Becher Haze, in der arglistigen Absicht, auf diese Weise leichter an ihre Tochter Lolita heranzukommen. Der Zufall in Form eines Automobils erleichtert die Pläne von Humbert Humbert und legt, nach dem Unfalltod seiner Frau, die Waise buchstäblich und gesetzlich in seine Hände. Die halb inzestuöse Beziehung dauert zwei Jahre, nach deren Ablauf Lolita mit Clare Quilty, einem Theaterautor und Drehbuchschreiber, flieht, den Humbert Humbert nach einer langwierigen Suche umbringt. Das ist das Verbrechen, für das ihm der Prozeß gemacht werden wird, als er das Manuskript zu schreiben beginnt, von dem in der lügnerischen Tradition von Cide Hamete Benengeli behauptet wird, es sei *Lolita*.

Humbert Humbert erzählt diese Geschichte mit den Pausen, Spannungsmomenten, falschen Fährten, ironischen Tönen und Zweideutigkeiten eines Erzählers, der die Kunst, die Neugier des Lesers jeden Augenblick neu zu schüren, vollendet beherrscht. Seine Geschichte ist skandalös, aber nicht pornographisch, nicht einmal erotisch. Es gibt in ihr nicht die geringste Gefälligkeit in der Beschreibung der sexuellen Abenteuer – *conditio sine qua non* der Pornographie –, nicht einmal eine hedonistische Sicht, welche die Ausschweifungen der Erzähler-Gestalt im Namen der Lust rechtfertigen würde. Humbert Humbert ist weder ein Libertin noch ein sinnlicher Mensch: Er ist weiter nichts als ein Besessener. Seine Geschichte ist vor allem deshalb skandalös, weil er sie so empfindet und darstellt und ständig betont, wie »wahnsinnig« und was für ein »Monstrum« er sei (es sind seine Worte). Es ist dieses Bewußtsein, das Bewußtsein der Überschreitung, welches sein Abenteuer krankhaft und moralisch verwerflich macht, und nicht so sehr das Alter des Opfers, das schließlich und endlich kaum ein Jahr jünger als Shakespeares Julia ist. Und seine Antipathie und Arroganz, die Verachtung, die sämtliche Männer und Frauen seiner Umgebung ihm einzuflößen scheinen, einschließlich der schönen halb geschlechtsreifen Geschöpfe, die ihn so entflammen, machen sein Vergehen nur noch schwerwiegender und bringen ihn um das Mitgefühl des Lesers.

Herausfordernd an dem Buch ist nicht so sehr die Verführung der kleinen Nymphe durch den abgefeimten Mann als vielleicht die Tatsache, daß sämtliche in der Geschichte auftauchenden Menschen zu lächerlichen Marionetten degradiert werden. Humbert Humberts Monolog ist eine einzige Spottrede gegen Institutionen, Berufe und Tätigkeiten, angefangen bei der Psychoanalyse – die Nabokov auf den Tod nicht ertragen konnte –, bis hin zur

Erziehung und zur Familie. Unter der ätzenden Instanz seiner Feder werden alle Personen dumm, prätentiös, lächerlich, vorhersehbar und langweilig. Man hat gesagt, der Roman sei vor allem eine scharfe Kritik an der Welt der nordamerikanischen Mittelklasse, eine Satire über den schlechten Geschmack ihrer Motels, die Naivität ihrer Rituale und die Substanzlosigkeit ihrer Werte, eine literarische Verwünschung dessen, was Henry Miller den »klimatisierten Alptraum« genannt hatte. Daneben vertrat Professor Harry Levin die Auffassung, *Lolita* sei eine Metapher über das Gefühl eines Europäers, der zunächst seiner Liebe zu den Vereinigten Staaten erliegt und dann von diesem Land seiner mangelnden Reife wegen heftig enttäuscht ist.

Ich glaube nicht, daß Nabokov diese Geschichte mit symbolischen Absichten erfunden hat. Mein Eindruck ist, daß in ihm, wie in Borges, ein Skeptiker steckte, ein Verächter der Modernität und des Lebens, die beide Schriftsteller aus der ironischen Distanz ihrer Fluchtburg aus Ideen, Büchern und Phantasien beobachteten, in deren Mauern sie sich einschlossen, fern der Welt dank grandioser Gedankenspiele, welche die Wirklichkeit in ein Labyrinth aus phosphoreszierenden Wörtern und Bildern verwandelten. Bei beiden Autoren, die so verwandt waren in ihrem Verständnis der Kultur und in der Ausübung der schriftstellerischen Tätigkeit, war die herausragende Kunst, die sie schufen, keine Kritik des Bestehenden, sondern eine Form, das Leben zu entkörpern, indem sie es in ein funkelndes Kaleidoskop einander spiegelnder Abstraktionen auflösten.

Und das ist auch *Lolita:* ein barocker und subtiler Ersatz des Bestehenden, sofern man über die bloße Handlung des Romans hinaus seinen Geheimnissen Beachtung schenkt, seine Rätsel zu lösen sucht, seine Anspielungen entwirrt und die in ihm enthaltenen Parodien und Plagiate erkennt. Eine Herausforderung, die der Leser annehmen oder zurückweisen kann. Aber auch die auf die bloße Handlung ausgerichtete Lektüre ist mehr als amüsant. Wer sich jedoch ein Herz faßt und den Roman auf die andere Weise liest, entdeckt, daß *Lolita* ein unerschöpflicher Quell an literarischen Bezügen und sprachlichen Zauberkunststücken ist, die ein dichtes Gewebe bilden und vielleicht die wirkliche Geschichte, die Nabokov erzählen wollte. Eine ebenso verwickelte Geschichte wie die seines Romans *Lushins Verteidigung* (1930 auf russisch erschienen), dessen Held ein wahnsinniger Schachspieler ist, der ein neues Verteidigungsspiel erfindet, oder von *Fahles Feuer,* ein Werk, das äußerlich wie die kritische Ausgabe eines Gedichts gestaltet ist und dessen verrätselte Handlung gleichsam hinter dem Rücken des Erzählers aus dem Vergleich zwischen den Gedichtversen und den Anmerkungen und Kommentaren des Herausgebers entsteht.

Die Jagd auf verborgene Schätze in *Lolita* hat zahlreiche Bücher und Doktorarbeiten hervorgebracht, die leider fast immer den Humor und den spielerischen Ansatz vermissen lassen, mit denen sowohl Nabokov als auch Borges das (wirkliche oder fiktive) Wissen in Kunst zu verwandeln wußten.

Die sprachliche Akrobatik des Romans besteht schwerlich die Probe der Übersetzung. Einige Beispiele, wie die im Original in Französisch gehaltenen, werden so belassen, mit ihrem Mutwillen und ihrer Unanständigkeit. Ein Beispiel von tausend: der merkwürdige elfsilbige Vers, den Humbert Humbert sich vorspricht, als er sich anschickt, den Mann zu töten, der ihm Lolita entrissen hat. Worauf bezieht sich dieses *Réveillez-vous, Laqueue, il est temps de mourir?* Handelt es sich um eines der vielen wörtlichen oder verfälschten literarischen Zitate des Buches? Warum nennt der Erzähler Clare Quilty *Laqueue?* Oder bezeichnet er mit diesem Spitznamen sich selbst? Professor Carl L. Proffer hat das Rätsel in einem unterhaltsamen Handbuch, *Keys to Lolita,* gelöst. Es handelt sich schlicht um eine verdrehte Obszönität. *La queue,* der Schwanz, bedeutet im französischen Slang der Phallus; »sterben«, ejakulieren. Der Vers ist also eine Allegorie, eine in klassisches Versmaß gefaßte Verdichtung des Verbrechens, das Humbert Humbert begehen wird, und des Beweggrundes des Mörders (der Umstand, daß der phallische Clare Quilty Lolita besessen hat).

Bisweilen sind die Anspielungen oder Rätsel bloße Abschweifungen, solipsistische Belustigungen Humbert Humberts, die nichts mit der Entwicklung der Geschichte zu tun haben. In bestimmten Fällen haben sie jedoch eine Bedeutung, die sie insgeheim verändert. So verhält es sich zum Beispiel bei allen Angaben und Andeutungen über die beunruhigendste Gestalt, welche weder Lolita noch der Erzähler ist, sondern der irrlichternde Dramatiker, Marquis de Sade-Liebhaber und Libertin, der versoffene, drogensüchtige und nach eigener Aussage halbimpotente Clare Quilty. Sein Erscheinen bringt das Buch durcheinander, lenkt die Erzählung durch die Einführung eines dostojewskischen Themas –

das des Doppelgängers – in eine bislang unvorhersehbare Richtung. Um seinetwillen taucht der Verdacht auf, die ganze Geschichte könne ein bloßes schizophrenes Elaborat Humbert Humberts sein, der, wie dem Leser bereits mitgeteilt wurde, verschiedene Behandlungen in Irrenhäusern hinter sich hat. Außer daß er Lolita entführt und stirbt, scheint die Aufgabe Clare Quiltys darin zu bestehen, ein beunruhigendes Fragezeichen hinter die Glaubwürdigkeit des (vermeintlichen) Erzählers zu setzen.

Wer ist dieses sonderbare Subjekt? Bevor er in der fiktiven Wirklichkeit Gestalt annimmt, um Lolita aus dem Krankenhaus in Elphinstone abzuholen, ist er ein Produkt von Humbert Humberts Verfolgungswahn. Er ist ein Automobil, das wie ein Irrlicht auftaucht und verschwindet, eine verschwommene Gestalt, die sich in der Ferne, auf einem Hügel verliert, nach einer Tennispartie mit der Kind-Frau, und eine Myriade von Hinweisen, die nur die detailbesessene und überwache Neurose des Erzählers zu entziffern vermag. Und später, als dieser auf der Suche nach den Flüchtlingen jene phantastische Rekapitulation ihrer beider Reisen kreuz und quer durch die nordamerikanische Geographie unternimmt – ein Exerzitium sympathetischer Magie, durch das er die beiden Jahre des mit dem Nymphchen gelebten Glücks wieder auferstehen lassen will, weshalb er die Reiseroute mitsamt den Motels wiederholt, die ihm als Dekor dienten –, wird Humbert Humbert an jedem Aufenthaltsort verwirrende Spuren und Botschaften von Clare Quilty finden. Diese offenbaren eine nahezu allwissende Kenntnis des Lebens, der Bildung und der Manien des Erzählers und eine Art unterschwellige Komplizenschaft zwischen beiden. Aber handelt es sich wirklich um zwei Personen? Das Gemeinsame zwischen ihnen ist weitaus größer als das Trennende. Sie haben mehr oder weniger das gleiche Alter und teilen das gleiche Verlangen für Nymphchen im allgemeinen und Lolita Haze im besonderen, wie auch für die Literatur, welche beide (wenn auch mit unterschiedlichem Erfolg) praktizieren. Am deutlichsten wird die Symbiose zwischen beiden jedoch in jenen verschlüsselten Botschaften, die sie aus der Entfernung austauschen und für die Lolita nicht viel mehr als ein Vorwand ist: eine elegante, heimliche Kommunikation, die das Leben literarisiert, Topographie und Toponymik mit dem Zaubermittel Sprache revolutioniert, Dörfer und geographische Gegebenheiten mit lyrischen und epischen Anklängen sowie Personennamen erfindet, die poetische Assoziationen wecken, all das nach einem äußerst strengen Code, dessen Schlüssel nur sie beide zu handhaben vermögen.

Die Szene, die den Höhepunkt des Romans bezeichnet, ist nicht die – auf ihren knappsten Ausdruck reduzierte, ja fast verhüllt dargestellte – erste Liebesnacht Humbert Humberts, sondern die hinausgezögerte, choreographische Ermordung Clare Quiltys. Ein Krater, in dem sich ein Maximum an Erlebnissen konzentriert, Bravourstück eines Virtuosen, der gekonnt Humor, Dramatik, ungewöhnliche Details, sibyllinische Anspielungen mischt – sämtliche Gewißheiten, die wir über die fiktive Wirklichkeit besaßen, geraten auf diesen Seiten ins Wanken, sind plötzlich von Zweifel untergraben. Was geschieht hier? Erleben wir den Dialog zwischen Mörder und Opfer oder vielmehr die alptraumhafte Verdoppelung des Erzählers? Dies ist eine Möglichkeit, welche die filigranen Verästelungen des Textes andeuten: daß Humbert Humbert am Ende dieses Prozesses psychischen und moralischen Verfalls, von Sehnsucht und Reue zugrunde gerichtet, *strictu senso* in zwei Hälften auseinanderbricht, in das luzide, anklagende Bewußtsein, das sich beobachtet und richtet, und in seinen besiegten, verwerflichen Körper, Ort jener Leidenschaft, der er sich hingab, ohne sich indes das Vergnügen zu gönnen oder das eigene Tun gutzuheißen. Ist nicht er selbst es, ist es nicht das, was er an sich selbst haßt, was Humbert Humbert in dieser phantasmagorischen Szene tötet, in der der Roman in einem dialektischen Sprung den konventionellen Realismus zu verlassen scheint, in dem er sich bislang bewegt hatte, um in den Bereich des Phantastischen vorzustoßen?

In sämtlichen Romanen Nabokovs – vor allem jedoch in *Fahles Feuer* – ist die Konstruktion in einem Maße raffiniert und subtil, daß sie alles Übrige auslöscht. Auch in *Lolita* springen Intelligenz und Geschicktheit des Aufbaus deutlich ins Auge, überlagern die Geschichte, nehmen ihr Leben und Freiheit. Aber in diesem Roman verteidigt sich der Inhalt – zumindest momentweise – und widersteht dem Ansturm der Form, denn was er erzählt, hat Wurzeln, die tief in das Lebendigste des Menschen hinabreichen: Begehren, Phantasie im Dienst des Triebes. Und seine Gestalten erlangen vorübergehend Leben, ohne sich, wie die anderer Romane – oder wie die Gestalten von Borges – in die Schattenfiguren eines überlegenen Intellekts zu verwandeln.

Ja, Dolores Haze, Dolly, Lo, Lolita ist nach Vollendung ihres dreißigsten Lebensjahres unverändert frisch, zweideutig, verboten, verführerisch und läßt noch immer die Herzen jener Männer rascher schlagen, die Lippen derer feucht werden, die, wie Humbert Humbert, mit dem Kopf lieben und mit dem Herzen träumen.

London, Januar 1987

Eine Flamme im Wind

Doktor Schiwago

Nun, da der Skandal der Veröffentlichung weit zurückliegt und dieser Roman, für den Pasternak mit Schmähungen überhäuft, hochgelobt und sogar mit dem Nobelpreis ausgezeichnet wurde, in der von Perestroika und Glasnost geprägten UdSSR erschienen ist, kann man *Doktor Schiwago* mit größerer Gelassenheit lesen als zum Zeitpunkt des Erscheinens im Exil, vor dreißig Jahren. Die erste Reaktion des heutigen Lesers, der die lange Lese-Reise bewältigt, ist Verwunderung. Wie konnte dieses Buch eine derartige politische Kontroverse auslösen? Die Welt muß der Vernunft etwas näher gerückt sein, wenn im Osten wie auch im Westen die offensichtliche Tatsache anerkannt wird, daß nur eine zum äußersten getriebene inquisitorische Gesinnung oder eine Dummheit pathologischen Ausmaßes Pasternaks Roman so weit verfälschen und ihn als eine Streitschrift gegen die Oktoberrevolution hinstellen konnte. Oder sogar als eine spezifische Kritik am Sowjetregime.

Beides ist er nur sehr am Rande und sehr vage. Zwar kann man diesem Roman – wie allen Romanen, insbesondere wenn sie mit einem totalisierenden Anspruch auftreten – eine Sicht der Wirklichkeit und der Geschichte entnehmen; aber das Wesentliche, die Substanz, in der seine Akteure leben und sterben, hat, obwohl er sich inmitten transzendentaler politischer Ereignisse abspielt, nicht so sehr mit der gesellschaftlichen Aktualität und dem politischen Geschehen zu tun als mit der menschlichen Spiritualität, der Selbstbestimmung des Individuums, dem künstlerischen Schaffen, der Liebe und der geheimnisvollen Geographie der Einzelschikkale.

Die Bewunderung, die Pasternak für Tolstoi empfand – den er als Kind in seinem Elternhaus kennenlernte, wie er in seiner Autobiographie erzählt –, und die Größe des Vorhabens, die beiden Büchern gemeinsam ist, hat dazu geführt, daß man *Doktor Schiwago* und *Krieg und Frieden* miteinander verglichen hat. In Wirklichkeit ist die Verwandtschaft zwischen beiden Romanen oberflächlich und betrifft eher den Umfang und die Kühnheit des Unterfangens als die Struktur und die Substanz. Der Roman Tolstois ist ein großes Fresko der russischen Gesellschaft im neunzehnten Jahrhundert, eine epische Nachschöpfung der Napoleonischen Kriege, die, herrlich trügerisch, eine Theorie der Geschichte veranschaulicht, die nicht weniger phantasievoll ist als die romanhafte Erfindung. Pasternaks Werk hingegen ist eine lyrische Schöpfung, die sich fortwährend von der äußeren Welt entfernt, um mit poetischer Zartheit die Verheerungen zu beschreiben, welche die sozialen Kräfte bei einigen empfindsamen Gemütern hinterlassen, die ihrer Integrität, ihrer Wesensart wegen den historischen Ereignissen machtlos gegenüberstehen und daher zur Zerstörung verurteilt sind. *Doktor Schiwago* ist, Tolstois optimistischer und grandioser Sicht des Menschen völlig entgegengesetzt, ein antiheroisches, nachdenkliches, pessimistisches Buch. Sein Held ist der im Grunde anständige, mit gesunden Instinkten ausgestattete gewöhnliche Mensch ohne außergewöhnliche Eigenschaften, dem es an Fähigkeit und Berufung zur Größe mangelt, den die umstürzende und zerstörerische Kraft der Revolution erbarmungslos niederwalzt (wie Lara, Tonja und Yurij) oder gewaltsam formt, indem sie ihm ad hoc eine Moral, eine Psychologie und sogar eine Sprache aufzwingt (wie dem tragischen Revolutionär Antipov-Strelnikov oder Gordon und Dudurov).

Als das Buch Ende der fünfziger Jahre im Westen erschien, reagierten sämtliche Kritiker, auch die begeistertsten, mit leichter Verwirrung auf seine antiquierte Struktur, seine langsame Entfaltung, die Einmischungen des allwissenden Erzählers, der, ohne Respekt vor den Konventionen der modernen Erzählkunst, seine eigenen Meinungen und Urteile äußert. Es hatte den Anschein, als sei das Buch in einer Welt entstanden, die undurchlässig war für die großen Experimente der zeitgenössischen Prosa – Faulkner, Dos Passos, Sartre, Hemingway –, ja als sei es einer ästhetischen Anschauung verpflichtet, die noch nichts von Henry James, Proust oder auch nur Flaubert wußte. Die Erklärung dafür lag nicht nur in der Isolierung der sowjetischen Schriftsteller gegenüber dem kulturellen Leben außerhalb ihrer Grenzen: Im Falle Pasternaks war dies auch eine persönliche Wahl. Für sich genommen, erinnert die Geschichte von *Doktor Schiwago* an die grob zurechtgezimmerten, alten Schauerromane des neunzehnten Jahrhunderts mit ihren melodramatischen, auf Effekte angelegten Episoden, unglaublichen Zufällen und langen romantischen Tiraden, welche die Dialoge bisweilen zu Vorträgen geraten ließen. Aber trotz der Mängel im Aufbau und der verschwommenen Zeichnung der Gestalten handelt es sich um eine der großen modernen Romanschöpfungen, um einen Meilenstein in der Literatur unserer Zeit, wie *Reise ans Ende der Nacht* von Céline, *1984* von Orwell oder die Erzählungen von Borges. Es ist der Roman eines Poeten, der feinfühlig die Schönheit der Natur nachzuzeichnen weiß, dessen zarte Beschreibungen des russischen Winters, der tiefen Wälder, die im Frühling zu neuem Leben erwachen, oder der Steppen mit den umherstreunenden Hunden, die der Hunger zu Raubtieren gemacht hat, wahre literarische Meisterleistungen sein müssen, denn noch in der Übersetzung bewegen sie uns wie gelungene Gedichte. Es entbehrt nicht der Ironie, daß jemand, der mit einer derart geschliffenen Sensibilität und einer so mächtigen Eloquenz die russische Erde besang, unter der Anklage, ein »Heuchler und ein Volks- und Vaterlandsfeind« zu sein, aus dem Schriftstellerverband seines Landes ausgestoßen wurde.

Die Geschichte, die *Doktor Schiwago* erzählt, ereignet sich in der Zeit zwischen 1903 und 1929, dem Jahr, in dem die Hauptgestalt stirbt; hinzu kommt ein Epilog, der im Zweiten Weltkrieg angesiedelt ist und dessen Protagonisten zwei Jugendfreunde von Jurij sind. Die Hauptakteure des Romans werden von den großen historischen Ereignissen – der prä- und postrevolutionären Unruhe, dem Krieg, der Revolution selbst, dem Bürgerkrieg zwischen Bolschewiken und Weißrussen – bald hierhin, bald dorthin getrieben, aber diese Ereignisse werden gewöhnlich nicht direkt berichtet. Sie geschehen weit entfernt von der zentralen Handlung, in der sie ein wirres Echo, grausame Auswirkungen erzeugen. Eine Ausnahme bildet der Partisanenkrieg, in den Jurij Schiwago sich durch eine der Parteien gewaltsam hineingezogen sieht. Aber selbst diese Episode erscheint in dem Roman nicht als autonome, objektive Wirklichkeit, sondern aufgelöst durch die Sensibilität und die Erinnerung des Helden. Die Geschichte des Buches ist die kleine Geschichte, wie sie den Dutzendmenschen widerfährt, jenen, die nicht die große Geschichte machen, sondern sie erleiden. Wie der Durchschnittsbürger, dem das Schicksal das zweifelhafte Privileg zuteil werden läßt, einen großen geschichtlichen Umbruch zu erleben, sind die Gestalten – und der Leser – dieses Romans oftmals desorientiert und blind angesichts der Geschehnisse. Denn erst aus der Distanz und gefiltert durch die Zeit, die Vernunft und die Feder der Historiker, erlangt die Geschichte Ordnung und Sinn. Wenn man sie lebt, wie es Lara, Tonja, Schiwago, aber auch andere tun, die, wie Antipov oder Komarovskij, bedeutender oder kriegerischer sind als sie, dann ist die Geschichte nur der »Schall und Wahn« des Shakespearschen Verses.

Doch ohne diese geschichtlichen Wirren, von denen sie ergriffen, betäubt und schließlich zerstört werden, wären die Leben der Protagonisten nicht, was sie sind. Das ist das zentrale Thema des Romans, das wie ein Leitmotiv die stürmische Handlung durchzieht: die Schutzlosigkeit des Individuums gegenüber der Geschichte, seine Zerbrechlichkeit und Ohnmacht, wenn es sich in den Strudel des »großen Ereignisses« hineingerissen sieht. Im Unterschied zu Tolstoi, Victor Hugo, Malraux, zu den großen Romanciers des Heroischen, bei denen der Mensch Größe erlangt, indem er die Grenzen sprengt und zu einer Tatkraft und einem Mut findet, die gleichsam etwas Übermenschliches haben, ihn dem Ereignis gewachsen machen und ihm erlauben, es zu beherrschen, es in Übereinstimmung mit seinen Leidenschaften oder Ideen zu lenken, ist in Pasternaks Welt die Größe etwas, das man still erwirbt, indem man versucht, wider die neuen gesellschaftlichen Konventionen Gelassenheit und Treue zu bestimmten Werten und Überzeugungen zu bewahren, die der revolutionäre Sturm hinwegzufegen droht: Liebe, Suche nach der Wahrheit, Sinn für das Schöpferische, bestimmte Verhaltensnormen, Spiritualität, Glaube.

Schiwago ist kein Held im gesellschaftlichen Sinne des Wortes. Zwar schreibt er Gedichte und Texte, die in intellektuellen Kreisen zirkulieren und ihm vorübergehend Ansehen verschaffen, aber es ist nicht so, daß sein Werk einen prägenden Einfluß auf seine Zeit ausüben würde. Vor allem zu Beginn reagiert der Leser mit Ungeduld auf die Passivität des Arztes angesichts der sozialen Unruhen. Warum handelt er nicht in der einen oder anderen Richtung? Warum akzeptiert er alles, was seiner Welt, seiner Familie widerfährt, mit diesem fast mythischen Quietismus? Später bekommt das, was Resignation, Gleichgültigkeit, Fatalismus zu sein schien, nach und nach einen anderen Gehalt, und die Gestalt dieses Intellektuellen erlangt eine sittliche und symbolische Dimension, die ihn rettet. In Wirklichkeit kämpft auch Schiwago inmitten des Erdbebens der Revolution und des Bürgerkriegs, des Hungers und der politischen Wahnvorstellungen. Nicht nur, um zu überleben und damit die Seinen überleben; er tut es vor allem, um eine bestimmte Weise des Denkens und Handelns, gewisse Gefühle, eine innere Bestimmung, aber auch das Recht auf gewisse Beschränkungen (zum Beispiel das Recht, sich nicht von kollektiven Begeisterungsstürmen fortreißen zu lassen) in einem Augenblick lebendig zu halten, da alles in seiner Umgebung darauf hindeutet, daß diese Werte in Verfall geraten oder zum Verschwinden verurteilt sind. Obwohl Doktor Schiwago sich der Ungleichheiten der alten Gesellschaft bewußt ist, sieht er sich außerstande, mit der geforderten Gradlinigkeit und Einseitigkeit der neuen anzuhängen, die unter Blut und Tränen das Licht der Welt erblickt. Ebensowenig findet die Konterrevolution als gesellschaftliche Alternative seine Zustimmung, obwohl es in ihren Reihen Menschen gibt, denen er sich aus Gründen der Verwandtschaft und der Erziehung nahe fühlt. Als alle gezwungen sind, Partei zu ergreifen, besitzt er die ruhige Standhaftigkeit, sich für keine zu entscheiden, für das zu optieren, was den größten Mut verlangt: eine Neutralität, die keiner seiner Gegner erlaubt. Neutral sein heißt in seinem Fall nicht, die Partei des Limbus oder der Irrealität ergreifen, wie Sartre all denen vorwarf, die sich weigerten, eine »Wahl« zu treffen. Es heißt, das Individuum als Wert wählen, als Quelle der Souveränität, die von der kollektiven Instanz, der Gesellschaft, nur durch die Einführung eines diskriminierenden, repressiven Systems verletzt werden kann, das sämtliche Solidaritätsbekundungen und Aufrufe zu sozialer Gerechtigkeit, die seine Verfechter von sich geben, in der Praxis Lügen straft.

Was der diskrete Schiwago in seiner unruhigen Existenz beharrlich verteidigt, ist sein Recht, so zu sein, wie er ist: ein schwacher Mensch, der die Wahrheit, die Wissenschaft, die Natur, die Poesie liebt, ein Wesen, das zerrissen ist durch die Liebe zweier Frauen, das ratlos ist angesichts der Geschichte, mißtrauisch gegenüber Dogmen, unfähig, sich für irgendeine soziale Reform zu begeistern, die das konkrete Individuum auslöscht und es in eine Abstraktion – die Masse, das Volk – verwandelt. Jurij Schiwago geht es nicht darum, andere zu seinem Glauben an das Individuum zu bekehren, aber er leidet und stirbt, weil er in seiner scheinbar konformistischen Haltung gegenüber dem geschichtlichen Sturm keine Konzession in bezug auf seine Selbstbestimmung als Individuum macht, jenes private Territorium, in dem die Identität und Würde eines jeden beheimatet sind und das sämtliche Revolutionen immer niederwalzen.

»Die Zeit rechnet nicht mit meiner Person, aber sie bürdet mir alles auf, was sie mir aufbürden will«, sagt er. In Wirklichkeit versucht sie nur, es ihm aufzubürden, aber es gelingt ihr nicht. All seinen Schicksalsschlägen zum Trotz stirbt Schiwago unbesiegt, seinen Ungewißheiten treu. Deshalb kann der Leser, auch wenn er bisweilen an der mangelnden Initiative und Reaktion der Gestalt verzweifelt, nicht umhin, eine innere Stärke hinter dieser Passivität zu gewahren. Nicht nur die Giganten verdienen Respekt. Es kann außergewöhnlichen Mut erfordern, in heroischen Zeiten das Heldentum zu verweigern. Das wahrhaft Humane, scheint die Botschaft des Buches zu sein – denn *Doktor Schiwago,* selbst darin antiquiert, ist ein Roman mit Moral –, besteht nicht in spektakulären Heldentaten, nicht darin, die eigene Existenz herauszufordern, sondern darin, den Schwächen und Mängeln, welche die natürlichen Attribute des Menschen sind, eine sittliche Würde zu verleihen. Für Schiwago verbirgt sich in jedem politischen Führer oder revolutionären Messias ein Fanatiker, das heißt jemand, dessen geistiger Horizont geschrumpft ist: »Niemand macht Geschichte; man kann sie nicht sehen, wie man nicht sehen kann, wie Gras wächst. Kriege, Revolutionen, Zaren, Herrscher, Robespierre – das sind die organischen Erreger, die treibende Hefe. Revolutionen werden von Aktivisten, von einseitigen Fanatikern, von Genies der Selbstbeschränkung gemacht. In wenigen Stunden oder Tagen stürzen sie die alte Ordnung. Die Umwandlungen dauern Wochen, viele auch Jahre; dann aber beugen sie sich jahrzehntelang dem Geiste der Borniertheit und Mittelmäßigkeit, als wäre dies eine heilige Verpflichtung.«

Doktor Schiwago ist – auch – ein Liebesroman. Jurij trifft Lara zufällig, in seiner Moskauer Jugendzeit, und seit diesem Augenblick wächst ein geheimnisvolles, unzerstörbares Band zwischen ihm und diesem Mädchen. Die Revolution, der Krieg werden sie zueinander und auseinander bringen, sie abermals zusammenführen und – bei diesem letzten Mal endgültig – trennen. In einer der schönsten Episoden des Buches, als Lara und Jurij in enger, leidenschaftlicher Vertrautheit einige Tage in der Einsamkeit von Warykino verleben, scheint Doktor Schiwago die Unruhe seines Lebens vergessen zu haben und glücklich zu sein. Er hat den Vormittag und Nachmittag damit verbracht, mit Lara und deren Tochter zu spielen; dann hat er Gedichte geschrieben, mit einer Erregung und einer Dringlichkeit, die er lange Zeit nicht mehr empfunden hatte. Danach tritt er vor die Tür der Hütte, und was er von dort aus undeutlich sieht, bringt ihn brutal in die Wirklichkeit zurück: ein Rudel Wölfe, das, vom Mondlicht gegen den Schnee gezeichnet, dort lauert und wartet. Das schöne Bild ist allegorisch. Auch die Liebe zwischen Jurij und Lara ist von willkürlichen, grausamen Feinden umstellt, die sie am Ende zerreißen werden. Aber nicht nur äußere Kräfte – die sozialen und politischen Forderungen der Stunde – haben sich gegen sie verschworen. Auch die widersprüchlichen Gefühle der Protagonisten selbst. Jurij Schiwago liebt Lara, aber er liebt auch nach wie vor Tonja, seine Frau, und später Marina, während Lara, obwohl sie den Arzt mit all ihren Kräften liebt, in einer dunklen, aber unwiderruflichen Weise ihrem Ehemann mit den wechselnden Namen und Identitäten – Antipov, Strelnikov, Pawel Pawlowitsch, Pascha, Paschenjka usw. – die Treue hält. Wie die Geschichte und alles Menschliche ist auch die Liebe, die das Leben bereichert und das Paar gottgleich macht, etwas Trübes, Unreines und kann nicht keimen, ohne daß Leid und Lust, Großzügigkeit und Grausamkeit sich in ihr mischen.

Die Beschreibung der unglücklichen Liebe zwischen Jurij Schiwago und Larissa (Lara) Fjodorowna gehört zu den Höhepunkten des Romans. Es ist eine Liebe, die der Leser erahnt, deren Entstehen er gewahrt, deren Wachstum er errät anhand bebender Anspielungen, noch bevor die Beteiligten selbst begreifen, daß sie ihre Gefangenen sind. Später, als die Liebesbeziehung beginnt, verfährt die Erzählung recht wortkarg mit allem, was sie betrifft. In einem Roman, der so reich ist an deskriptivem Überschwang, wird die Leidenschaft zwischen Jurij und Lara mit sparsamen Mitteln, durch bedeutungsvolles Schweigen erzählt. Vor allem in den Zeiten, in denen die Liebenden getrennt sind – namentlich als Schiwago mit den Partisanen fortzieht, während Lara in Jurjatino zurückbleibt –, enthüllt der Roman kaum etwas über die allem Anschein nach bitterste Qual für den Protagonisten: die Trennung von der Frau, die er liebt, die Ungewißheit über ihr Schicksal. Das Verborgene wird klug eingesetzt, mit Hilfe leiser Anspielungen, die nur so weit gehen, daß der Leser den Stoizismus gewahrt, mit dem der Arzt seinen Kummer trägt.

Es stimmt, daß Lara, ebenso wie Tonja und die meisten Gestalten des Romans – die Ausnahme ist Schiwago –, eine leicht verschwommene Figur ohne feste Konturen ist. Bei ihr, die seit ihrer Kindheit, als sie von einem Freund ihrer Familie, dem korrupten Anwalt und opportunistischen Politiker Victor Komarovskij – der einzigen gänzlich verachtenswerten Gestalt des Buches – verführt wurde, gelitten hat und durch das Leben hart geworden ist, erscheint diese vage Charakterisierung als ein erzählerischer Mangel. Denn im Unterschied zu Jurij ist sie von ihrer Veranlagung und ihren Fähigkeiten her ein kämpferischer Geist, eine Gestalt, die verarmt wirkt durch die Behandlung, die ihr durch die Erzählung zuteil wird. Laras rebellischer und energischer Charakter beschleunigt zweifellos das schreckliche Ende, das sie findet, als sie mit unzähligen anderen unschuldigen Opfern im Zuge der politischen Säuberungen in den dreißiger Jahren verschwindet.

Und doch, wenn der heutige Leser von *Doktor Schiwago* das Buch schließt und sich in seiner Erinnerung die bunte Menge seiner Gestalten in der grenzenlosen Weite der russischen Erde entfaltet, um eines der dramatischsten Abenteuer darzustellen, das die Menschheit in ihrem Gedächtnis bewahrt – und dessen Auswirkungen das zwanzigste Jahrhundert verändern sollten –, dann begreift er den Grund für die impressionistische Sicht, die der Roman vermittelt. Sie ist die formale Verkörperung, die künstlerische Gestalt der fundamentalen Ambivalenz des Menschen, der Geschichte, des Lebens aus der Sicht Jurij Schiwagos (und wahrscheinlich Pasternaks in seinen letzten Lebensjahren). Ist so der wirkliche Mensch? Diese ruhige Inkonsistenz, dieses ewige Schwanken, diese ständige Unbestimmtheit? Sicher nicht. Vielleicht gilt dies für die Existenz des Künstlers und des Übersensiblen, die kraft ihrer Hellsichtigkeit und ihrer moralisch konsequenten Haltung verurteilt sind, alles in Frage zu stellen, im Zweifel zu leben, und nicht mit der Leichtigkeit und Hingabe Partei ergreifen können, mit der die Triebhaften, die Leidenschaftlichen, die Praktischen dies gewöhnlich tun. Aber die Kunst braucht nicht objektiv zu sein. Literatur ist ihrer Natur nach subjektiv, und ihre einzige Pflicht besteht darin, den Leser von ihrer eigenen Wahrheit zu überzeugen, mag diese nun mit der Wahrheit, wie sie Wissenschaft oder Glaube der jeweiligen Epoche verabsolutiert haben, übereinstimmen oder nicht. *Doktor Schiwago* ist eine wunderschöne dichterische Schöpfung, entstanden aus dem Schrecken und der Größe einer historischen Apokalypse und ohne diese nicht erklärbar. Aber zugleich weist der Roman über sie hinaus und leugnet sie, zieht ihr etwas anderes vor, einen erschaffenen Gegenstand, der sein ganzes Sein der Phantasie und dem Leiden eines Künstlers und dessen sprachlicher Magie verdankt.

London, 10. Februar 1989.

Die Lüge eines Fürsten

Der Leopard

Der Leopard ist eines jener seltenen literarischen Werke, die uns gleichzeitig blenden und verwirren, weil sie uns mit dem Geheimnis der künstlerischen Genialität konfrontieren. Wenn alle uns zur Verfügung stehenden Erklärungen erschöpft sind – und man weiß, bis zu welchem Extrem die Quellen dieses Buches und die Biographie seines Autors erforscht und hin und her gewendet wurden –, wenn unsere berechtigte Neugier in bezug auf die Umstände seiner Entstehung befriedigt ist, dann bleibt ein fundamentaler Zweifel bestehen: Wie war es möglich? Daß es keine endgültige Antwort darauf gibt, bedeutet schlicht, daß diese gelegentlichen Explosionen, welche die Regeln der literarischen Produktion einer Epoche durcheinanderbringen, indem sie ihr neue ästhetische Grenzen setzen und ihr Wertsystem aus den Angeln heben, auf einem Untergrund menschlicher Irrationalität und historischen Zufalls beruhen, für die unser Analysevermögen unzureichend ist. Sie erinnern uns daran, daß der Mensch immer mehr ist als Vernunft und Verstand.

Der Leopard ist eine jener sporadischen Ausnahmen, die ihre literarische Umgebung ärmer erscheinen lassen, weil sie durch ihren Gegensatz deren ehrbare Bescheidenheit oder offenkundiges Mittelmaß offenbaren. Der Roman erschien 1957, und seither ist in Italien und möglicherweise auch in Europa kein anderer erschienen, der es an feingesponnener Textur, an deskriptiver und schöpferischer Kraft mit ihm aufnehmen könnte.

Fast ebenso verwirrend wie die Schönheit des Romans sind die ästhetischen und ideologischen Anachronismen, deren sich Fürst Giuseppe Tomasi di Lampedusa zu seiner Gestaltung bediente (denn dieses obsolete Genie war, um die Dinge noch komplizierter zu machen, ein Fürst mit Vorfahren, die anscheinend bis zu Tiberius I., Kaiser von Byzanz im sechsten Jahrhundert, zurückverfolgt werden können). Man fühlt sich geneigt, die Lektoren des Verlags Mondadori zu entschuldigen, die das Manuskript ablehnten, ja sogar die Gründe zu verstehen, die den damaligen Literaturpapst Elio Vittorini veranlaßten, ihm die Türen des Verlags Einaudi zu verschließen. Wie hätte es anders sein können? Wenn *Der Leopard* ein großer Roman war, was mochten dann die politisch-philosophischen Ausklügelungen sein, die Vittorini und andere zu jener Zeit als Romane ausgaben? Es waren die Jahre der *letteratura impegniata,* und alle, falsch erzogen von Gramsci und Sartre, glaubten wir, das Genie sei auch eine ideologische Wahl, ein moralisch und politisch »richtiges« Eintreten für Gerechtigkeit und Fortschritt.

Das Meisterwerk Tomasi di Lampedusas brachte in Erinnerung, daß das Genie komplizierter und willkürlicher ist, daß sein Einspruch gegen den Begriff des Fortschritts selbst, sein fehlender Glaube an die Möglichkeit der Gerechtigkeit und seine dezidiert rückschrittliche – ja sogar zynische – Sicht der Geschichte in seinem Fall kein Hindernis für die Schaffung eines unvergänglichen Kunstwerkes darstellten. Denn all dies und noch Schlimmeres ist *Der Leopard,* wenn man ihn, wie es Vittorini zweifellos tat, von einem rein ideologischen Standpunkt aus beurteilt. Glücklicherweise scheint mittlerweile klar zu sein, daß eine solche Lesart zu einer beschränkten, konfusen Sicht der Literatur führt.

Um einen Roman wie *Der Leopard* genießen zu können, muß man gelten lassen, daß ein literarisches Werk nicht die Wirklichkeit ist, in der wir eingebettet sind, sondern eine Illusion, die sich mit Hilfe von Phantasie und Wörtern von ihr emanzipiert und eine parallele Wirklichkeit konstituiert. Eine Welt, die, obwohl aus Materialien erschaffen, die aus der historischen Welt stammen, diese radikal verwirft und ihr ein überzeugendes Trugbild entgegensetzt, in das der Romancier seinen Zorn und seine Sehnsucht, seine Chimäre eines anderen, von den Zwängen des Todes und der Zeit befreiten Lebens hat einfließen lassen. Ein gelungener Roman gemahnt uns daran, daß unsere Wirklichkeit unzulänglich ist, daß wir ärmer sind als das, was wir erträumen und erfinden. Und wenige zeitgenössische Romane vermitteln uns dies auf so schöne Weise wie *Der Leopard.*

Es ist nur von relativem Nutzen, wenn man weiß, daß das Vorbild des im Mittelpunkt des Romans stehenden Fürsten Fabrizio di Salina ein Vorfahr Tomasi di Lampedusas aus dem neunzehnten Jahrhundert war: Don Giulio Maria Fabrizio, ein angesehener Mathematiker und Astronom, Entdecker zweier Asteroiden – die er Palma und Lampedusa taufte –, wofür er mit einem Diplom der Sorbonne preisgekrönt wurde. Er heiratete die Komtesse Maria Stella Guccia und starb 1885 in Florenz an Typhus, das heißt zwei

Jahre später als die Romangestalt, für die er als Vorbild diente. Er ist in Palermo begraben, auf dem Kapuziner-Friedhof, ganz in der Nähe seines Urenkels, des Romanautors. Diese Angabe ist insoweit nützlich, als sie erkennen läßt, daß Lampedusa, wie alle Romanciers, seinen Roman mit persönlichen und familiären Erinnerungen und aus einer tiefen Sehnsucht heraus schuf. Sein Buch ist reich an Personen und Orten, welche die literarischen Archäologen in der Topographie Siziliens und in den Beziehungen des Autors dingfest gemacht haben.

Das Suchen nach Quellen ist indes nur wichtig, um zu ermessen, was Lampedusa aus ihnen gemacht hat. In was verwandelt der Roman das Sizilien, das er in acht Episoden zu rekonstruieren vorgibt, die im Mai 1860 mit der Landung von Garibaldis Truppen auf der Insel und den Kämpfen beginnen, welche die Einheit Italiens besiegeln, und ein halbes Jahrhundert später, im Jahre 1910, enden, als der Kardinal von Palermo die Sammlung von Reliquien auflöst, zwischen denen die ebenfalls zu Reliquien gewordenen Fräulein Concetta, Carolina und Catalina, Töchter des Fürsten Fabrizio, dahinwelken? Er verwandelt es in acht Gemälde von renaissancehafter Pracht, in denen – wie immer in der Malerei, aber selten in der Erzählkunst – die Zeit zum Stillstand gebracht wurde. Zwar ist jedes dieser Bilder von kraftvoller Sinnlichkeit beseelt, ein Feuerwerk aus Farben, Gerüchen, Aromen, Formen, Ideen und Gefühlen, die so anziehend dargestellt sind, daß wir uns von ihnen ergreifen und in ihren sprachlichen Zauber hineinziehen lassen. Aber eigentlich geschieht in ihnen nichts, was sie miteinander verbindet und in eine Kontinuität einordnet, in jene Folge von Erfahrungen, in der – im wirklichen Leben – unsere Leben die Vergangenheit in einer Gegenwart auflösen, die ihrerseits von der Zukunft verschlungen wird.

Folgerichtig ist in diesem Roman, dessen expliziteste ideologische Aussage darin besteht, daß er die soziale Entwicklung leugnet und eine historische Substanz annimmt, die unwandelbar hinter den Akzidenzien der politischen Systeme, Revolutionen und Regierungen fortbesteht, die Zeit in diesen acht Intermezzi aufgehoben. Die wichtigsten Dinge geschehen nicht in ihnen. Sie sind bereits geschehen, wie Garibaldis Landung in Marsala, oder sie werden geschehen, wie die Heirat von Tancredi und Angelica, der Tochter von Calogero Sedàra. »Wenn wir wollen, daß alles bleibt, wie es ist, dann ist nötig, daß alles sich verändert«, sagt Tancredi zu Beginn, bevor er sich den Truppen Garibaldis anschließt. Der Satz ist die Chiffre der geschichtlich-gesellschaftlichen Anschauung des Fürsten Fabrizio. Aber er steht auch emblematisch für die Form des Romans, ist eine subtile Definition seiner plastischen Struktur, in der, obwohl alles voll Leben, voller Nachklänge ist, die Zeit nicht fließt und die Geschichte sich nicht bewegt.

Wie bei Lezama Lima, wie bei Alejo Carpentier – barocken Erzählern, die ihm gleichen, weil auch sie literarische Welten von bildhafter Schönheit schufen, die der zeitlichen Abnutzung enthoben sind – ist der Zauberstab, der die Illusion bewirkt, kraft derer die dichterische Fiktion ein eigenes Gepräge, eine souveräne, von der chronologischen unabhängige Zeit erlangt, die Sprache des Romans. Die Sprache Lampedusas besitzt die Sinnlichkeit der Sprache von *Paradiso* und die Eleganz der Sprache von *Die verlorenen Spuren.* Ihr ist jedoch darüber hinaus eine schärfere, bissigere Intelligenz und eine intensivere Sehnsucht nach jener Vergangenheit eigen, die sie wieder zum Leben zu erwecken vorgibt, während sie sie in Wirklichkeit erfindet. Es ist eine Sprache von erlesener Pracht, imstande, eine visuelle, taktile oder auditive Wahrnehmung bis hin zu ihrer Verflüchtigung zu nuancieren und ein Gefühl mit einem Reichtum an Details darzustellen, der ihm die Konsistenz eines Gegenstandes verleiht. Alles, was diese Sprache benennt oder andeutet, wird zum Schauspiel; was durch sie hindurchgeht, verliert seine Natur und gewinnt eine andere, eine rein ästhetische. Selbst schmutzige Dinge – Spucke, Exkremente, Fliegen, die Wunden und der Gestank eines Kadavers – werden dank der makellosen Musikalität, dank der Unabweisbarkeit, mit der sie im Satz erscheinen, dank der Adjektive, die sie begleiten, anmutsvoll und zwingend, wie alle übrigen Personen und Gegenstände dieser dichten fiktiven Wirklichkeit, in der nicht nur die Zeit, sondern auch die Häßlichkeit aufgehoben ist.

Der Fürst Fabrizio beklagt, daß die Sizilianer sich weigern, der Wirklichkeit ins Gesicht zu schauen, und ihr eine tagträumerische Schläfrigkeit vorziehen (»Den Schlaf, lieber Chevalley, den Schlaf wollen die Sizilianer, und sie werden immer den hassen, der sie wecken will ...«). Wenn es stimmt, was der Fürst sagt, dann ist der Roman *Der Leopard* ein zutiefst getreues Abbild des Sizilien, das ihn inspirierte, denn er läßt das Unmögliche Gestalt werden: Er verwandelt das Leben in Traum, die objektive Welt der Zeitlichkeit und der Handlungen in die subjektive und zeitlose Welt der Chimäre und der Erfindung. Es ist der Stil Lampedusas, der dieses Wunder fortwährend bewirkt. Aber vielleicht ist die Verwandlungskunst des Wortes nirgendwo vollkommener als im vierten Kapitel, in dem es um die Verlobung zwischen Tancredi und Angelica geht. In den Winkeln, unbewohnten Zimmern, Dachböden und Fluren des Palastes von Donnafugata entwischen die Brautleute der mit ihrer Aufsicht betrauten Gouvernante Mademoiselle Dombreuil und werden ihr beinahe zu Gespenstern. Die Streifzüge der jungen Leute in der von der Glut des Sommers und ihres verliebten Blutes mit Wollust aufgeladenen Atmosphäre bekommen plötzlich einen verwegenen, schwindelerregenden Rhythmus materieller Auflösung, in dem die Wirklichkeit der Fiktion einen qualitativen Wandel, eine substantielle Veränderung erfährt. Aus einer objektiven, konkreten, möglichen, rationalen Wirklichkeit wird einige Seiten lang eine magische Welt, ein mit Leben gefülltes Wunder, ein erotischer Traum, eine surrealistische Halluzination. Diese Verwandlungen erfolgen im Lauf des Romans mit verwirrender Leichtigkeit, dank der Geschmeidigkeit eines Stils, der sich in beiden Ordnungen – der wirklichen und der unwirklichen, dem Leben und dem Traum – mit einer solchen Ungezwungenheit bewegt, daß beide in dem Roman aufhören, antagonistisch zu sein, um sich in einer ambivalenten Synthese zu verbinden, die dem Buch seine Originalität, seine unverwechselbare Eigenart aufprägt.

Es soll indes auch nicht unerwähnt bleiben, daß dieser Kunstgegenstand, dessen herausragende Qualitäten wir unterstrichen haben, nicht die Vollkommenheit des absoluten Meisterwerks nach Art von Dostojewskis *Dämonen* oder Flauberts *Madame Bovary* erreicht hat, auch wenn ihm nicht viel dazu fehlte. Ich meine nicht die kleinen Unstimmigkeiten der Handlung oder die stilistischen Varianten der drei Originalfassungen, die von dem Roman existieren – das Manuskript Lampedusas, die maschinengeschriebene Kopie, die dieser Francesco Orlando diktierte, und eine weitere, mit handschriftlichen Zusätzen und Korrekturen versehene Kopie –, für die der Autor eine Lösung gefunden haben würde, hätte er Gelegenheit gehabt, die Druckfahnen zu korrigieren (er starb, wie in einem schlechten Melodrama, ohne zu wissen, daß Giorgio Bassani vom Verlag Feltrinelli die Ehre der literarisch-verlegerischen Spezies in Italien gerettet, seinen Roman in seinem Wert erkannt hatte und sich anschickte, ihn zu veröffentlichen). Sondern etwas Tieferes. Die Hand, welche die stilistischen Wunder des *Leo-*

parden bewirkte, besitzt nicht das gleiche Geschick, wenn es gilt, die Komposition festzulegen, der seine wunderschönen Worte Leben geben. In dieser Hinsicht verrät der Roman in gewissen Momenten, was dieses Genie ebenfalls war, nämlich der Verfasser eines Erstlingsromans (es war der einzige Roman, den er schrieb). Die makellose sprachliche Kohärenz fehlt in der Erzählerperspektive, die bisweilen durch willkürliche Einmischungen durchbrochen wird. Der Erzähler tritt plötzlich auf das Proszenium vor und verdrängt in einer anmaßenden Geste die Akteure, um uns mitzuteilen, »eine in Pittsburgh/Pennsylvanien hergestellte Bombe sollte ihnen im Jahre 1943 (...) beweisen«, – also viele Jahre nach dem Ende des Romans –, daß die sizilianischen Paläste nicht ewig waren, oder um uns mit persönlichen Ausrufen abzulenken (»so schmerzlich es ist, so muß es doch gesagt werden«), die nicht Sache der Romangestalten sind und nicht passen zu dem, was er erzählt.

Die Autonomie eines Werkes der Fiktion kommt nicht nur durch das Wort zustande. Sie bedarf auch der Schaffung überzeugender Erzählerstandpunkte und deren skrupulöser Einhaltung: Werden sie verfälscht, dann ist der Zauber gebrochen, ist die Illusion einer selbständigen, freien fiktiven Wirklichkeit zerstört, werden die Fäden sichtbar, die sie der wirklichen Welt unterordnen. Der Erzähler, den Tomasi di Lampedusa erfand, um *Der Leopard* zu erzählen, ist nicht weniger anachronistisch als der Protagonist der Geschichte, und dies hätte dem Stoff und den Ideen des Romans entsprochen, wenn er nicht bisweilen, wie in den angeführten Beispielen, zu weit ginge in dieser Allwissenheit, deren er sich vor dem Leser brüstet. Getreu der Gattung, der er angehört, weiß der Erzähler in *Der Leopard* alles und ist überall gleichzeitig, wie die Erzähler in den klassischen Romanen. Aber er ist unfähig, Zurückhaltung zu üben oder jene Unsichtbarkeit vorzuspiegeln, die zu wahren sie dank Autoren wie Stendhal und, vor allem, Flaubert bereits im 19. Jahrhundert gelernt hatten. Aus Koketterie oder geistreichem Mutwillen heraus zeigt er sich bisweilen dem Leser, und diese kurzen exhibitionistischen Zwischenspiele schwächen – einen Moment lang – die Überzeugungskraft des Romans. Ist es kleinlich, diese Belanglosigkeiten in einer so grandiosen Schöpfung zu erwähnen? Das ist es ja gerade: Bei einem solchen Reichtum fallen Unvollkommenheiten um so stärker ins Gewicht.

Daß ein gelungener Roman vor allem Form ist – eine Sprache und eine Ordnung –, heißt natürlich nicht, daß er bar von Ideen, einer Moral, einer Geschichtsauffassung und einer bestimmten Sicht der Gesellschaft und des Menschen ist. All dies existiert in *Der Leopard* und ist tief in die Personen und in die Handlung verwoben. In dieser Hinsicht ist die Kohärenz vollkommen. Was der Roman uns in seinen acht überwältigenden Bildern zeigt, ist die Verkörperung jener Theorie, die der Erzähler und der Fürst Fabrizio uns in völliger Übereinstimmung unterbreiten: Die Geschichte existiert nicht. Es gibt keine Geschichte, weil es keine Kausalität und daher auch keinen Fortschritt gibt. Zwar geschehen Dinge, aber im Grunde hängt nichts zusammen noch ändert sich etwas. Die strebsamen, besitzgierigen Bürger wie Don Calogero Sedàra werden sich der Ländereien und Paläste der apathischen Aristokraten bemächtigen, und die klassischen Bourbonen werden den romantischen Garibaldinern die Macht abtreten. Statt eines glanzvollen Leoparden wird die Trikolore das Symbol der Macht sein. Aber hinter diesen veränderten Namen und Ritualen wird sich die Gesellschaft, sich selber gleich, in ihrer unvordenklichen Teilung in Reiche und Arme, Starke und Schwache, Herren und Diener rekonstituieren. Die Manieren und die Moden werden sich ändern, aber zum Schlimmeren hin: Die neuen Herren und Besitzer sind vulgär und ungebildet, ihnen fehlen die verfeinerten Lebensformen der alten. Fürst Fabrizio nimmt die historischen Umwälzungen mit Gleichmut hin, weil sein radikaler Pessimismus ihm sagt, daß das Wesentliche sich im Grunde nicht verändern wird. Wohl aber der äußere Schein, der für ihn und die Seinen – jene Aristokratie, die in der Welt dieser literarischen Fiktion das Monopol der Intelligenz und des guten Geschmacks innehat – die Rechtfertigung ihrer Existenz ist. Und es ist dieser für die Zukunft erahnte Niedergang der Formen, welcher der Person des Fürsten und dem Ambiente des Romans ihre süßherbe Melancholie verleiht.

Es ist nicht verwunderlich, daß eine essentialistische und antihistorische Auffassung des Lebens, wie sie der Roman vertritt, in der Mitte der fünfziger Jahre, zu einer Zeit also, als der existentialistische und marxistische Sturm am stärksten wehte, engagierten Intellektuellen wie Vittorini den Blick für die ästhetischen Vollkommenheiten des *Leoparden* trübte. Was sie blind machte, war der Glaube, daß die Aufgabe der Literatur darin bestehe, eine ihr vorausgehende und übergeordnete Wahrheit auszudrücken. Nein: Der Roman hat die Aufgabe, überzeugend zu lügen, Lügen als Wahrheiten auszugeben. Wenn ihm das gelingt, wie Tomaso di

Lampedusa mit *Der Leopard,* dann wird eine neue, verwirrende Wahrheit aus diesem Trug hervorgehen. Die Wahrheit, die sich aus dieser sizilianischen Phantasie herauskristallisiert, ist die Unzufriedenheit mit dem wirklichen Leben, die kühne Absage an dieses Leben, die den Autor dazu führte, es auseinanderzunehmen und ontologisch neu zusammenzusetzen. Auch wenn seine Verneinung der Geschichte uns skeptisch stimmt und wir sein *penchant* für die aristokratischen Werte belächeln, so können wir ihm doch in diesem Spiel der Lügen folgen. Die wahre Wirklichkeit, die Welt, in der wir leben, gefällt auch uns nicht, genügt auch uns nicht, und es gibt nichts Besseres als die literarischen Utopien, um dies zu entdecken und uns in unserem mangelnden Einverständnis zu bestärken. Daß die Utopie Lampedusas nicht »wahr« ist, hat dabei keine Bedeutung. Worauf es ankommt, ist, daß die Magie seiner Kunst uns vom Gegenteil überzeugt, wenn wir sein Buch aufschlagen, und daß der Zauber seiner Seiten unsere Überzeugungen vorübergehend zunichte macht. Trugbild, nicht Spiegelbild des Lebens, kann ein Roman wie dieser Verrat an der uns bekannten Wirklichkeit begehen, indem er sie in einigen Aspekten idealisiert und in anderen verteufelt, ihr hierarchisches Gefüge und andere Gegebenheiten durcheinanderbringt. Dieses Trugbild bereichert uns, weil es unser Leben erweitert, und da es uns zum Träumen bringt – wenn wir mit dem Fürsten Fabrizio die Sterne betrachten, mit Tancredi Angelicas volle Lippen küssen oder mit Pater Pirrone dörfliche Zwistigkeiten entwirren –, macht es das von uns gelebte Leben ärmer und bringt uns in Widerspruch zu ihm. Ohne diesen Widerspruch, der unser Gespür für die Unzulänglichkeiten und das Elend des Lebens schärft, gäbe es keinen Fortschritt, und die Wirklichkeit wäre, wie in dieser Lüge eines Fürsten, eine schöne, in sich erstarrte Landschaft.

Vielleicht mangelte es Lampedusa an Verständnis für die Welt, und womöglich wußte er nicht in ihr zu leben. Sein eigenes Leben läßt ein wenig jene Starrheit erkennen, die seine Sicht der Geschichte kennzeichnete. Er wurde am 23. Dezember 1896 in Palermo im Schoß einer sehr alten Familie geboren, deren Wohlstand im Niedergang begriffen war, und diente im Ersten Weltkrieg als Artillerist an der Balkanfront. Er geriet in Gefangenschaft, floh und durchquerte anscheinend halb Europa zu Fuß und in Verkleidung. Mitte der zwanziger Jahre lernte er in London die lettische Baronesse Alejandra von Wolff-Stomersll kennen, eine Psychoanalytikerin, die er heiratete. Diese beiden Ereignisse schienen seine Kräfte für physische Abenteuer erschöpft zu haben. Denn allen Zeugnissen zufolge verbrachte er die ihm noch bleibenden gut dreißig Jahre – er starb am 23. Juli 1957 in Rom – in seiner Geburtsstadt, eingespannt in eine strenge Routine zwischen umfassender Lektüre und Kaffee-Häusern, von der ihn scheinbar nicht einmal die Bombe abbrachte, die im Jahre 1943 den von ihm ererbten Palast der Lampedusa, im Zentrum Palermos, in Schutt und Asche legte.

Aus dem alten Haus in der Via Butera, wo er lebte, sah man ihn jeden Morgen frühzeitig und eilig heraustreten. Wohin ging er? In die Pasticceria del Massimo, in der Via Rugero Settimo. Dort frühstückte er, las und beobachtete die Leute. Später traf er sich in einem benachbarten Café, dem Caflisch, mit Freunden zu einem Stammtisch, bei dem er stumm zu bleiben pflegte und zuhörte. Er war ein unermüdlicher Herumstöberer in Buchhandlungen. Er aß spät zu Mittag, immer außer Haus, und blieb bis zur Abenddämmerung im Café Mazzara und las. Dort schrieb er zwischen Ende 1954 und 1956 seinen Roman *Der Leopard* und wahrscheinlich die Erzählungen, den kleinen autobiographischen Text und die *Lezioni su Stendhal,* die er hinterlassen hat. Er hatte keinen Kontakt mit Schriftstellern, mit Ausnahme eines flüchtigen Erscheinens auf einem literarischen Kongreß im Kloster von San Pellegrino, in Begleitung eines Neffen, des Dichters Lucio Piccolo. Er machte den Mund nicht auf und beschränkte sich darauf, zu hören und zu schauen. Er las in fünf Sprachen – spanisch war die letzte, die er, schon in hohem Alter, lernte –, und seine literarische Bildung war Francisco Orlando zufolge (*Ricordo di Lampedusa,* Mailand MCMLXIII) sehr umfangreich. Sie war es zweifellos, sein Roman ist der beste Beweis dafür. Gleichwohl wächst der Zweifel ins Unermeßliche, wenn man bedenkt, daß dieser beharrliche Leser weiter nichts als Briefe geschrieben hatte, bevor er im Alter von achtundfünfzig Jahren plötzlich zur Feder griff, um in wenigen Monaten ein Meisterwerk aufs Papier zu bringen. Wie war das möglich? War es darauf zurückzuführen, daß dieser Aristokrat zwar nicht in der Welt zu leben verstand, die ihm beschieden war, wohl aber mit übermenschlicher Kraft zu träumen verstand? Das mag ja sein, aber ... wie war es möglich?

London, 6. Februar 1987

Trommelwirbel

Die Blechtrommel

Ich las *Die Blechtrommel* zum ersten Mal in den sechziger Jahren, in englischer Sprache, in einem Londoner Vorstadtviertel, wo ich inmitten friedlicher Ladenbesitzer lebte, die abends um zehn das Licht in ihren Wohnungen ausmachten. In der Ruhe dieses Limbus war das Buch von Grass ein erregendes Abenteuer, das mich, sobald ich mich in seine Seiten vertiefte, daran erinnerte, daß das Leben auch etwas anderes war: Unordnung, Getöse, lautes Gelächter, Aberwitz.

Ich habe den Roman unter völlig anderen Umständen wiedergelesen, in einer Zeit, da ich mich in einem für mein Land besonders schwierigen Augenblick absichtslos, zufällig in einen Wirbel politischer Aktivitäten hineingerissen sah. Zwischen einer Diskussion und einer Straßenversammlung, nach entmutigenden Zusammenkünften, bei denen man die Welt mit Worten änderte und nichts geschah, oder nach gefährlichen Tagen mit Steinwürfen und Schüssen. Auch in dieser Situation waren Oskar Matzeraths rabelaissche Odyssee, seine Trommel und seine glassprengende Stimme ein Ausgleich und eine Zuflucht. Das Leben war auch etwas anderes: Phantasie, Wort, gestalteter Traum, Literatur.

Als *Die Blechtrommel* 1959 in Deutschland erschien, wurde der unmittelbare Erfolg des Romans auf verschiedene Gründe zurückgeführt. George Steiner schrieb, zum ersten Mal nach der tödlichen Erfahrung des Nazismus habe ein deutscher Autor es gewagt, sich entschlossen und voller Klarsicht mit der unheilvollen Vergangenheit seines Landes zu konfrontieren und sie einer unerbittlichen, kritischen Analyse zu unterziehen. Es hieß ebenfalls, dieser Roman mit seiner unverblümten, frenetischen, vor Erfindungen, dialektalen Einsprengseln und Sprachwidrigkeiten sprühenden Sprache habe der deutschen Sprache eine Vitalität und Freiheit zurückgegeben, die sie nach zwanzig Jahren totalitärer Vergiftung verloren hatte.

Wahrscheinlich sind beide Erklärungen richtig. Aus der gegenwärtigen Sicht jedoch, da der Roman sich dem Alter nähert, in dem sein genialer Protagonist vorgeblich zu schreiben beginnt – dreißig Jahre –, scheint sich ein anderer Grund für die große Wirkung aufzudrängen, die das Buch auch weiterhin bei den Lesern hervorgerufen hat: sein maßloser Ehrgeiz, jene Gefräßigkeit, mit der es danach trachtet, sich die Welt, die gegenwärtige und vergangene Geschichte, die disparatesten Erfahrungen des menschlichen Zirkus anzueignen und sie in Literatur zu verwandeln. Dieser ungeheure Drang, alles zu erzählen, das ganze Leben in einer dichterischen Fiktion zu umfassen, der alle Meisterwerke der Gattung kennzeichnet, besonders aber die Erzählkunst im Jahrhundert des Romans – dem neunzehnten –, ist nicht eben häufig in unserer Epoche sparsamer und zurückhaltender Romanciers, denen die Vorstellung, mit dem Bürgerlichen Gesetzbuch zu konkurrieren oder einen Spiegel einen Weg entlang zu führen, wie Stendhal und Balzac anstrebten, naiv erscheint: Kann dies nicht sehr viel besser der Film?

Nein, er kann es nicht besser (sondern anders). Auch im Zeitalter der großen Kinoerzählungen kann der Roman ein *Gottesmord* sein, kann er eine so genaue und umfassende Rekonstruktion der Wirklichkeit anbieten, daß er in Wettstreit zum Schöpfer zu treten scheint, denn er nimmt auseinander, was dieser schuf, und setzt es – in berichtigter Form – wieder zusammen. In einem einfühlsamen Essay hat Grass sich auf Alfred Döblin berufen – dem jetzt, verspätet, allmählich die Gerechtigkeit widerfährt, die ihm als der große Schriftsteller, der er war, gebührt – und ihn zu seinem Meister und Vorbild ernannt. Gewiß gibt es in *Berlin Alexanderplatz* etwas von dem protoplasmatischen Gebrodel der Masse, das der *Blechtrommel* den Charakter eines weit ausgreifenden Gemäldes der menschlichen Geschichte verleiht. Aber in diesem Fall besteht kein Zweifel, daß der schöpferische Ehrgeiz des Schülers den des Meisters übertroffen hat, daß wir, wenn wir ihn in eine Tradition einordnen wollen, auf die Höhepunkte der Gattung zurückgreifen müssen, jene Momente, da der Romancier, von einer so übersteigerten wie naiven Raserei erfaßt, nicht zögerte, der wirklichen Welt eine imaginäre Welt entgegenzusetzen, in der erstere gefangen und verneint, zusammengefaßt und widerrufen schien wie in einem Exorzismus.

Das Gedicht ist intensiv; der Roman extensiv. Die Zahl, die Menge sind ein konstituierender Bestandteil seiner Qualität, denn jedes Romanwerk entfaltet und verwirklicht sich in der Zeit, ist Zeit, die unter dem Blick des Lesers entsteht, neu entsteht. In allen Meisterwerken der Gattung ist dieser quantitative Faktor – Reichtum, Vielfalt, Dauer – immer gegenwärtig: Der große Roman ist im allgemeinen auch vom Umfang her groß. Zu dieser illustren Familie gehört *Die Blechtrommel* mit seiner komplexen, reichen, vor Vielfalt und Gegensätzen strotzenden Welt, die im Rhythmus von Trommelschlägen vor uns, den Lesern, errichtet wird. Aber trotz seiner Buntheit und Breite wirkt der Roman niemals wie eine chaotische Welt, eine funkelnde Zersplitterung ohne Mittelpunkt (wie *Berlin Alexanderplatz* oder *U.S.A.,* die Trilogie von Dos Passos), weil die Sicht, aus der die fiktive Welt gesehen und dargestellt wird, ihrer barocken Unordnung Einheitlichkeit und Zusammenhalt verleiht. Es ist die Sicht des Protagonisten und Erzählers, Oskar Matzerath, eine der schöpferischsten Erfindungen der modernen Prosaliteratur. Er liefert uns einen originären Standpunkt, der allem, was er beschreibt, eine unverwechselbare, ironische Färbung verleiht – und auf diese Weise die fiktive Wirklichkeit von ihrem historischen Vorbild unabhängig macht –, während seine unmögliche Natur, seine Situation als anormales Geschöpf auf der Grenze zwischen Phantasie und Wirklichkeit ihn zugleich zu einer Metapher dessen macht, was jeder Roman ist: eine autonome Welt für sich, in der sich gleichwohl im wesentlichen die konkrete Welt spiegelt; eine Lüge, in deren Kern eine tiefe Wahrheit aufscheint.

Die Wahrheiten, die ein Roman sichtbar macht, sind jedoch selten so einfach wie in der Mathematik oder so einseitig wie die Wahrheiten gewisser Ideologien. Im allgemeinen kranken sie, ebenso wie die meisten menschlichen Erfahrungen, an Relativismus, formen sie eine verschwommene Wesenheit, in der die Regel und ihre Ausnahme oder These und Antithese untrennbar sind oder ähnliche moralische Wertigkeiten besitzen. Wenn sich in der geschichtlichen Peripetie, die Oskar Matzerath erzählt, eine symbolische Botschaft verkörpert, wie ist sie beschaffen? Daß er im Alter von drei Jahren durch einen Willensakt beschließt, nicht weiter zu wachsen, bedeutet, daß er die Welt ablehnt, in der er sich als normaler Mensch würde integrieren müssen, und in Anbetracht der Schrecken und Absurditäten dieser Welt verrät diese Entscheidung nicht zu leugnende Klugheit. Sein kleiner Wuchs verleiht ihm eine Art Extraterritorialität, schützt ihn vor den Exzessen und Verantwortlichkeiten seiner Mitbürger. Von diesem Rand her, an den ihn seine winzige Statur verweist, genießt Oskar eine bevorzugte Sicht, aus der er das Geschehen in seiner Umgebung sieht und beurteilt: die Sicht des Unschuldigen. Diese moralische Bedingung verwandelt sich im Roman in ein körperliches Attribut: Oskar, der kein Komplize des Geschehens um ihn ist, trägt einen unsichtbaren Panzer, der ihm erlaubt, unversehrt durch die riskantesten Orte und Situationen hindurchzugehen, wie vor allem in einem der Krater des Buches offenbar wird, der Verteidigung des polnischen Postamtes in Danzig. Dort, inmitten der knatternden Maschinengewehre und der Schlächterei beobachtet, ironisiert und berichtet der kleine Erzähler mit der ruhigen Gewißheit dessen, der sich in Sicherheit weiß.

Diese einzigartige Sicht verleiht dem Zeugnis Oskar Matzeraths seinen höchst originellen Ton, in dem sich, wie in einem exotischen, geheimnisvoll duftenden Getränk, das Ungewöhnliche und das Zarte, Respektlosigkeit gegenüber dem Bürgersinn und bebendes Feingefühl, Extravaganzen, Grausamkeit und Spott mischen. Ebenso wie die unmögliche Verbindung der beiden geistigen Totemgestalten Oskars – Goethe und Rasputin –, ist seine Stimme eine Anomalie, ein artifizielles Instrument, das der Welt, die es beschreibt – oder besser gesagt: erfindet – einen absolut persönlichen Stempel aufdrückt.

Doch trotz seiner eindeutig artifiziellen Natur, trotz seiner metaphorischen Funktion läßt der kleine Zwerg, der seinen Trommelwirbel schlägt und uns die Apokalypse eines durch die totalitäre Dummheit und den Krieg ausgebluteten und zerschlagenen Europa erzählt, keine feindselige, nihilistische Haltung gegenüber dem Leben erkennen. Ganz im Gegenteil. Das Erstaunliche ist, daß seine Erzählung eine erbarmungslose Anklage gegen seine Zeitgenossen ist und zugleich warmherzige Solidarität mit dieser Welt ausstrahlt, der einzigen, die ihm offensichtlich am Herzen liegt. Von seiner so monströsen wie schutzlosen Winzigkeit her bringt Oskar Matzerath es selbst in den schlimmsten Augenblicken zuwege, uns eine natürliche, von Komplexen freie Liebe zu den schönen und heiteren Dingen zu vermitteln, die diese Welt ebenso zu bieten hat: das Spiel, die Liebe, die Freundschaft, das Essen, das Abenteuer, die Musik. Vielleicht aus Gründen der Körpergröße ist Oskar ungleich empfänglicher für alles Elementare, für das, was der Erde und dem menschlichen Lehm am nächsten ist. Von diesem Unten her, in das er verbannt ist, entdeckt er – wie an jenem Abend, da er, geduckt unter dem Familientisch, die Beine und Füße seiner Verwandten bei ihrem nervösen ehebrecherischen Hin und Her überrascht –, daß das Leben in seinen unmittelbarsten und einfachsten, irdischsten und gewöhnlichsten Erscheinungsformen großartige Möglichkeiten birgt und voller Poesie ist. Metaphorisch, wie er ist, drückt der Roman dies auf wunderbare Weise in einem Bild aus, das in Oskars Erinnerung beständig wiederkehrt: im Bild der warmen, glockenförmigen Höhle, welche die vier Röcke seiner Großmutter Anna Koljaiczek bilden, wenn sie sich niederhockt, ein Ort, der dem dort Untergeschlüpften ein fast magisches Gefühl von Sicherheit und Zufriedenheit vermittelt. Die simpelste und rudimentärste Handlung kann sich in ein Vergnügen verwandeln, wenn sie nur durch Oskars rabelaissche Stimme gefiltert wird.

Rabelaissche Stimme? Ja. Ihrer Fröhlichkeit und ihrer Vulgarität, ihrer Zungenfertigkeit und ihrer grenzenlosen Freiheit wegen. Und auch ihrer unordentlichen und übersteigerten Phantasie und des Intellektualismus wegen, der unter der Pöbelhaftigkeit zum Vorschein kommt, in die sie sich kleidet. Obwohl bei einer Übersetzung immer etwas von der Textur und vom Aroma des Originals verlorengeht, so gut sie auch sein mag (was bei dieser der Fall ist), durchbricht die nahezu konvulsivische Kraft der Sprache, der schrillen, sturzbachähnlichen Stimme des Erzählers der *Blechtrommel* die sprachliche Schranke und erreicht uns mit alles niederreißender Kraft. Sie besitzt die Vitalität des Volkstümlichen, doch gibt es in ihr, wie in Quevedos *Buscón,* fast ebenso viele Ideen wie Bilder, und eine komplexe Struktur organisiert diesen scheinbar so chaotischen Monolog. Zwar ist der Standpunkt unbeirrt individuell, aber das Kollektive ist ständig gegenwärtig: das Alltägliche *und* das Geschichtliche, kleine unbedeutende Episoden der Arbeit oder des häuslichen Lebens *und* die großen Ereignisse – Krieg, Invasionen, Plünderungen, der Wiederaufbau Deutschlands –, wenn auch gefiltert durch das verzerrende Prisma des Erzählers. Sämtliche hohen Werte wie Patriotismus, Heldentum, Selbstverleugnung für ein Gefühl oder eine Sache zerbrechen und zersplittern im Munde Oskars wie das Glas beim Klang seiner Stimme und erscheinen dann wie unsinnige Anwandlungen einer Gesellschaft, die ihrer Zerstörung entgegengeht. Doch das Unheil, das der Leser der *Blechtrommel* als etwas wahrnimmt, das in die Entwicklung der Gesellschaft eingeschrieben ist, verhindert seltsamerweise nicht, daß diese Gesellschaft auf ihrem abschüssigen Weg in den Untergang immer lebbar, human ist, voller Menschen und Dinge – vor allem Landschaften –, die Solidarität und Emotion auszulösen vermögen. Dies ist zweifellos die größte Leistung des Buches: uns aus der Sicht der einfachen Menschen, unter denen es sich fast immer bewegt, das Gefühl zu vermitteln, daß das Leben selbst inmitten des Schreckens und der Entfremdung lebenswert ist.

Im Unterschied zur großen stilistischen Vielseitigkeit mit ihrem brillanten Erfindungsreichtum ist die Struktur des Romans sehr einfach. Oskar, eingesperrt in ein Irrenhaus, erzählt Episoden, die in eine mittelbare oder unmittelbare Vergangenheit zurückreichen, mit einigen Ausflügen in die Ferne (wie die heitere Synthese der verschiedenen Invasionen und dynastischen Herrschaften in der Geschichte Danzigs). Die Erzählung wechselt beständig von der Gegenwart zur Vergangenheit und umgekehrt, je nach Oskars Erinnerungen und Phantasien, und dieses Schema wirkt bisweilen leicht mechanisch. Es gibt jedoch noch einen anderen, weniger einleuchtenden Wechsel: Der Erzähler spricht einmal in der ersten und andere Male in der dritten Person, so als wäre der Zwerg mit der Trommel ein anderer. Was ist der Grund für diese schizophrene Verdoppelung des Erzählers, den wir bisweilen im Verlauf eines einzigen Satzes mit der Offenheit dessen auf uns zukommen sehen, der von einem Ich her spricht, und dann in der Gestalt von jemandem entschwinden sehen, der von einem anderen gesagt oder erzählt wird? Angesichts des Gebäudes aus Allegorien und Metaphern, das der Roman gestaltet, täten wir schlecht daran, in dieser wechselnden Identität des Erzählers ein bloßes stilistisches Renommierstück zu sehen. Es handelt sich ohne Zweifel um ein weiteres Symbol, das für jene Doppelzüngigkeit, jene unvermeidliche Spaltung steht, unter der Oskar leidet (unter der jeder Romancier leidet?), da er zugleich der Erzähler und das Erzählte ist, der Schreiber oder Erfinder und der Gegenstand seiner eigenen Erfindung. Die Situation Oskars, der sich in dieser Weise spaltet, der in dem, was er erzählt, er selbst ist und es nicht ist, steht damit sinnbildlich für den Roman, eine Gattung, die das Leben ist und es nicht ist, die die wirkliche Welt ausdrückt, indem sie sie in etwas anderes verwandelt, die lügend die Wahrheit sagt.

Barock, expressionistisch, engagiert, ambitioniert, ist *Die Blechtrommel* auch der Roman einer Stadt. Danzig wetteifert mit Oskar Matzerath um den Hauptpart des Buches. Dieser Schauplatz besitzt deutliche und verschwommene Züge zugleich, denn er ändert sich ständig wie ein lebendiges Wesen, entsteht immer wieder neu in Raum und Zeit. Die fast greifbare Präsenz Danzigs, wo sich die Geschichte zum großen Teil abspielt, trägt ihren Teil zur Materialität des Romans bei, verleiht ihm jenen Geschmack des Gelebten und Fühlbaren, der seine Welt kennzeichnet, so extravagant, ja wahnwitzig auch viele Episoden sein mögen.

Um welche Stadt handelt es sich? Ist das Danzig des Romans eine wirkliche, von Grass nach Art eines geschichtlichen Dokuments transponierte Stadt oder ist es ein weiteres Produkt seiner beflügelten Phantasie, etwas ebenso Originelles und Willkürliches wie der kleine Mann, dessen Stimme die Fensterscheiben zerspringen läßt? Die Antwort ist nicht einfach, denn in den Romanen – in den guten Romanen – sind die Dinge, nicht anders als im Leben, fast immer ambivalent und widersprüchlich. Das von Grass beschriebene Danzig ist eine zentaurische Stadt, deren Füße tief im Lehm der Geschichte stecken und deren Torso zwischen den Nebelschwaden der Poesie schwebt.

Eine geheimnisvolle Verbindung existiert zwischen dem Roman und der Stadt, eine Verwandtschaft, die es im Fall des Theaters und der Poesie nicht gibt. Im Unterschied zu diesen Gattungen, die vor der Entwicklung der Städte in allen agrarischen Kulturen und Gesellschaften florierten, ist der Roman eine städtische Pflanze, die anscheinend nicht der Straßen und Viertel, der Geschäfte und Büros, der dichtgedrängten, bunten, vielfältigen Menschenmenge der Stadt entbehren kann, um zu keimen und zu gedeihen. Lukacs und Goldmann sehen diese Verbindung im Bürgertum, der sozialen Klasse, in der ihnen zufolge der Roman nicht nur sein natürliches Publikum gefunden hat, sondern auch seine Inspirationsquelle, seinen Rohstoff, seine Mythologie und seine Werte: Ist das bürgerliche Jahrhundert schlechthin nicht das Jahrhundert des Romans? Diese klassenspezifische Interpretation der Gattung berücksichtigt jedoch nicht die illustren Präzedenzfälle der Romankunst des Mittelalters und der Renaissance – Ritterroman, Hirtenroman, Schelmenroman –, die ein volkstümliches Publikum hat (der analphabetische »Pöbel« hört gebannt den Heldentaten der Amadisse und Palmerine zu, die auf den Märkten und Plätzen erzählt werden) und, in einigen Untergattungen, auch ein höfisches und aristokratisches. In Wirklichkeit ist der Roman städtisch in einem umfassenden, totalisierenden Sinn: Er erfaßt und schildert alle Teile jenes vielklassigen Konglomerats, das die städtische Gesellschaft bildet. Das entscheidende Wort ist vielleicht »Gesellschaft«.

Das Universum des Romans ist nicht das des Individuums, sondern das des Individuums, das in ein vielfältiges Beziehungsgeflecht eingebettet ist, das eines Menschen, dessen Selbstbestimmung und dessen Abenteuer durch die seiner Mitmenschen bedingt sind. Die Person eines Romans kann noch so einsam und introvertiert sein, sie bedarf immer des Hintergrunds einer Gemeinschaft, um glaubwürdig und überzeugend zu sein; wenn diese vielfältige Präsenz nicht angedeutet und in irgendeiner Weise wirksam wird, dann bekommt der Roman etwas Abstraktes und Irreales (was nicht gleichbedeutend ist mit »phantastisch«: Die von Kafka imaginierten Alpträume sind zwar nicht sehr bevölkert, aber dennoch fest in das Gesellschaftliche eingefügt). Und nichts symbolisiert und verkörpert die Idee der Gesellschaft besser als die Stadt, Raum der Menge, miteinander geteilte Welt, herdenhafte Wirklichkeit schlechthin. Daß sie das erwählte Terrain des Romans ist, scheint daher eine logische Folge seines inneren Anliegens zu sein, das darin besteht, das Leben des Menschen inmitten der Menschen darzustellen, die Situation des Individuums in seinem gesellschaftlichen Kontext zu simulieren.

Nun sind aber diese Verben – darstellen, simulieren – in ihrer engsten theatralischen Bedeutung zu verstehen. Die romanhafte Stadt ist, ebenso wie das Schauspiel, das wir auf der Bühne betrachten, nicht die Wirklichkeit, sondern ihr Trugbild, eine Projizierung des Existierenden, die der Projizierende so persönlich, so subjektiv befrachtet hat, daß er es in seinem Wesen verwandelt hat. Diese durch die Zauberkunst des Autors – Wort und Ordnung – Fiktion gewordene und von ihrem Vorbild befreite Wirklichkeit behält jedoch eine Nabelschnur, die sie mit dem verbindet, von dem sie sich emanzipiert hat (oder sie sollte sie für ihr eigenes Gelingen behalten): gewisse menschliche Erfahrungen oder Erscheinungen, die kraft der romanesken Verwandlung des Lebens ans Licht gelangen und begreifbar werden.

Die Stadt Danzig besitzt in der *Blechtrommel* die immaterielle Konsistenz der Träume und, zuweilen, die Solidität des Artefakts oder der Geographie; sie ist ein veränderliches Wesen, dessen Vergangenheit sich in der Gegenwart festsetzt, ein Zwittergebilde aus Wirklichkeit und Phantasie, in dem die Grenzen zwischen beiden Ordnungen ungewiß und metaphorisch sind. Eine Stadt, in der verschiedene Rassen, Sprachen, Nationen gelebt oder zusammengelebt und rauhe Ablagerungen hinterlassen haben; die im Takt der kriegerischen Stürme unserer Epoche die Fahne und die Bevölkerung gewechselt hat; die, als der Erzähler der Geschichte seine Erinnerungen heraufzubeschwören beginnt, fast nicht mehr in der Form existiert, die Gegenstand dieses Erinnerns ist: Sie war deutsch und hieß Danzig, jetzt ist sie polnisch und ihr Name lautet Gdansk; sie war alt und ihre alten Steine legten Zeugnis ab von einer langen Geschichte; jetzt, wieder aufgebaut nach der Zerstörung, scheint sie jeder Vergangenheit abgeschworen zu haben. Der Schauplatz des Romans könnte in seiner Verschwommenheit und in seinen Metamorphosen nicht romanhafter sein. Er wirkt wie ein Werk reiner Phantasie und nicht wie ein Produkt, das eine richtungslos dahintreibende Geschichte nach ihrer Laune geformt hat.

Halb wirklich, halb imaginär, läßt das Danzig des Romans seinen verborgenen, zärtlichen Herzschlag vernehmen, durchweht von einer Melancholie wie von einem leichten winterlichen Nebel. Vielleicht besteht darin das Geheimnis seines Reizes. Angesichts seiner Straßen und seines Hafens mit den ungastlichen Molen und großen Barkassen, seines opernhaften Stadttheaters oder seines Marinemuseums – in dem Heribert Truczinski stirbt, als er versucht, es mit einer Galionsfigur zu treiben – schmelzen Oskar Matzeraths Ironie und Streitbarkeit wie Eis in der Sonne, und in seiner Sprache scheint ein zartes Gefühl, eine sehnsuchtsvolle Solidarität auf. Seine nuancenreichen, ausführlichen Beschreibungen der Orte und der Dinge machen die Stadt menschlich und verleihen ihr in einigen Episoden eine theatralische Körperlichkeit. Gleichzeitig ist sie reine Poesie: ein Straßengewirr oder verheertes Umland oder schäbige Gefühle, die im Auf und Ab der Erinnerungen zusammenhanglos aufeinanderfolgen, verwandelt durch die seelischen Verfassungen des Erzählers. Veränderlich und unbeständig, ist die Stadt des Romans, ebenso wie die Hauptgestalt und ihre Abenteuer, auch ein Zauber, der uns durch Wort und Wahn eine verborgene Seite der wirklichen Geschichte enthüllt.

Barranco, 28. September 1987

Und bewachen ihren Schlaf, bebend

Das Haus der schlafenden Schönheiten

Wenn man einen Roman liest, der aus einer Sprache und einer Kultur übersetzt wurde, die sich von der eigenen sehr unterscheiden, dann kann dies zu Überraschungen führen. Ich erinnere mich, daß mich vor Jahren das Ende eines Romans von Junichiro Tanizaki verblüffte, den ich in französischer Sprache gelesen hatte. Nachdem die Heldin alle erdenklichen Widerwärtigkeiten erlitten hatte, zog sie sich in ihre Wohnung zurück, um ein exquisites Fischgericht zuzubereiten. Lange Zeit ging mir dieses unvorhergesehene Ende im Kopf herum, das Leid und Kummer der armen Frau in ein kulinarisches Fest einmünden ließ. Offenbarte diese ungewöhnliche Episode nicht die komplizierte Raffinesse einer Sensibilität, die für den westlichen Menschen schwer zu erfassen war? Ein japanischer Freund zerstörte meine poetische Lesart der Szene, indem er mir erklärte, der Fisch der Heldin sei in Wirklichkeit Gift. Was ich für eine exotische Befreiungszeremonie gehalten hatte, erwies sich als gewöhnlicher Selbstmord.

Beim Lesen der wunderschönen Erzählung von Yasunari Kawabata, *Das Haus der schlafenden Schönheiten,* habe ich mich oft gefragt, wieviel wohl bei der Umsetzung der ursprünglichen Zeichen in die strengen spanischen Vokabeln verlorengegangen sein mochte, wie viele Nuancen, Anspielungen, Aromen, Bezüge oder unterschwellige Botschaften bei der linguistischen Reise einer Geschichte verschwunden sein mochten, die nicht nur zart, erregend und schrecklich ist, sondern darüber hinaus so sehr mit Symbolismus und Geheimnis befrachtet ist, daß sie sich wie ein alchimistischer Text ausnimmt. Wie dem auch sei, was sich von ihr erhalten hat, ist noch immer viel, und der Leser unserer Sprache muß mit der Bereitschaft in die dichten Wasser dieser dichterischen Fiktion hinabtauchen, eine außergewöhnliche Erfahrung zu erleben: die einer merkwürdigen und verführerischen Fabel, die wie wenige ihrer Art jenen tiefen Bereich auslotet, in dem das sexuelle Begehren und die Zerstörungs- und Todestriebe in unauflöslicher Gemeinschaft ineinander verwoben sind.

Die Handlung des Romans scheint von der biblischen Geschichte des alten, schwachen Königs inspiriert zu sein, dem man, um ihm dem Leben zurückzugeben, ein junges Mädchen zuführte, damit es das Lager mit ihm teile. »Und da der König David alt war und wohl betagt, konnte er nicht warm werden, ob man ihn gleich mit Kleidern bedeckte. Da sprachen seine Knechte zu ihm: Laßt sie meinem Herrn, dem König, eine Dirne, eine Jungfrau, suchen, die vor dem König stehe, und sein pflege, und schlafe in seinen Armen, und wärme meinen Herrn, den König. Und sie suchten eine schöne Dirne im ganzen Gebiet Israels, und fanden Abisag von Sunem und brachten sie dem König. Und sie war eine sehr schöne Dirne, und pflegte des Königs, und diente ihm. Aber der König erkannte sie nicht.«

Es handelt sich um einen alten Mythos oder Traum, der sich durch alle Kulturen zieht und den Eguchi, der Protagonist der Geschichte, in einer jener traurigen, intensiven Nächte heraufbeschwört, die er im Haus der schlafenden Mädchen verbringt: »Seit dem Altertum haben die alten Männer versucht, den Wohlgeruch der jungen Mädchen als Elixier der Jugend zu benutzen.« Er ist kein hinfälliger Alter, der für die Sexualität bereits gestorben ist, wie sein Freund Kiga, der ihm die Existenz des geheimen Hauses enthüllt, einer Art sexuellem Kloster oder Klausur der Phantasie, wo die Kunden die Nacht gemeinsam mit betäubten jungen Frauen verbringen. Er ist 67 Jahre alt, und seine Manneskraft ist erhalten, wenn auch im Abnehmen begriffen; die Lüste, die er dort sucht – wenn sie so genannt werden können –, haben ebensoviel mit der Erinnerung und der Vorstellungskraft wie mit dem Körper zu tun. Das Haus untersteht strengen Regeln, welche die Unversehrtheit der Mädchen schützen, von denen einige Jungfrauen sind: Sie dürfen weder geschändet noch gefoltert werden. Gleichwohl sind sie da, damit die Alten, erwärmt durch die Nähe der schönen, ohnmächtigen Körper, im Geist alle erdenklichen Ausschweifungen mit ihnen begehen. Eguchi erliegt einige Male der Versuchung und phantasiert Grausamkeiten und erregende Todesarten für seine gefügigen Gefährtinnen. Aber dies ist die Ausnahme. Die schönen Schlafenden, die er eingehend, verzückt und, vor allem, verzweifelt betrachtet, machen seine Erinnerungen wieder lebendig, geben ihm die Gesichter und die Stimmen einstiger Geliebten zurück, entscheidende Augenblicke seiner Existenz, in denen er, glücklich oder unglücklich, das Leben mit seiner ganzen Fülle lebte, oder, wie bei der Erinnerung an seine jüngere Tochter, die von einem

Bewerber vergewaltigt wurde und einen anderen heiratete, Schwindel angesichts der unergründlichen Kompliziertheit der menschlichen Seele empfand.

Empfindet Eguchi Lust neben den schlafenden Mädchen? Wohl kaum könnte man in seinem Fall von Glück sprechen, im Sinne von Zufriedenheit mit der Welt, mit sich selbst und mit den anderen. Im Gegenteil, die schönen Schlafenden, von denen Eguchi träumen, mit denen er jedoch nicht sprechen kann, die ihn niemals gesehen haben und niemals wissen werden, was in der Nacht mit ihnen geschah, vermitteln ihm das schreckliche Bewußtsein seiner Einsamkeit, so wie die Jugend und frische Schönheit ihrer Gesichter und Körper ihm den unwiderruflichen Verfall, die unausweichliche Traurigkeit und Häßlichkeit des Alters vor Augen führen. Dennoch ist *Das Haus der schlafenden Schönheiten* kein puritanisches Werk, keines jener mittelalterlichen *»exiemplos«*, jener Fabeln voll furchteinflößender Paarungen, die den Schrecken der Sünde zeigen sollen. Mitnichten: Es ist eine Erzählung, in der die Erotik – die durch die Phantasie und die Kunst der Zeremonie bereicherte körperliche Liebe – eine entscheidende Rolle spielt. Die feinfühligen Beschreibungen des weiblichen Körpers und des ungestümen Verlangens oder der zarten Empfindungen, die er weckt, bewirken oft eine Atmosphäre von bezwingender Sinnlichkeit, in der alle Gegenstände der Umgebung – die Heizdecke, das Bild mit der Herbstlandschaft, die karmesinroten Samtvorhänge und sogar die ferne Brandung – von Sinnenlust und Begehren durchdrungen sind.

Aber: »la chair est triste, hélas!« in dieser Geschichte, wie in dem Gedicht Mallarmés. Denn ihr Protagonist ist ein Mann, dem der körperliche Verfall ein geschärftes Bewußtsein des Todes verleiht, und dieses Haus der Sexualität ist auch ein Ort voller Rätsel und Rituale, in dem die schönen Mädchen und ihre alten Kunden ungewollt und unwissentlich einem komplizierten Libretto Leben zu verleihen scheinen, das jemand aus der Dunkelheit her für sie ersonnen hat und dessen Darstellung er vermutlich beobachtet.

Am geheimnisvollsten in diesem geheimnisvollen Roman sind nicht die willfährigen Mädchen oder die alten Männer, die für sie bezahlen, sondern die Frau der Herberge. Ist sie die Besitzerin oder nur die Verwalterin des Ortes? Sie spricht von dem »Mann, dem das Haus gehört«, aber diesen sehen wir nie; sie hingegen ist immer da und trifft alle Entscheidungen. Flüchtiger Schatten, namenlose Frau von etwa fünfundvierzig Jahren, deren Stimme wie »ein eiskaltes Murmeln« klingt, ist sie von einer beunruhigenden Aura umgeben. Ihre Auftritte vermitteln einen Eindruck von Dominanz und von Wissen, das die Grenzen einer bloßen Kupplerin übersteigt. Nicht einmal der Tod des brünetten Mädchens bringt sie aus der Fassung oder tut ihrer tadellosen Höflichkeit Abbruch; ihre einzige Befürchtung in diesem dramatischen Moment besteht darin, daß Eguchi durch unbesonnenes Handeln »auffällt«. Man könnte meinen, sie fürchtet nicht den Skandal, sondern die Nichtbeachtung der Formen, jener strengen, geheimen Formen – wir könnten sie auch künstlerisch nennen –, die Leben und Tod in der Herberge der schlafenden Mädchen bestimmen, diesem verschwiegenen Ort mit seinen eigenen Gesetzen und Ritualen, die sich von denen der Außenwelt unterscheiden. Der Leser hat das Gefühl, daß diese Frau die unsichtbaren Fäden dieser kleinen, zeremoniellen Welt bewegt, daß sie so etwas wie ihre Oberpriesterin ist und die übrigen Gestalten gelehrige Zelebranten eines Rituals, das sie ersonnen hat und das nur sie allein vollkommen kennt.

Die Erotik ist Phantasie und ist Theater, Sublimierung des Sexualtriebes in einem Fest, dessen Protagonisten die dunklen Phantasmen des Begehrens sind, die die Vorstellungskraft belebt und zu verkörpern trachtet auf der Suche nach einer ständig entgleitenden Lust, Irrlicht, das nah zu sein scheint und fast immer unerreichbar ist. Es handelt sich um ein höchst zivilisiertes Spiel, das nur den alten Kulturen zugänglich ist, die einen hohen Entwicklungsstand erreicht haben und bereits Zeichen des Verfalls erkennen lassen. Die Erotik ist unvereinbar mit dem unternehmerischen und kriegerischen Geist der Eroberervölker, die sich mitten im Prozeß der Expansion und der Konsolidierung befinden, oder mit den spartanischen Gesellschaften, die durch ein religiöses oder politisches Dogma fanatisiert sind. In diesen Gesellschaften werden die Energien des Individuums für das kollektive Ideal in Beschlag genommen, und die Sexualität, Quelle geistiger und staatsbürgerlicher Demoralisierung, wird unterdrückt und auf die Funktion der Reproduktion reduziert: Kinder in die Welt setzen, um Krieg zu führen oder Gott zu dienen.

Im Okzident ist das erotische Jahrhundert schlechthin das 18. Jahrhundert. Ein skeptisches Jahrhundert, in dem sämtliche religiösen, wissenschaftlichen und sozialen Gewißheiten in Verfall geraten, in dem die kollektiven Ideale und Normen zusammenbrechen und das Individuum auf den Plan tritt – riesengroß, unabhängig, befreit von der sozialen Plazenta und dem religiösen Joch. Die Gesellschaft hat sich nicht desintegriert, aber die Instrumente, mit denen sie ihre Kontrolle über die einzelnen ausübt, sind in einem Maße geschwächt und zerfallen, daß jeder nach Maßgabe seiner Möglichkeiten oder Begabungen das Leben führen kann, das ihm zusagt; und die Kirche, nominell weiterhin die Hüterin von Sitte und Moral, hat so viel Macht verloren, erlebt so viel Lockerung und Auflösung, daß sie, statt darüber zu wachen, daß die menschlichen Triebe in Schranken gehalten werden, eher zu deren Zügellosigkeit beiträgt. Losgelöst von den utilitaristischen und moralischen Zielen der bloßen Reproduktion, wird die Liebe wieder bevorzugtes Terrain der Lust und ein frisch entdecktes Recht, das der einzelne für sich beansprucht und lauthals in philosophischen Abhandlungen, Gedichten und Schelmenromanen verkündet, vor allem jedoch in den barockesten und bizarrsten Formen praktiziert und in kaum vorstellbarer Weise ornamentiert und kompliziert. Dieses schöne sinnliche Fest bedeutet ohne Zweifel einen großen befreienden Sprung für den Menschen, dem die Gesellschaft zumindest in sexueller Hinsicht einen Teil jener Selbstbestimmung zurückgibt, die jede Gesellschaft beschneiden und kodifizieren muß, um die Koexistenz, das kollektive Leben zu ermöglichen. Darüber hinaus bedeutet es jedoch auch, daß Straßen und Häuser der Stadt sich mit unersättlichen Dämonen füllen, mit jenen gierigen Bestien – den menschlichen Lüsten –, die, entfesselt und ungebremst – und von der herrschenden Moral eher noch stimuliert –, niemals zufriedengestellt werden können, denn ihr Verlangen und ihre Ansprüche wachsen in schwindelerregendem Tempo, bis sie schließlich die menschliche Herdenexistenz als solche in Gefahr bringen. Die Erotik, die zunächst immer ein fröhliches und glückliches Fest ist, endet gewöhnlich in düsteren oder blutigen Katastrophen, denn für das Begehren in Freiheit gibt es keine andere Grenze als den Tod, wie die entsetzlichen Verwüstungen zeigen, in denen stets die Orgien in den Romanen Sades enden.

In der modernen Industriegesellschaft sieht sich die Erotik im allgemeinen jeder subversiven Dimension beraubt, entbehrt sie jener Fähigkeit, das Bestehende in Frage zu stellen – gegen die gesellschaftlichen Spielregeln zu verstoßen –, die zu ihrer Natur gehört, und hat sich in einen harmlosen, domestizierten und kommerziellen Zeitvertreib verwandelt, in eine Art Karikatur ihrer selbst. Dies gilt freilich nicht für bestimmte Personen, die sie, vor indiskreten Blicken geschützt, gleichsam im Untergrund und als das praktizieren, was sie in Wirklichkeit ist: ein erregendes und gefährliches Spiel, bei dem der Mensch sich bereichern und eine gewisse Erfüllung finden, aber auch sich selbst und die anderen zerstören kann.

Das zeigt Kawabata auf wunderbare Weise in *Das Haus der schlafenden Schönheiten:* »Jede Art von Unmenschlichkeit wird mit der Zeit menschlich. Im Dunkel der Welt sind sämtliche Spielarten der Überschreitung verborgen«, räsoniert der Erzähler, der dem Bewußtsein seiner Figur so nahe ist, daß dieser düstere Gedanke von Eguchi selbst stammen könnte. Die Zeremonie, welche die Alten in der Herberge zelebrieren, ist von herber Süße und besitzt etwas Anrührendes. Neben fühllosen jungen Mädchen liegend, sinnen sie ihrer verlorenen Potenz, dem lebendigen Feuer nach, das einst ihre Nächte mit Frauen wie diesen in Brand setzte und jetzt nichts als Asche ist. Der tiefe, künstliche Schlaf, in den ihre Bettgefährtinnen eingetaucht sind, garantiert Diskretion und schützt die Kunden vor der Lächerlichkeit, die sie vielleicht empfänden, wenn sie sich bei den harmlosen Umständlichkeiten beobachtet wüßten, denen ihre schwammigen ruinierten Körper die Mädchen unterwerfen. Vor Scham und Demütigung geschützt, spielen sie in jenem Gemach, in dem seltsamerweise gleichzeitig mit den Mädchen die Landschaft auf der Wand wechselt, eine Zeitlang mit jenen friedlichen weiblichen Formen und schlafen dann mit Hilfe von Schlafmitteln ein, die ebenfalls zu den Dienstleistungen des Hauses gehören. In den Bildern des Traums finden sie zweifellos die angenehmsten Augenblicke der Nacht, wenn der Scheingenuß, den sie erleben, der Wirklichkeit am nächsten zu kommen scheint. Aber diese Illusion kann sich im Tod auflösen, wie es dem alten Fukura widerfährt, der in einer dieser Nächte imaginierter Erotik von dieser in die andere Welt hinübergeht.

Die Sexualität ist der Prüfstein, der offenbart, was am Alter häßlich und traurig ist. Indem Eguchi seinen Körper mit der glatten, frischen Haut, mit den harten, elastischen Formen seiner Begleiterinnen vergleicht, wird ihm deutlich sein köperlicher Verfall bewußt, erkennt er, wie früh der Tod sich seinen Weg durch seine Muskeln und Gelenke bahnt. Und dieses Gefühl untergräbt und tötet sein Verlangen, sobald es aufkeimt. Was an den Ritualen, die er mit den schlafenden jungen Frauen vollzieht, obszön und niedrig ist, wird indes in seinem Fall durch die Zartheit seiner Erinnerungen gemildert, durch die raffinierte Eleganz bestimmter Bilder, die sein Gedächtnis bewahrt und die die Nähe der nackten Mädchen in seinem Bewußtsein wiederaufleben läßt. Wie jener vierhundert Jahre alte Kamelienbaum, den er mit seiner jüngsten Tochter in einem Tempel in Kyoto sah und dessen Büschel aus fünffarbigen Blüten so dicht waren, daß sie die Sonne verdeckten. Diese Beschreibung ist eine der bewegendsten des Buches, auch eine der geheimnisvollsten, denn in dem exaltierten Zustand, in dem Eguchis Geist sich befindet, verlieren die Blütenblätter der Kamelie ihre Keuschheit, und ihr leises »Bienengesumm« scheint ihnen eine zarte, unbewußte Sinnlichkeit zu verleihen, wie sie das Mädchen besitzt, das an der Seite des Protagonisten schläft.

Der Gedanke an den Tod bedrängt Eguchi seit langem, denn schon als junger Mann hatte er einer seiner Geliebten den Vorschlag gemacht, gemeinsam Selbstmord zu begehen. Hier, beim Anblick der betäubten Mädchen, die den Tod bereits hinter sich zu haben und ihn vom anderen Ufer zu rufen scheinen, entsteht diese Versuchung abermals. Wenige Romane haben so überzeugend wie dieser den Todestrieb beschrieben, der unausweichlich im Herzen der Sexualität zu nisten scheint, zumindest wenn diese aufgehört hat, bloße animalische Paarung zu sein und sich durch die Phantasie, die Theatralität bereichert sieht, mit der sie von den fortgeschrittenen Kulturen kultiviert wird. Seltsamerweise konstituieren diese »zivilisatorischen« Fortschritte auf dem Gebiet der Sexualität in gesellschaftlicher Hinsicht jedoch eine erneute Quelle der Zerrüttung und Gewalt, von denen die primitiven Völker gewöhnlich frei sind: Bei ihnen kommt es kaum zu »Verbrechen aus Liebe«, wohl aber in den Gesellschaften, in denen Freiheit herrscht, Vorurteile und Zwänge zurückgehen und die Wissenschaft begonnen hat, Krankheit und Unwissenheit zu besiegen.

Kurz, schön und tiefgründig: *Das Haus der schlafenden Schönheiten* hinterläßt im Geist des Lesers den Eindruck einer Metapher, deren Glieder nicht leicht zu entziffern sind. Was verbirgt diese Geschichte, die sich offensichtlich nicht in sich selbst erschöpft? Das Paradox, daß die Sexualität, die reichste Quelle menschlicher Lust, auch ein finsterer Abgrund voller Enttäuschungen, Leiden und Gewaltsamkeiten ist? Wieso kann sich die Zivilisation in diesem Bereich nicht der Barbarei entledigen? Ein Roman braucht keine Antwort auf diese Fragen zu geben; wenn er zu ihnen hinzuführen weiß, wenn sie sich natürlich und unvermeidlich aus einer Phantasie ergeben, die uns während der Lektüre in Bann schlägt und dann in der Erinnerung fortlebt und wächst, dann hat er seine Aufgabe reichlich erfüllt, und dafür müssen wir ihm dankbar sein.

Lima, 22. März 1989

Das goldene Notizbuch der verlorenen Illusionen

Das goldene Notizbuch

I

Als ich 1966 nach London kam, lag die Veröffentlichung von *The Golden Notebook* bereits vier Jahre zurück, aber noch immer wurde viel von dem Buch gesprochen. Es war Gegenstand leidenschaftlichen Lobes und ebenso leidenschaftlicher Kritik und galt in den Augen sowohl seiner Anhänger als auch seiner Verleumder als emblematischer Roman der Epoche. Die Feministinnen hatten ihn zu ihrem Handbuch erklärt, und in gewissen literarischen Kreisen betrachtete man ihn als das kühnste Experiment mit der Romanform seit Malcom Lowrys *Under the Volcano*. Die Arbeitskollegin im Queen Mary College, die ihn mir empfahl, sagte zu mir: »Lesen Sie ihn, wenn Sie wissen wollen, was weibliche Existenz bedeutet.« Ich las ihn, und jene erste Lektüre machte mich recht skeptisch. Ich äußerte gegenüber meiner Kollegin, der Roman von Doris Lessing habe mich an *Les Mandarines* von Simone de Beauvoir erinnert, und sie reagierte verärgert.

Nun, bei der erneuten Lektüre, glaube ich, daß damals sie recht hatte und ich im Irrtum war. *Das goldene Notizbuch* ist wertvoller als *Die Mandarins von Paris:* Es ist weniger anmaßend, es behandelt die gleichen Themen mit größerer Tiefe und beschäftigt sich darüber hinaus mit anderen, die in dem französischen Roman nicht erscheinen. Beide sind sie allerdings als Roman ein Zeugnis der europäischen Nachkriegszeit.

Das goldene Notizbuch hat viele Verdienste. Das erste besteht darin, daß es ein ehrgeiziger Roman ist, daß es so verschiedene Themen umfassen will wie die Psychoanalyse und den Stalinismus, das Verhältnis zwischen Dichtung und Leben, die sexuelle Erfahrung, die Neurose und die moderne Kultur, den Krieg der Geschlechter, die Befreiung der Frau, den Kolonialismus und den Rassismus.

Ich glaube nicht, daß es in der modernen englischen Literatur einen im Sartreschen Sinne »engagierteren« Roman gibt. Das heißt einen Roman, der den Debatten, Mythen und Gewaltmanifestationen seiner Zeit mehr auf den Grund ginge; der die etablierte Gesellschaft in ihren Ritualen und Werten heftiger kritisiert und sich mehr auf eine durch das künstlerische Wort vermittelte Teilnahme am kollektiven Tun, an der Geschichte eingelassen hätte.

Der Intellektualismus seiner ersten Seiten ist trügerisch. Er läßt einen dieser Sartreschen Romane der Nachkriegszeit befürchten, die uns jetzt aus den Händen fallen; sehr bald jedoch, wenn wir erst einmal beginnen, in das schwindelerregende Spiel der Spiegelungen einzutreten, das in dem Buch zwischen der (scheinbar) objektiven Geschichte – *Ungebundene Frauen* – und den verschiedenfarbigen Notizbüchern stattfindet, bemerken wir, daß diese Rationalität auf tönernen Füßen steht, ein harmonisches Blendwerk ist, das eine chaotische Landschaft verbirgt. Und in der Tat, die reflektierte Klarsicht des Erzählers und seiner Figur Anna Wulf (später werden wir entdecken, daß beide ein und dieselbe Person sein könnten) bekommt ganz allmählich Risse, bis sie sich schließlich in Wahnsinn auflöst, das Terrain, in das sich die Protagonistin flüchtet – zumindest ihrem literarischen Zeugnis zufolge –, nachdem sie ihren tapferen, aber zwecklosen Kampf gegen die verschiedenen Formen der Entfremdung verloren hat, welche die Frau in der modernen Industriegesellschaft bedrohen.

Um die Wahrheit zu sagen, ich verstehe nicht, weshalb man aus diesem Buch eine feministische Bibel gemacht hat. Aus diesem Blickwinkel betrachtet sind seine Schlußfolgerungen von einem Pessimismus, der schauern macht. Ebenso Anna wie Molly, die beiden »ungebundenen Frauen«, scheitern spektakulär in ihrem Bemühen, die völlige Befreiung von den psychologischen und sozialen Zwängen der Weiblichkeit zu erreichen. Mollys Kapitulation hat etwas Beklemmendes, denn sie entscheidet sich für eine bürgerliche Ehe aus dem bürgerlichsten aller Gründe: der Suche nach Sicherheit. Und Anna schließt sich in eine geistige Welt ein, in der die Erkundung des Wahnsinns (das goldene Notizbuch) mehr ist als ein gefährliches Spiel: Sie spiegelt das Scheitern ihrer Versuche wider, zu einem geglückten Leben zu finden. Die Unabhängigkeit, die Freiheit, die sie genießen, schützt keine der beiden Freundinnen vor der emotionalen Unsicherheit, der Leere und dem Leid. Sie verleiht ihnen auch nicht die geistige Reife, die sie in die Lage versetzen würde, ihre Fehlschläge zu überwinden, indem sie eine ironische Distanz zu ihrem eigenen Leben einnehmen. Anna, die als junge Frau einen erfolgreichen Roman geschrieben hat, leidet jetzt – sie ist etwa vierzig Jahre alt – unter künstlerischer Unfruchtbarkeit und versichert all ihren Liebhabern, sie werde nicht mehr zur Feder greifen (obwohl dies eine Lüge sein könnte, wie wir am Ende entdecken werden).

Nach ihren jeweiligen Scheidungen haben Molly und Anna sich von der Familie befreit, dem großen Sündenbock eines bestimmten Feminismus, dem zufolge diese Institution die Frau immer auf eine passive und untergeordnete Rolle beschränkt. Beide haben Liebhaber nach Belieben, aber diese Beziehungen sind, vor allem im Fall von Anna, gewöhnlich schmerzlich: Sie verletzen sie, geben ihr zunehmend das Gefühl einer emotionalen Beschädigung. Im übrigen hat man den Eindruck, daß sowohl Anna als auch ihr alter ego in den Tagebüchern, bei jedem ihrer sexuellen Abenteuer instinktiv danach streben, dieses in eine dauerhafte Beziehung, in eine »Ehe« zu verwandeln. Beide scheinen unfähig zu sein, aus der Sexualität einen bloßen Zeitvertreib der Sinne zu machen, ein körperliches Vergnügen, bei dem das Herz in keiner Weise beteiligt ist. Diese Fähigkeit besitzen im Roman ausschließlich die Männer, die stets kommen, huren und gehen.

In Wirklichkeit erhebt *Das goldene Notizbuch* nicht den Anspruch, ein erbauliches Werk zu sein oder ein Rezeptbuch gegen die Entfremdung der Frau in der modernen Gesellschaft. Es ist ein Roman über die verlorenen Illusionen einer intellektuellen Klasse, die seit dem Krieg und bis zur Mitte der fünfziger Jahre davon träumte, die Gesellschaft nach dem von Marx vorgezeichneten Weg umzugestalten und das Leben zu ändern, wie Rimbaud es verlangte, und die sich im Lauf der Zeit darüber klar wurde, daß all ihre – teils naiven, teils heroischen – Bemühungen nicht viel genützt hatten. Denn die Geschichte, die während dieser Jahre weiterlief, folgte ganz anderen Richtungen als denen, die sich die idealistischen, verträumten Intellektuellen erhofft hatten. Obwohl der Roman aus der Sicht einer Frau erzählt wird, ist nicht die – im abstrakten Sinne – weibliche Existenz das zentrale Thema des Buches, sondern eher das Scheitern der Utopie, das eine intellektuelle Person (die *auch* eine Frau ist) erfährt.

So gesehen ist *Das goldene Notizbuch* eine rigorose Analyse der politischen und kulturellen Entfremdungen der europäischen Intelligenzija der Avantgarde. Mit diesem Buch war Doris Lessing ihrer Zeit voraus, denn im übrigen Europa sollten die fortschrittlichen Intellektuellen erst in den siebziger Jahren wagen, sich in bezug auf ihre ideologischen Mystifikationen oder die revolutionäre Macht der Literatur und der Kunst einer Selbstkritik zu unterziehen.

II

Der bruchstückhafte Charakter des Buches ist nicht beliebig. Ebensowenig wie die Tatsache, daß es ein Kaleidoskop ist, in dem die Geschichten sich gegenseitig formen und deformieren. Diese Struktur entspricht der verwickelten emotionalen und sozialen Wirklichkeit, wie sie von der Protagonistin Anna Wulf gelebt und analysiert wird.

Theoretisch teilt sich der Roman in eine objektive Geschichte – *Ungebundene Frauen* –, die aus fünf Episoden besteht, und in die dazwischen eingeschobenen geheimen Notizbücher, die Anna schreibt. Diese haben fünf verschiedene Farben, und jedes von ihnen enthält, ebenfalls theoretisch, unterschiedliches Material. Im schwarzen erscheint alles, was mit Anna als Schriftstellerin zusammenhängt; im roten ihre politischen Erfahrungen; im gelben erfindet Anna Geschichten, die von ihrem eigenen Leben ausgehen, und das blaue will ein Tagebuch sein. Das goldene Notizbuch am Ende müßte die Synthese aller anderen sein, ein Dokument, das die Anna, die sich in den anderen Notizbüchern aufgeteilt hat, zu einer macht, ihr Einheit und Zusammenhalt gibt.

Diese Organisation wird indes von der Praxis widerlegt. Anna kann die Grenzen, die sie jedem Notizbuch gezogen hat, nicht unversehrt erhalten, und der Leser entdeckt, daß die Erfindungen oftmals in das Tagebuch einbrechen und daß überall von Politik die Rede ist, während Annas Tätigkeitsbereich, die Literatur, häufig das politische Notizbuch durchdringt. All dies beweist auf sehr anschauliche Weise, im Bereich der Form, was Anna im Verlauf des Romans herausfindet: daß das Leben nicht in ein ausschließlich rationales Schema gepreßt werden kann, ob es sich dabei nun um eine politische Doktrin wie den Marxismus handelt, um eine Therapie mit den Ansprüchen einer allumfassenden Philosophie wie die Psychoanalyse oder um die Symmetrien einer Romanstruktur. Das Rationale und das Irrationale bilden eine unauflösbare Wirklichkeit, die dem menschlichen Leben eine fundamentale Eigenschaft verleiht: seine Unvorhersehbarkeit.

Die beredten Unstimmigkeiten im Aufbau des Romans, was die

von Anna geführten Notizbücher betrifft, sind nicht die einzigen Überraschungen, die den Leser von *Das goldene Notizbuch* erwarten. Die größte ist die magische Auflösung am Ende, wenn er – durch einen Satz, den der Amerikaner Saul Green auf einer Seite des Tagebuchs zu Anna sagt – bemerkt, daß *Ungebundene Frauen,* eine Geschichte, die bislang selbständig, von einem allwissenden Erzähler verfaßt worden zu sein schien, in Wirklichkeit der Roman sein könnte, den Anna *nach* Beendigung des letzten Tagebuches schreiben würde, das heißt das Buch, mit dem sie endlich die psychologische Blockade durchbrechen würde, die sie so viele Jahre lang als Schriftstellerin gelähmt hatte.

Es handelt sich um eine kleine Schraubendrehung, die im Geist des Lesers eine weitere Ambivalenz in einem Buch voller Rätsel zurückläßt. Es ist jedoch wichtig, das Barocke der Struktur herauszustreichen, um zu zeigen, wie in diesem »engagierten« Roman in der Form ein erfinderischer Reichtum herrscht, der einhergeht mit der Komplexheit seines Inhalts.

III

Gleichwohl sollte man nicht zu sehr auf den formalen Subtilitäten des Romans beharren, denn damit würde man *Das goldene Notizbuch* in seinem Wesen verfälschen, ist sein wichtigster Anspruch doch nicht das künstlerische Experiment, sondern die Diskussion bestimmter moralischer, politischer und kultureller Probleme, die sich in folgender Frage zusammenfassen lassen: Was konnte in der Zeit zwischen dem Zweiten Weltkrieg und dem Ende der fünfziger Jahre eine fortschrittliche Intellektuelle tun, um die Welt und sich selbst zu verbessern?

Anna, die die Kriegsjahre in Südrhodesien, in Salisbury, verbracht hat, ist dort in einem kleinen marxistischen Zirkel aktiv, der aus Piloten der königlichen britischen Luftwaffe besteht, die sämtlich weiß sind. Es handelt sich um eine ziemlich unwirkliche Militanz voller guter Absichten und ohne Ergebnisse, die nach den frenetischen Trinkgelagen an den Wochenenden im Landhotel von Mashopi bei allen einen schlechten Nachgeschmack hinterläßt, das Gefühl, Schauspieler in einer Farce zu sein. Aber Anna wird sich des Rassismus bewußt, der das ganze Leben in dieser Kolonie durchdringt, und der schmachvollen Lage, in der sich die Eingeborenen durch das Werk eines Landes befinden, das parodoxerweise in diesen Jahren im Namen der Freiheit gegen den Nazi-Totalitarismus kämpft.

In England schreibt Anna während der Nachkriegszeit einen Roman, der auf ihren Erfahrungen in Afrika basiert: *Frontiers of War*. Nach der Zusammenfassung zu urteilen, die sie von dem Buch in ihren Tagebüchern gibt – die Liebesgeschichte zwischen einem Engländer und einer schwarzen Frau –, enthält dieser Roman eine strenge Kritik am Kolonialismus. Aber sein großer kommerzieller Erfolg macht das Buch politisch wirkungslos, verwandelt es in ein Konsumerzeugnis zur bloßen Unterhaltung eines Publikums, das die Literatur nicht mit irgendwelchen »Problemen« in Zusammenhang bringt. Vielleicht hat Anna aus diesem Grund aufgehört zu schreiben. Vielleicht lehnt sie deshalb alle Pläne für eine Kinofassung ab, denn sie bemerkt bei jedem möglichen Produzenten die Absicht, ihr Buch zu entstellen, um es verdaulicher zu machen für ein Publikum, das der Konformismus sich selbst entfremdet hat.

Ihr Streben, dem alles einebnenden Mechanismus der britischen Kultur und Gesellschaft zu entgehen, bringt Anna dazu, der Kommunistischen Partei beizutreten und einige Jahre in ihr aktiv zu sein. Sie tut es ohne große Illusionen, im Bewußtsein dessen, was in der UdSSR geschieht – die großen Verbrechen Stalins sind bereits allgemein bekannt –, mit der vagen Hoffnung, die Dinge könnten sich ändern, wenn man »von innen her kämpft«. Es ist eine weitere schmerzhafte Niederlage: zu entdecken, daß der ideologische Dogmatismus und die vertikale Struktur der Partei sich jedem Wandel widersetzen und imstande sind, »sämtliche Widersprüche zu absorbieren«. Weder die soziale Revolution noch die große moralische Wende, die sie anstrebt, werden daher aus dieser Richtung kommen.

Daraufhin verzichtet Anna auf die kollektiven Ideale und versucht, ihr individuelles Leben in Übereinstimmung mit gewissen Grundsätzen und Normen zu gestalten, die einer echten, nicht konformistischen Moral gehorchen. Sie versucht, die Krise, unter der sie leidet, mit Hilfe der Psychoanalyse zu überwinden (eine weitere Utopie der Epoche und für die Intellektuellen fast ebenso erregend wie die Revolution). Was sie anhand der sanften Ratschläge ihrer Psychoanalytikerin – der bezaubernden Mother Sugar, eine nur flüchtig auftauchende Gestalt, aber die sympathischste des Buches – entdeckt, ist jedoch eher, daß die Therapie sie unausweichlich zu dem hintreibt, vor dem sie gerade fliehen will: zur »Normalität«, zu einem Leben, das nach den Gewohnheiten und Werten des Establishments ausgerichtet ist.

Ihr privates Leben ist ebenso wie das öffentliche eine Folge von Fehlschlägen. Abgesehen von einer sehr kurzen, aber intensiven Beziehung mit Paul, in Afrika – während sie Willis Geliebte war –, hat Anna niemals eine große Liebe erfahren. Sie war kurze Zeit mit einem Mann verheiratet, den sie nicht liebte und von dem sie eine Tochter, Janet, hat. Später folgen zahlreiche Liebhaber, die sie bisweilen vorübergehend erfüllen, ohne daß sie jemals glücklich ist. Aber Annas größter Fehlschlag besteht vielleicht in ihren Spekulationen über die Zukunft ihrer Tochter. Das Mädchen versucht, einem dunklen Abwehrinstinkt gehorchend, anders als die Mutter zu sein, und will sich um jeden Preis in jene entfremdete, von Vorurteilen geprägte, konformistische Gesellschaft integrieren, von der Anna sich fernzuhalten versucht hatte. Aus freiem Willen geht Janet in eine der Bastionen der britischen Klassengesellschaft – ein privates Mädcheninternat –, und der Leser stellt sich vor, daß es überhaupt nicht seltsam wäre, wenn Janet am Ende zu einer schönen, gleichgültigen und neurotischen Lady würde.

Ist es erstaunlich, daß Anna bei dieser Häufung von Enttäuschungen eine bittere, pessimistische Sicht der Welt hat? Einer der Vorwürfe, der gegen den Roman erhoben wurde, lautete, seine männlichen Gestalten seien sämtlich abstoßend und verachtenswert. Tatsächlich besitzt keine von ihnen die geringste Größe. Aber sind die Frauen etwa besser? Nicht einmal Anna, die Gestalt, die wir am besten kennen und mit der wir uns am meisten solidarisch fühlen könnten, zieht uns letztlich wirklich in ihren Bann. Es gibt in ihrem Leben eine große Öde, die sie sich selbst aufgrund fragwürdiger ideologischer Grundsätze auferlegt hat, eine Unfähigkeit zur Anpassung, die, so bewundernswert die Gestalt auch als künstlerisches Bild sein mag – der Held oder die Heldin gegen den Rest der Welt läßt unser romantisches Herz stets höher schlagen –, auch eine Garantie für individuelles Unglück und soziale Wirkungslosigkeit ist. Sie, die mit soviel Engagement gegen die Konventionen kämpft, erliegt ebenfalls gewissen Stereotypen, wenn es gilt, die Männer oder die Vereinigten Staten zu beurteilen, oder wenn sie die Guerrilleros der Dritten Welt bis zur Unwirklichkeit mystifiziert.

Aber obwohl es sich um ein Buch ohne Helden noch Heldinnen handelt, dauert *Das goldene Notizbuch* in der Erinnerung fort, wie es nur die gelungenen Romane vermögen. Dutzende, Hunderte von Romanwerken der fünfziger und der sechziger Jahre versuchten, den Zeitgeist einzufangen mit seinen großen Illusionen, seinen schrecklichen Fehlschlägen und den tiefgreifenden geschichtlichen Umwälzungen, die ja tatsächlich stattfanden, wenn auch nicht immer in der Richtung, welche die Liebhaber der Apokalypse gewünscht hätten. In ihrem Roman *Das goldene Notizbuch* ist Doris Lessing dies gelungen. Es ist nicht ihre Schuld, wenn das Schauspiel weder angenehm noch anregend ist.

London, November 1988

Verdammte im Paradies

Ein Tag im Leben des Iwan Denissowitsch

Wer heute zum ersten Mal *Ein Tag im Leben des Iwan Denissowitsch* liest, reagiert erstaunt. Ist es möglich, daß diese kurze Erzählung bei ihrem Erscheinen im Jahre 1962 einen solchen Aufruhr bewirkte? Ein Vierteljahrhundert später verkennt niemand die Wirklichkeit des Gulag und der Völkermorde der Stalin-Ära, die von Nikita Chruschtschow selbst auf dem zweiundzwanzigsten Parteitag der Kommunistischen Partei der Sowjetunion angeprangert wurden. Aber im Jahre 1962 weigerten sich noch immer zahlreiche Angehörige des linken Spektrums in der ganzen Welt, jene brutale Widerlegung der Chimäre des sozialistischen Paradieses zu akzeptieren. Die Rede Chruschtschows wurde verleugnet, wurde Manövern des Imperialismus und dessen Agenten zugeschrieben. Alexander Twardowskij veröffentlichte mit Chruschtschows persönlicher Erlaubnis in der Zeitschrift *Nowy Mir* den Text, welcher die Welt mit Solschenizyn bekanntmachen und den Beginn von dessen literarischer Laufbahn bezeichnen sollte.

Die Wirkung des Buches kam einer Bombe gleich. Wer konnte jetzt noch das Offenkundige leugnen? Der Mann, der Zeugnis ablegte, tat dies in der Sowjetunion selbst und auf der Grundlage seiner eigenen Erfahrung: Er hatte die Welt des Konzentrationslagers, die er beschrieb, am eigenen Leibe erfahren, und das aus ebenso grausamen und dummen Gründen wie der obskure Bauer Iwan Denissowitsch Schuchow in seinem Roman. Das berühmte Tauwetter der Chruschtschow-Ära dauerte kurze Zeit, aber es blieb nicht wirkungslos, zumindest half es, eine gewisse naive, mythische Sicht des ersten marxistisch-leninistischen Staates zu zerstören. Und vielleicht veranschaulicht kein anderer Text, nicht einmal die Chruschtschow-Rede auf dem zweiundzwanzigsten Parteitag der KPdSU, das Zerbrechen des kommunistischen Traumes so deutlich wie dieser kurze Roman.

Als ich ihn zum ersten Mal las – 1965, in Kuba, wo die Leute ihn sich gegenseitig aus den Händen rissen und er das Hauptthema aller Unterhaltungen darstellte –, war es unmöglich, das Buch Solschenizyns anders denn als politisches Zeugnis zu betrachten. Die literarische Fiktion diente als Vorwand, um die Schandtaten zu enthüllen, die während der mit einem eleganten Euphemismus als »Persönlichkeitskult« bezeichneten Periode im Namen des Sozialismus begangen worden waren. Können wir heute, im Jahre 1988, zu einer neutraleren, rein literarischen Lektüre dieses Romans finden? Ich glaube nicht. Er trifft noch immer, mit jeder Zeile, eine lebendige Wirklichkeit von ungeheurer politischer und moralischer Tragweite, die Probleme, die er anspricht, sind weiterhin aktuell, sind Gegenstand leidenschaftlicher Kontroversen und können nicht als erledigt gelten. Wollte man *Ein Tag im Leben des Iwan Denissowitsch* beurteilen, indem man das Werk als sterile künstlerische Schöpfung von seinem historischen und ideologischen Kontext trennt, dann würde man ihm genau das nehmen, was ihm Dramatik und Vitalität verleiht: seinen dokumentarischen und kritischen Charakter.

Zweifellos erschwert diese polemische, zeitgeschichtliche Dimension des Werkes das literarische Urteil über das Buch. Seine Vorzüge und Mängel können nicht wie bei den meisten Romanen in formale Kategorien gefaßt werden – Stil, Aufbau, Zeichnung der Charaktere, Lebendigkeit der Handlung usw. –, weil es in diesem Fall nicht um die Fähigkeit der literarischen Fiktion geht, sich von ihrem Vorbild zu emanzipieren, eine eigenständige, von der wirklichen Welt unabhängige Welt zu gestalten, sondern um das Licht, das sie auf eine präexistente Wirklichkeit wirft. Wie Malraux' Romane *So lebt der Mensch* und *Die Hoffnung* oder Dostojewskis *Aufzeichnungen aus einem Totenhaus* steht *Ein Tag im Leben des Iwan Denissowitsch* der Geschichte näher als der Literatur.

Wie der Titel anzeigt, beschreibt die Erzählung einen beliebigen Tag ohne außergewöhnliche Überraschungen oder Schrecken im Leben eines Mannes, der an irgendeinem verlorenen Ort der sibirischen Steppe in einem Konzentrationslager interniert ist. Iwan Denissowitsch Schuchow, ein Bauer aus dem Dorf Temgenjowo, befindet sich bereits seit neun Jahren in Gefangenschaft, wegen »Landesverrats« zu einer zehnjährigen Strafe verurteilt. Was zu diesem Urteil führte, ist eine Episode von makabrer Dummheit, die den Irrsinn des totalitären Systems in seiner ganzen Brutalität offenbart. Während des Krieges gegen die Nazis wurde Iwan Denissowitsch vom Feind gefangengenommen; er konnte jedoch unter Ausnützung einer Unachtsamkeit seiner Bewacher fliehen und sich wieder den Reihen der sowjetischen Armee anschließen. Daraufhin wurde er in Befolgung einer Praxis, die bei Soldaten in einer ähnlichen Situation üblich gewesen zu sein scheint, verurteilt, weil er sich »in landesverräterischer Absicht« ergeben habe und »mit einem Auftrag von der deutschen Abwehr« zurückgekehrt sei. Vor die Wahl gestellt, ein Geständnis abzulegen oder im Schnellverfahren hingerichtet zu werden, gab Iwan Denissowitsch zu, ein Spion und Verräter zu sein.

All dies geschah neun Jahre, bevor der Roman einsetzt (der im Jahre 1951 spielt), und scheint aus der Erinnerung des Protagonisten verschwunden zu sein. Iwan Denissowitsch ist kein Mensch, der infolge seiner tragischen Situation von Bitterkeit oder Pessimismus verzehrt würde. Er ist auch kein Held, der sein Mißgeschick aus einer ethischen Motivation oder aufgrund eines politischen Ideals erträgt. Er ist schlicht ein Mensch der Menge, der sich einer Grenzsituation gegenübersieht. Für ihn hat es keinen Sinn, Zeit und Energien mit Klagen zu vertun, denn nunmehr geht es darum, jede Stunde und jede Minute den Kampf ums Überleben zu führen.

Wie er befinden sich seine Mithäftlinge aus Gründen dort, die man politisch nennen muß, obwohl man damit diesem Wort einen völlig konfusen und abwegigen Inhalt gibt: Es sind kleine Leute, die zu fünfundzwanzig Jahren verurteilt wurden, weil sie praktizierende Baptisten sind, oder Marineoffiziere, die aufgrund ihres Berufes während des Krieges Kontakt mit den westlichen Verbündeten der Sowjetunion hatten und aus diesem Grund wie gefährliche Aussätzige im Lager verfaulen. Aber nach dem wenigen zu urteilen, was wir von den Vorgängen im Bewußtsein dieser Menschen erahnen können, erinnern sie sich, wie Iwan Denissowitsch, kaum an ihre Mißgeschicke: Die Lagerroutine hat sie verblassen lassen und in ein beinahe natürliches Ereignis verwandelt. Das Gefängnis hat alle entpolitisiert, einschließlich jener, die, im Unterschied zur Hauptfigur, in ihrem vorherigen Leben aktive Politiker gewesen waren. Von jeder Sorge befreit, die nicht mit der Unterwelt zu tun hat, in der sie dahindämmern, konzentrieren sich ihre Kräfte und ihre Phantasie auf eine Obsession: weiterleben, nicht untergehen. Deshalb wirken sie so seltsam, wie Wesen von einem anderen Stern, halbe Schlafwandler, halbe Automaten, deren Neugier und Interesse sich auf eine rein animalische Dimension beschränken: den Hunger aushalten, Bestrafung vermeiden und den Augenblick des Todes so lange wie möglich hinauszögern.

Iwan Denissowitsch ist vierzig Jahre alt, fast kahl, und der Skorbut hat ihn um die Hälfte seiner Zähne gebracht; in Temgenjowo warten eine Frau und zwei Töchter auf ihn (sein einziger Sohn ist gestorben), von denen er selten etwas hört, denn er darf nur zwei Briefe im Jahr schreiben und erhalten. Gleich zu Beginn seiner Gefangenschaft hatte er seine Familie gebeten, ihm keine Lebensmittelpakete zu schicken, um ihnen Opfer zu ersparen, so daß er, im Unterschied zu einigen seiner Gefährten, im Lager völlig verwaist ist. Die Kälte, der Hunger und die Erschöpfung, die Bahnen, in denen sich seine Existenz abspielt, haben ihn indes nicht so sehr verhärtet, daß sie jeden Gefallen am Leben in ihm abgetötet hätten: Der Genuß, mit dem er an der Kippe zieht, die Zesar Markowitsch ihm reicht, oder den harten Brotkanten kaut, den er sich zur Arbeit mitnimmt, oder die begeisterte Hingabe, mit der er sich der Aufgabe widmet, im Kraftwerk eine Mauer hochzuziehen, zeigen deutlich, daß der Gefangene Schuchow trotz des Abgrunds an Ungerechtigkeit und Unterdrückung, in dem er lebt, noch immer imstande ist, eine Rechtfertigung für das Leben zu finden. Darin liegt die Größe dieses obskuren Menschen ohne Bildung und ohne Profil, dem es an bedeutenden geistigen, politischen oder sittlichen Charakterzügen mangelt: Er verkörpert das Überleben des Menschlichen in einer Welt, die bis in ihre letzten Einzelheiten mit dem Ziel geschaffen wurden, den Menschen zu entmenschlichen und ihn zu einem Zombie, zu einer Ameise zu machen.

Eine derartige Geschichte ist sehr schwer zu erzählen, ohne in Schauerlichkeit oder Sentimentalität zu verfallen, ohne mit Elend und Schrecken zu operieren, Exzesse, die bisweilen in ausgezeichnete Literatur münden, jedoch einen Roman mit Zeugnischarakter, der mehr Dokument als literarische Fiktion sein will, seiner Wirkung berauben und disqualifizieren würden. Es ist Solschenizyns Verdienst, daß er diese Gefahren durch eine strenge Sparsamkeit des Ausdrucks, eine bemerkenswerte formale Askese umgangen hat. Der Schrecken wird ohne viel Aufhebens beschrieben, sachlich, ohne daß Tatsachen hervorgehoben werden, die einen Bruch der Routine bedeuten würden. In den vierundzwanzig Stunden der Erzählung geschieht in Wahrheit nichts, was Schuchow und seinen Gefährten nicht schon Hunderte und Tausende Male widerfahren wäre oder ihnen in Zukunft widerfahren wird. Der

Roman hat der Lagerwelt gleichsam ein Atom entnommen, das ihre Routine und ihre Rituale, ihre Hierarchien und ihre Menschentypen sowie die tägliche Ration an Leid und an Widerstand zusammenfaßt, die sie ihren Bewohnern abfordert. Ein Roman berichtet gewöhnlich über Ereignisse und Menschen, die in irgendeiner Hinsicht außergewöhnlich sind. *Ein Tag im Leben des Iwan Denissowitsch* hingegen flieht alles, was Bruch und Neuheit wäre, die Erzählung konzentriert sich auf die Darstellung des Alltäglichen, auf die gemeinsame Erfahrung aller Gefangenen.

Dies nimmt dem Roman die Dynamik und die Spannung, die den Leser bei anderen Werken der Gattung zu der Frage veranlassen: Und was geschieht jetzt? – hier fühlt er schon auf den ersten Seiten, daß kein unvorhergesehenes Ereignis die rituelle, elende Grisaille dieser Monotonie durchbrechen wird –, verleiht ihm jedoch im Gegenzug eine sehr weitgehende Stellvertreterfunktion: Dieser Roman ist nicht nur eine Synthese des alptraumhaften Lebens von Iwan Denissowitsch, sondern auch des Lebens jener anonymen Gemeinschaft von Verbannten, die die kommunistische Gesellschaft isoliert, zwischen Stacheldraht eingesperrt und im weißen Ozean Sibiriens ausgesetzt hat.

Diese marginale Gesellschaft, die so gut wie keine Verbindung mit der anderen Gesellschaft unterhält, ist indes alles andere als homogen. Einmal abgesehen von dem allen gemeinsamen Überlebenswillen bilden die Gefangenen eine bunte Fauna, deren Vielfalt nicht nur durch die Berufe, religiösen Anschauungen und Nationalitäten – neben Russen gibt es Ukrainer, Letten und Esten –, sondern auch durch moralische Eigenschaften bedingt ist. Nur einige wenige scheinen so weit erniedrigt worden zu sein, daß sie sich dazu hergeben, als Verräter und Spione zu dienen, wie Pantelejew, oder die anderen mißbrauchen, wie Fetjukow, dem seine Gefährten den Spitznamen »der Schakal« gegeben haben. Es gibt unter den Gefangenen Atheisten und Gläubige und auch Privilegierte wie Zesar Markowitsch, dem die Lebensmittelpakete, die er erhält, erlauben, die Aufseher zu bestechen und kleine Vorteile zu erhalten, die ihn weit über den Durchschnittsgefangenen erheben. Das Gefängnisleben hat dem Instinkt für das Gute und Böse, das Gerechte und Ungerechte, wie er dem einfachen, ungebildeten Menschen Schuchow angeboren ist, nichts anhaben können. So hält er zum Beispiel jenes Gewerbe für unsittlich, das darin besteht, neue Teppiche zu malen, die wie alte aussehen, wie es, seiner

Frau zufolge, unter den jungen Leuten von Temgenjowo Verbreitung gefunden hat. Jedenfalls wird Iwan entgegen den Ratschlägen seiner Frau in ihrem letzten Brief sich das Leben nicht auf diese Weise verdienen, wenn er seine Strafe abgebüßt hat und man ihn freiläßt. Wird man ihn freilassen? Man müßte, im nächsten Jahr. Aber Iwan Denissowitsch macht sich nicht allzu viele Illusionen, denn aus diesem Lager ist noch niemand entlassen worden.

Als Alexander Twardowskij seinen Lesern diesen Text in der Zeitschrift *Nowy Mir* vorstellte, erklärte er ihnen, Solschenizyn tue nichts anderes, als »die brutale Willkür« zu kritisieren, »die sich als Folge des Zusammenbruchs sowjetischer Gesetzlichkeit einstellte«. Das Buch war in seinen Augen so etwas wie eine Selbstkritik des Systems, ein Text, der sich zum sowjetischen Sozialismus bekannte, indem er dessen Auswüchse anprangerte. Dies war auch die These von Georg Lukacs, ein begeisterter Verteidiger Solschenyzins, dem er bescheinigte, er habe mit seinem Roman die beste Tradition des »sozialistischen Realismus« der zwanziger Jahre wiederaufgenommen, den der Stalinismus später verfälschte.

Es wäre ungerecht, wollte man diese Meinungen ins Lächerliche ziehen durch einen Hinweis auf Solschenizyns spätere Geschichte nach seiner Ausreise aus der UdSSR und seine heftige antisozialistische Agitation zugunsten eines autoritären und konservativen Spiritualismus. In Wirklichkeit sind die Meinungen Twardowskijs und Lukacs', zumindest was diesen ersten Roman betrifft, nicht so irrig. Die Erzählung ist in formaler Hinsicht von einem rigorosen Realismus, der sich niemals die geringste Freiheit in bezug auf die gelebte Erfahrung nimmt und ganz auf der Linie dessen liegt, was die große literarische Tradition Rußlands immer gewesen ist. Und sie ist darüber hinaus ebenso wie ein Roman von Tolstoi, Dostojewski oder Gorki von moralischer Empörung über das von menschlicher Ungerechtigkeit verursachte Leid durchtränkt. Kann man dieses Gefühl »sozialistisch« nennen? Ja, ohne Zweifel. Eine ethische Haltung, die solidarisch ist mit dem Armen und dem Opfer, mit dem, der aus irgendeinem Grund im Leben an den Rand gedrängt wurde, zurückgeblieben ist oder verloren hat, ist die letzte Fahne einer Lehre, die alle übrigen eine nach der anderen hat einholen müssen, nachdem offenbar geworden war, daß der Kollektivismus zur Diktatur statt zur Freiheit führte und daß der zentralistische Planungsstaat statt Fortschritt Stagnation und Elend brachte. Durch eines jener merkwürdigen Paradoxe, die das Leben oft bereithält, könnte Alexander Solschenizyn, der unerbittlichste Gegner des von Lenin und Stalin geschaffenen Systems, tatsächlich der letzte Schriftsteller des sozialistischen Realismus sein.

Barranco, Juli 1988

Arrangements mit dem Himmel

Ansichten eines Clowns

Kann ein gläubiger Mensch sein Leben in wesentlichen wie in unwesentlichen Dingen vollkommen nach den evangelischen Geboten ausrichten, oder besteht eine unvermeidliche Diskrepanz zwischen seinem Verhalten und seinen Glaubensüberzeugungen? Machiavelli revolutionierte die westliche politische Philosophie, als er diese Frage in bezug auf den katholischen »Fürsten« formulierte und sie dahingehend beantwortete, daß dieser scheitern müßte, sollte er versuchen, in strenger Übereinstimmung mit den Prinzipien der Religion zu regieren, denn die Macht ist nicht so sehr eine Moral als eine Praxis, eine Kunst, die, um erfolgreich zu sein, nicht ohne Lug und Trug auskommt. Machiavelli war kein Zyniker, sondern ein nüchterner Beobachter der Politik und der erste europäische Denker, der mit völliger Klarsicht über das nachdachte, was sie hinter den großen Prinzipien, den grandiosen Absichten, den edlen Idealen und den altruistischen Gefühlen, die ihre Praktiker in der Öffentlichkeit zur Schau stellen, fast immer ist: Manipulation, Intrige, Verteidigung schäbiger Interessen, reines Kalkül. Skandalös am Verfasser von *Der Fürst* war nicht seine Moral, sondern sein Realismus, die bedauernswerte Schlußfolgerung, zu der er nach einem halben Leben im Dienst des florentinischen Herrscherhauses gelangt war, nämlich, daß eine strenge christliche Moral völlig unvereinbar sei mit einer wirksamen Politik.

Heinrich Böll scheint unter einem ähnlichen Dilemma gelitten zu haben, wenn auch nicht in bezug auf die Fürsten, sondern auf die einfachen, gesichts- und namenlosen Christen, die Dutzendmenschen: Ist bei ihnen eine größere Übereinstimmung zwischen Theorie und Praxis möglich als bei denen, die an den Befehlshebeln sitzen? Seine Romane, Erzählungen und Essays sind eine obsessive Erkundung der Gesellschaft seines Landes, mit dem Ziel, Gewißheit in dieser Frage zu erlangen. Obwohl die Antworten, die er sich selbst (und seinen Lesern) gab, von Buch zu Buch leicht variierten – zwischen Hoffnung und Schwermut schwankten –, hat man doch den Eindruck, wenn man sein Werk unter dem Schlußstrich betrachtet, daß Heinrich Böll, zweifellos sehr gegen seinen Willen – denn im Unterschied zu dem stählernen Florentiner war er ein gütiger, empfindsamer Mensch –, zu ähnlichen Überzeugungen gelangte wie Machiavelli: Die absolute Übereinstimmung zwischen der christlichen Moral und dem täglichen Leben des Gläubigen ist unmöglich, es gibt sie nur in außergewöhnlichen Fällen von Wahn oder Heiligkeit. Gleichwohl suchte er beharrlich nach dieser Übereinstimmung in seinem privaten und seinem politischen Leben und in seinen Schriften, und darauf ist weitgehend der Respekt und die Bewunderung zurückzuführen, die er selbst bei denen hervorrief, die wir Vorbehalte in bezug auf sein literarisches Werk oder seine Stellungnahmen und seine Ideen haben.

Um Heinrich Böll ganz zu verstehen, muß man ihn in seinem historischen Kontext sehen. Dieser »soziale« Standpunkt ist nicht immer erhellend im Fall eines Schriftstellers, wohl aber in seinem. Es muß sehr hart gewesen sein für Böll, den jungen, aus bescheidenen Verhältnissen stammenden Katholiken, zunächst als gemeiner Soldat, dann als Gefreiter in einem Krieg zu stehen, den er innerlich verabscheute, im Dienst des Nazismus, eines Regimes, das die Verneinung seiner Überzeugungen und Werte war. Das Verstörende und Brutale dieser Erfahrung, die er mit den kleinen Leuten teilte, die weit entfernt waren von den Entscheidungsträgern und Planern des Schreckens und sich darauf beschränkten, ihn zu materialisieren und zu erleiden, inspirierten ihn zu einigen seiner besten Erzählungen. Was ihm zur Berühmtheit verhelfen sollte, war jedoch nicht seine Kritik am Deutschland der Zerstörung und des Krieges, sondern an dem Deutschland, das wie ein Phönix aus der Asche aus seinen Ruinen auferstand und in erstaunlichem Tempo wuchs und gedieh, bis es zur größten Wirtschaftsmacht Europas aufstieg.

Böll war der strengste Kritiker des »deutschen Wirtschaftswunders«, das er in seinen literarischen Werken und seinen Artikeln beständig unter die Lupe nahm und dem er immer wieder vorwarf, es sei auf brüchigen Fundamenten errichtet. Seine Beschuldigungen und negativen Urteile enthalten legitime Kritik, so in bezug auf die Wendigkeit, mit der viele der für Verbrechen verantwortlichen Nazis sich zur Demokratie bekehrten und abermals Machtpositionen in der Bundesrepublik einnahmen, neben den plumpesten Anwürfen, wie sie die sowjetische Propaganda orchestrierte und die fortschrittlichsten Kräfte in Europa nachbeteten, ohne die Folgen ihrer Forderungen zu bedenken, so die Ablehnung des Atlantischen Bündnisses und der – in den fünfziger Jahren so viel diskutierten – »deutschen Wiederbewaffnung«. Heinrich Böll war jedoch nie der typische »Weggenosse«, das heißt der gutwillige Dummkopf oder der geriebene Zyniker, den die Kommunisten ohne Schwierigkeiten instrumentalisieren konnten, wie ein Puppenspieler seine Puppen. Denn er wußte den Balken im Auge des anderen ebenso zu sehen wie den Splitter im eigenen und machte sich niemals große Illusionen über die Zustände in den marxistischen Gesellschaften. Er war von Anfang an ein entschiedener Fürsprecher der Dissidenten in den Ostblockländern, und seine Anklagen gegen den Gulag und die Verletzung der Menschenrechte in der kommunistischen Welt waren stets ebenso deutlich und explizit, wie sie es gegen ähnliche Verstöße im Westen und in der Dritten Welt waren, wenn auch in einer Weise formuliert, daß sie der antikommunistischen Propaganda nicht als Waffe dienen konnten. Mit anderen Worten, Bölls Stellungnahmen waren immer moralisch und religiös, auch wenn sie sich oft in politische Argumente kleideten.

Daß das »Wirtschaftswunder« unter der Führung einer Partei zustande kam, die sich »christlich« nannte, daß ihr hauptsächlicher Würdenträger, Konrad Adenauer, ein praktizierender Katholik war und daß dieser ganze politische Prozeß über den Segen und die aktive Unterstützung »seiner« Kirche verfügte, war für Böll, den fortschrittlichen Katholiken, eine ständige Quelle der Irritation und der Zerrissenheit. Das »Konsumdenken« der Marktgesellschaft, der zunehmende »Materialismus« des Lebens, die Verbreitung der Atomwaffen und die daraus folgende Gefahr einer weltweiten Katastrophe sowie der starre politische Manichäismus, der infolge des kalten Krieges in Europa herrschte, quälten ihn, weil sie seiner strengen, leicht puritanischen Moral widersprachen, die sich in den Jahren des Krieges und des schrecklichen Mangels der Nachkriegszeit geformt hatte, aber auch, weil Böll in dieser Entwicklung der deutschen Gesellschaft die schicksalhaften Zeichen einer neuen autoritär-kriegerischen Katastrophe für sein Land zu sehen glaubte. In letzterem täuschte er sich gewaltig, wie auch andere fortschrittliche Geister (obwohl seine Motive edler und echter waren als bei vielen von ihnen). Denn bei aller Kritik, die man an der Bundesrepublik üben kann, steht doch fest, daß sie in einem mittlerweile unumkehrbaren Prozeß demokratische Institutionen und Verhaltensweisen im deutschen Volk verankert und für die Gesellschaft insgesamt den höchsten Lebensstandard in ihrer Geschichte herbeigeführt hat. Andererseits haben die NATO und die Schaffung des politischen Europa – beides Prozesse, bei denen die Bundesrepublik eine Schlüsselrolle spielte – bereits dreiundvierzig Jahre Frieden auf dem alten Kontinent garantiert, eine Zeitspanne, welche alle anderen nicht-kriegerischen Epochen in Europas Vergangenheit übersteigt. Wenn es also ein Land mit einer erfolgreichen modernen Geschichte gibt, dann ist es das Land, welches sich von Heinrich Böll so viele bittere Schmähungen einhandelte.

Und doch wäre Deutschland ohne Menschen wie ihn, die es einer ständigen, unerbittlichen (und bisweilen ungerechten) Kritik unterzogen, sehr viel schlimmer, als es ist. Denn darin unterscheidet sich die offene von der geschlossenen Gesellschaft: daß sie der Kontrolle einer intensiven Kritik unterworfen ist, die sie zwingt, sich selbst bei jedem ihrer Schritte und jeder ihrer Entscheidungen in Frage zu stellen; daß sie über eine öffentliche Meinung verfügt, die das beste Mittel ist (oder sein kann), um Übergriffe der verschiedenen, sie regulierenden Gewalten einzudämmen. Die Aufgabe eines Intellektuellen in einer demokratischen Gesellschaft besteht darin, seinen Beitrag dazu zu leisten, daß diese öffentliche Meinung wach und informiert bleibt, damit diese Gewalten (bei denen stets die Neigung vorhanden sein wird, sich zu verewigen und zu wachsen) ihre Grenzen nicht überschreiten, noch den Rahmen des Gesetzes oder des Gemeinwohls verlassen. Heinrich Böll erfüllte diese Aufgabe in exemplarischer Weise und war in diesem Sinne einer der Pfeiler des demokratischen Wiederaufbaus seines Landes, nachdem er eines seiner unglücklichen Werkzeuge und Opfer seiner imperialistischen und totalitären Träume gewesen war.

Ich frage mich, ob er diese Behauptung gebilligt hätte. Ich hatte Gelegenheit, ein einziges Mal mit ihm zu sprechen, Ende der sechziger Jahre in Köln, und ich habe den Eindruck eines guten, lauteren Menschen, den er auf mich machte, nicht vergessen. Ihn hatte gerade ein familiäres Unglück getroffen, und er wirkte zutiefst mitgenommen. Aber darüber sprachen wir nicht, auch nicht über Literatur, sondern über die Situation der türkischen Gastarbeiter in Deutschland, für deren Geschick er sich interessierte und das er aktiv zu verbessern suchte. Er erklärte mir in unsicherem Englisch, wie sie ausgebeutet wurden, weil sie keine Arbeitserlaubnis besaßen und nicht unter die Sozialgesetzgebung fielen, sprach über die

Schutzlosigkeit und das kulturelle Trauma, das es für sie bedeutete, gleichsam in städtische Ghettos eingesperrt zu leben, fern von ihren Familien und ihrem Land und ohne den geringsten Kontakt mit der deutschen Bevölkerung, über die zaghaften Bemühungen einiger Vereinigungen, ihre Situation etwas zu verbessern. Wenn man mit ihm sprach, dann hatte man das unbehagliche Gefühl, es mit einem Seismographen des menschlichen Leids zu tun zu haben.

Ansichten eines Clowns, sein berühmtester Roman, ist ein gutes Zeugnis für dieses fast obsessive soziale Gewissen. Es handelt sich um ein ideologisches Werk, oder, wie man noch zum Zeitpunkt seines Erscheinens (1963) sagte, um »engagierte« Literatur. Die Geschichte dient als Vorwand dafür, dem Katholizismus und der bürgerlichen Gesellschaft im Nachkriegsdeutschland einen unerbittlichen religiösen und moralischen Prozeß zu machen.

Der Clown Hans Schnier, ein junger Mann von 27 Jahren (der jedoch uralt wirkt), Sproß und »schwarzes Schaf« einer wohlhabenden Industriellenfamilie aus Bonn, der seit sechs Jahren unverheiratet mit einer jungen katholischen Frau zuammenlebt, macht eine mehrfache Krise durch: Marie verläßt ihn, um Heribert Züpfner zu heiraten, wie sie Mitglied eines »katholischen Studienkreises«; beruflich findet er immer weniger Resonanz und wird vom einflußreichen Kritiker einer Bonner Tageszeitung verrissen; er hat weder Geld noch Verträge in Aussicht, stürzt schließlich im Laufe einer Vorstellung und holt sich eine Verletzung am Knie.

In diesem katastrophalen Gemütszustand läßt Hans Schnier in der kleinen, von seinem Großvater ererbten Wohnung, unterbrochen von frustrierenden Telefonanrufen bei Verwandten und Bekannten, um Maries Aufenthaltstort herauszufinden, sein Leben Revue passieren. Hans entdeckt, daß die katholischen Prälate und Aktivisten nicht die geringste Solidarität für seinen Fall aufbringen; und noch etwas: eine scheinbar »katholische« – das heißt sittlich und theologisch argumentierende – Verschwörung mit dem Ziel, Marie von der wilden Ehe abzubringen, in der sie mit ihm lebte, und sie in die orthodoxen Arme Heribert Züpfners zu treiben. In Wirklichkeit ist das, was der glücklose Clown entdeckt, sehr viel schlimmer: Es ist die Heuchelei jener Gläubigen und der Kirche, der sie angehören, und letztlich auch der Gesellschaft, in der er lebt. Alle betrügen sie bewußt oder unbewußt und mit einem unterschiedlichen Maß an Opportunismus. Es sind Pharisäer, die angesichts der Fehler der anderen in höchste Empörung geraten, was ihnen ein bequemes gutes Gewissen verleiht, um die eigenen zu begehen. Religion und Politik sind Instrumente, die ihnen erlauben, Macht und Ansehen zu erlangen, und verschaffen ihnen darüber hinaus ein in ihrer Gesellschaft allgemein anerkanntes Alibi, um im Leben voranzukommen, ohne sich als das zu fühlen, was sie in Wirklichkeit sind: gewinnsüchtige und zynische Egoisten. Daß die sanfte, anständige Marie Derkum, die so anders zu sein schien, diesen Menschen – zum Beispiel Frau Fredebeul – ähnlich werden soll, quält Hans ebenso wie der Verlust der Frau, die er liebt.

Ist die Welt wirklich so schwarz, wie der Clown sie uns malt? Oder ist es seine gegenwärtige Bitterkeit, die ihn die Menschen und Dinge seiner Umgebung so pessimistisch sehen läßt? Denn fast niemand im Roman rettet sich vor dem moralischen Mißkredit, mit Ausnahme des einen oder anderen Außenseiters, des alten Derkum zum Beispiel, Maries Vater, dessen konsequente Lebensführung ihn zur Armut und zu einer gewissen Verfemung verurteilt hat. Niemand ist sympathisch in der Geschichte, nicht einmal der arme Hans Schnier, dessen übermäßiges Selbstmitleid und anarchische Anwandlungen ihn als einen schwierigen und häufig ungenießbaren Menschen erscheinen lassen.

Aber es gibt in Hans eine Klarheit und eine Übereinstimmung zwischen Denken und Handeln, die ihn würdiger und achtenswerter machen als diejenigen, die ihn als anarchistischen Spinner verachten. Er sagt, was er denkt, auch wenn er damit ständig die anderen verletzt, und er tut nur das, wofür er motiviert ist und an das er glaubt, obwohl er sich durch diese Handlungsweise dazu verurteilt, in den Augen seiner Gesellschaft eine gescheiterte Existenz und ein Außenseiter zu sein. Im Unterschied zu seinen Eltern oder zu Maries katholischen Freunden oder sogar zu dieser wird Hans Schnier sich niemals auf diese »Arrangements mit dem Himmel« einlassen, die es jenen erlauben, die besten Seiten dieses Lebens zu genießen und überdies die Gewißheit zu haben, unter den Erwählten zu sein, wenn sie in das andere hinübergehen.

Hans, Sohn reicher Eltern, der die Armut wählt, Bürger einer Welt, welche den sozialen und wirtschaftlichen Erfolg über alles stellt, der beschließt, aus diesem Wettbewerb auszusteigen, und das ungewisse Geschäft des Narren übernimmt – zweifellos eine Art, sich dem Erwachsenwerden zu verweigern, jene Kindheit nicht zu verlassen, für die der Clown König ist –, ist das Symbol einer bestimmten Art von Rebellion, die in den Mittel- und Oberklassen der Industriegesellschaften ihren Ausgang nahm und in der Mai-Revolte von 1968 ihren Höhepunkt finden sollte. Die großen studentischen Unruhen, die den Westen vor zwanzig Jahren erschütterten – eine eher moralische als politische Rebellion gegen die Konsumgesellschaft und die Langeweile, gegen die Heuchelei aller gesellschaftlichen Konventionen und für das Abenteuer, die Unordnung und die Überschreitung, die unglücklicherweise unvereinbar sind mit der Stabilität und der Normierung des Lebens im Kielwasser der hohen technologischen und industriellen Entwicklung –, wurden von jungen Leuten angeführt, die, wie die Gestalt dieses Romans von Böll, eines Tages ihres bequemen und beschützten Lebens und ihrer vorhersehbaren Zukunft überdrüssig waren und in einem Anflug von Großmut und Romantik auf die Straße gingen, um Barrikaden zu errichten und die freie Liebe zu praktizieren. Daß das Fest der Revolution nur kurze Zeit währte und viele der Nonkonformisten später von der Gesellschaft reintegriert wurden, die zu ändern sie angetreten waren, darf niemanden entmutigen. In Wirklichkeit haben diese Rebellen einiges verändert: Sie haben bestimmte Tabus zerstört, ihre Gesellschaften gezwungen, über sich selbst nachzudenken, und ihnen zu einem schlechten Gewissen verholfen, was ein ausgezeichnetes Gegengift gegen den Konformismus und die Selbstgefälligkeit ist, die sich aus dem Fortschritt zu ergeben pflegen. Sie haben die Utopie nicht verwirklicht, denn das ist unmöglich, aber sie haben eine heilsame Krise ausgelöst und vielen etwas ins Bewußtsein gerückt, was sie in ihrem Wohlstandsleben zu vergessen begannen: daß die Welt immer unvollkommen sein wird, daß sie immer verbessert werden muß.

Vielleicht läßt ähnliches sich über Heinrich Böll und, vor allem, über *Ansichten eines Clowns* sagen. Warum hatte dieser zähe, leicht deprimierende Roman, in dem so wenig geschieht und die Reflexionen so viel Raum einnehmen, einen so großen Erfolg in Deutschland? Vielleicht weil er, wie die Mai-Revolution, der bittere Tropfen war, der das Fest des Wohlstands in einem Land verdarb, das sich in das reichste Europas verwandelt hatte, und seinen Bürgern vor Augen führte, daß nicht alles Gold war, was um sie herum glänzte; daß sie bei einem kritischen Blick auf ihre Umgebung feststellen würden, daß jener materielle Wohlstand in vielen Fällen auf Kosten des spirituellen Elements erlangt worden war und die prächtigen Kleider unausgebesserte Lumpen und unverheilte Wunden verbargen. Daß seine Landsleute die Botschaft vernahmen und dieses Buch, das ihnen sagte, sie hätten nicht den geringsten Grund zum Optimismus und zur Zufriedenheit, in einen ungewöhnlichen Bestseller und seinen Autor in einen Modeautor verwandelten, ist eines der beunruhigenden Paradoxe der Literatur.

Welcher Schluß läßt sich aus diesem seltsamen Vorgang ziehen, bei dem der strenge Spielverderber plötzlich von denen, die er mit seinem Hohn überhäuft, zum König des Festes erhoben wird? Daß die Auswirkungen der Literatur unvorhersehbar sind und ihr Autor niemals Macht über sie hat. Und auch, daß es zwar so aussehen kann, als mache die Gesellschaft den kritischen Inhalt eines Werkes zunichte, indem sie es feiert und sanktioniert – ihm die Aureole der Gehaltlosigkeit verleiht –, es jedoch nicht sicher ist, daß ihr dies gelingt. Wahrscheinlicher ist, daß das literarische Werk dort, wohin es die beschwörenden Formeln der Werbung und der Mode verbannt haben, sein Gift verströmt und weiter an der langwierigen Zerstörung der Gewißheiten und des Konformismus arbeitet. So trägt die Literatur dazu bei, die menschliche Unzufriedenheit am Leben zu halten und zu verhindern, daß Geist und Geschichte zum Stillstand kommen.

Punta Sal, Tumbes, 2. Januar 1988

Der zügellose Humanist

Herzog

Obwohl Saul Bellow zuvor bereits sechs Romane veröffentlicht hatte, von denen einige – besonders *Die Abenteuer des Augie March* und *Der Regenkönig* – von der Kritik positiv aufgenommen worden waren, kam die Berühmtheit erst mit dem Roman *Herzog*. Der außergewöhnliche Erfolg dieses Romans in den Vereinigten Staaten, wo er, ein Vierteljahrhundert nach seinem Erscheinen, noch immer neu aufgelegt wird, ist ein Phänomen, das Fragen aufwirft. Wohl ist er der beste Roman Bellows und einer der ambitioniertesten der modernen amerikanischen Erzählprosa überhaupt, aber er enthält, zumindest auf den ersten Blick, keines der Elemente, die einen Bestseller auszeichnen. Es ist ein gelehrter Roman, vollgestopft mit Zitaten und philosophischen, wissenschaftlichen, historischen und literarischen Bezügen, von denen sich viele dem Verständnis des Durchschnittslesers entziehen, der nicht liest, um sich Fragen zu stellen, zu lernen oder sich zu bereichern (das sind die unreinen Leser), sondern schlicht, um sich zu zerstreuen. Kurioserweise hat *Herzog* bei den reinen Lesern einen durchschlagenden Erfolg gehabt, während die akademischen Kritiker den Roman mit Vorbehalten akzeptierten oder ihm vorwarfen, nihilistisch, konservativ, antifeministisch zu sein oder in überzogener Weise die jüdische Welt zu karikieren.

Vielleicht liegt die Erklärung des Geheimnisses in dem Humor, der noch in den dramatischsten Momenten in Herzogs Monologen aufscheint, im Spott, in den Wortspielen, in den saftigen Beschimpfungen und grotesken Einfällen, die in seine Verzweiflung und seine Angst eingestreut sind und sie damit erträglicher machen, ihnen fast etwas Spielerisches geben. Einer der größten Erfolge Bellows in diesem Buch besteht darin, daß es ihm gelungen ist, eine Geschichte, die einerseits tragisch ist, andererseits die intellektuelle Kultur – die Kultur der Ideen – in ihrer Funktion als Instrument zur Bewältigung des alltäglichen Lebens, der Probleme des Durchschnittsmenschen in Frage stellt, in das heitere Gewand einer Komödie zu kleiden.

Zweimal verheiratet und zweimal geschieden; Verfasser von *Romantik und Christentum,* einem Essay, der in akademischen

Kreisen eine gewisse Wirkung erzielt hat; Vater zweier Kinder – eines von jeder seiner Ex-Frauen –, ist der siebenundvierzigjährige Herzog, Angehöriger einer aus Rußland eingewanderten jüdischen Familie, die sich zunächst in Kanada und dann in Chicago niedergelassen hatte, ein von Angst umgetriebener Mann, der an der Schwelle der Verirrung und der Paranoia lebt. Seine Trennung von Madeleine, die ihn aus dem Haus warf, nachdem sie ihn mit Valentine Gersbach betrogen hatte, den Herzog für seinen besten Freund und Vertrauten hielt, ist anscheinend zuviel für ihn gewesen, ein Schlag, mit dem er nicht fertig zu werden vermag. Die Erfahrung hat ihn aus dem Gleichgewicht gebracht, in einen Zustand völliger Verwirrung versetzt und auf sich zurückgeworfen. In der Einsamkeit seines Bewußtseins verdoppelt Herzog sich, um in einen Dialog mit sich selbst einzutreten, sein Leben, seine Mißgeschicke und seine Irrtümer zu rekapitulieren, oder er versucht sich an einem unmöglichen Dialog – mittels imaginärer Briefe – mit sämtlichen lebenden oder toten Personen – Familienangehörigen, Freunden, Feinden, Politikern, Wissenschaftlern, Berühmtheiten usw. –, die er in der einen oder anderen Weise als verantwortlich für sein Unglück betrachtet.

Der Roman wird, abgesehen von kleinen Fluchten in die objektive Welt, aus der Sicht der verwundeten, schmerzenden Seele der Hauptfigur erzählt, von jener Subjektivität her, die Leid und Ressentiment oft zu einem verdächtigen Erzähler machen: Herzogs Bewußtsein. Dieser ist nicht der einzige Erzähler der Geschichte, obwohl seine Monologe den größten Raum der Erzählung einnehmen; es gibt auch einen allwissenden Erzähler, der in großer Nähe zu Herzog angesiedelt ist und ihn im Stil der erlebten Rede erzählt. Oft verschwindet die Schranke zwischen der Erzähler-Figur, die in der ersten Person monologisiert, und dem allwissenden Erzähler, der in der dritten Person erzählt – das Ich verschmilzt mit dem Er –, und der Leser empfindet eine Art Schwindel, denn in diesen Augenblicken gerät die fiktive Welt völlig durcheinander. Dann hat man den Eindruck, daß die Identitätsverwirrung zwischen dem, der erzählt, und dem, der erzählt wird, den endgültigen Zusammenbruch von Herzogs Psyche symbolisiert. Aber es handelt sich nur um Anflüge von Anarchie; die fiktive Wirklichkeit kommt bald wieder zu sich und nimmt abermals ihre strukturierte und stabile, wenn auch immer trügerische Gestalt an.

Weshalb *trügerisch?* Weil die mitleiderregende Geschichte Herzogs uns aus der Sicht von Herzog selbst erzählt wird, der auf diese Weise sowohl Richter als auch Partei des Geschehens ist. Sollen wir ihm felsenfest glauben, gleich jenem allwissenden, diskreten und willfährigen Erzähler, der niemals wagt, ihm zu widersprechen oder ihn zu berichtigen, nicht einmal dann, wenn Herzog allem Anschein nach übertreibt oder lügt, und alles, was dieser sagt und erzählt, zu glauben vorgibt? Ja, wir müssen ihm glauben. Denn in den Unwahrheiten und Schauergeschichten Herzogs, in der Verzerrung der Wirklichkeit, zu der ihn sein Ressentiment und seine Ohnmacht verleiten, verbirgt sich – wie in den Lügen, aus denen jede literarische Fiktion gemacht ist – eine tiefe Wahrheit. Eine geheime, nicht greifbare Wahrheit, flüchtig wie Quecksilber, die über das Episodische hinausgeht und sich nicht objektiv feststellen läßt, eine subtile Wahrheit, die Gestalt nur über die Phantasien (die Lügen) gewinnt, die sie selbst eingibt.

Je mehr die Geschichte voranschreitet, um so mehr entdeckt der Leser in den melodramatischen Klagen des Protagonisten, in seinem rührenden Bedürfnis, gehört, bemitleidet und gerechtfertigt zu werden, das sich deutlich in den Briefen widerspiegelt, die er zusammenphantasiert, ohne sie jemals zu schreiben, daß an seinem Drama nicht seine ehemalige Frau schuld ist, wie er glaubt. Auch nicht sein treuloser Freund Valentine Gersbach oder der widerwärtige Anwalt Himmelstein, der unseriöse Psychiater Edvig oder die Dutzende von Personen, denen seine Neurose vorwirft, Komplizen in der verwickelten, auf sein Unglück zielenden Verschwörung zu sein, sondern er selbst. Oder, besser gesagt, jemand, der, ohne er selbst zu sein, so sehr Teil seiner Persönlichkeit, so sehr in seinem Wesen aufgegangen ist, daß er ihn charakterlich am stärksten definiert.

Denn Herzog ist – mehr als ein Gehörnter oder ein Masochist, ja sogar mehr als ein Jude – ein Intellektueller. Sein räsonierendes Bewußtsein ist ständig in Bewegung, ordnet die ihn umgebende Welt und die Beziehungen mit den anderen und sogar sein eigenes Fühlen und Begehren. Er ist ein Mensch, der aus Ideen besteht, so wie andere aus Trieben oder Konventionen bestehen; bei Herzog vertreten die Ideen die Stelle der Haut, sie bilden die obligate Grenze, die alles und jedes überschreiten muß, bevor es sein Hirn oder sein Herz erreicht. Obwohl er es nie zu begreifen vermag, erkennen wir es, die wir Mitwisser seiner Geschichte sind: Herzogs Scheitern besteht nicht darin, daß er unfähig gewesen ist, Madeleine zu halten oder das ersehnte Meisterwerk zu schreiben oder eine kreative und dauerhafte Beziehung herzustellen, sondern in seiner Unfähigkeit, normal in der Welt zu funktionieren, in seinem mangelnden Vermögen, sich dem Leben so, wie es ist, anzupassen. Daraus rühren alle Mißgeschicke, die ihm widerfahren: Sie sind nichts weiter als Folgen der radikalen Disharmonie zwischen Herzog und der Welt. Sein Scheitern ist das Scheitern der Ideen, die ihn bewohnen und ihm zur zweiten Natur geworden sind; sie nützen nicht für das Leben. Die Art Kultur, die er verkörpert, scheint in einem hoffnunglosen Widerspruch zu den grundlegenden Erfordernissen zu stehen, die nötig sind, um in der Welt Herzogs zu siegen oder ein normales Leben zu führen.

Er hat also eine schlechte Wahl getroffen. Seine Brüder hingegen, Geschäftsleute oder Techniker wie Will und Shura, sind jetzt reich und völlig angepaßt, vielleicht sogar glücklich. Die arme Einwandererfamilie hat einiges geleistet seit den harten Tagen, da der Vater Whisky schmuggelte; in einer einzigen Generation ist sie viele Stufen auf der sozialen Leiter Amerikas hochgeklettert. Aber Herzog hat sich geirrt; die humanistische Bildung, für die er sich entschied – die aufwendigen philosophischen Meditationen, der Drang zum Historischen –, hätte ihm in der Wirklichkeit, in der er lebt, nur genützt, wenn er aus ihr – wie der opportunistische Gernsbach oder wie zweifellos Madeleine, wenn sie ihren Doktor gemacht haben wird – ein Mittel des Aufstiegs, ein Werkzeug gemacht hätte, um Macht innerhalb des akademischen Dschungels zu erlangen, das heißt, etwas, das ausgeübt, gezeigt, zur Schau gestellt wird. Der naive Herzog hat jedoch etwas anderes getan, er hat an sie geglaubt, er hat diese Kultur wie eine Religion praktiziert, hat sie zu seiner Moral gemacht. Das ist das Verbrechen, für das er bezahlt: daß er seinem Leben Ideen anverwandelt hat, die die zeitgenössische Kultur zu Fiktionen gemacht hat, zu etwas, das in der Gesellschaft eine rein dekorative Funktion erfüllt. Die Wirklichkeit ist undurchlässig für die humanistischen Werte, für die Ideen und Überzeugungen, die Herzog verkörpert, und die katastrophale Geschichte seines Lebens veranschaulicht jene andere Katastrophe: die einer intellektuellen Tradition, die sich zwar in den Universitäten über Wasser hält, in den Bibliotheken aufbewahrt wird und noch immer einige Exzentriker wie den Protagonisten des Romans begeistert, aber immer weniger im kollektiven Leben verankert ist und immer weniger den Gang der Gesellschaft beeinflußt.

Man würde dem Werk indes einen schlechten Dienst erweisen, wollte man *Herzog* als einen Roman definieren, der symbolisch den langsamen Tod der humanistischen Kultur in der modernen Industriegesellschaft beschreibt. Denn er ist, obwohl er auch das ist, vor allem ein Roman, fiktives Leben, das den Leser durch den Reichtum seiner Sprache in Bann schlägt, durch seine Ironie und seine Komik und durch das dichte, glänzend gezeichnete soziale Ambiente, in dem sich der zügellose Intellektuelle Moses Elkanah Herzog bewegt.

Es stimmt nicht, daß ein tiefgründiger Roman nicht zugleich pittoresk sein kann. Dies beweist *Herzog* mit seinem impressionistischen Bildern aus Manhattan – seinem Straßenleben, seinen Gerichten, seinen Appartements –, aus Chicago, aus der Landschaft von Massachusetts oder mit den lebendigen Reminiszenzen an die Eingewöhnung einer russisch-jüdischen Familie in die nordamerikanische Gesellschaft. Der bittere Pessimismus, der die Geschichte durchdringt, findet ein Gegengewicht in einigen heiteren Gestalten, wie dem Wissenschaftler Lucas Asphalter, der versucht, einen tuberkulösen Affen durch Mund-zu-Mund-Beatmung vor dem Tod zu retten, oder dem unflätigen Winkeladvokaten Himmelstein, der köstlichsten und perversesten Karikatur des Buches.

Die malerischste Gestalt des Romans ist jedoch Herzog selbst, Symbol und konkreter, vor Vitalität strotzender Mensch zugleich. Verschroben, ängstlich, schamlos, unpraktisch, intelligent, melodramatisch, hochgebildet, undurchsichtig und gefühlvoll, hinterläßt er bei uns einen sehr starken, wenn auch widersprüchlichen Eindruck. Es ist unmöglich, ihn nicht zu bemitleiden, denn er leidet wirklich, und es ist vor allem deshalb unmöglich, weil sein Unglück darin besteht, an die »großen Ideen« geglaubt und sie als Richtschnur seines eigenen Lebens benutzt zu haben. Andererseits besteht jedoch kein Zweifel, daß er sich ein gut Teil seiner Probleme selbst geschaffen hat; und es ist sogar wahrscheinlich, daß er ohne sie nicht leben kann. Denn Herzog gefällt sich fast ebensosehr im Leiden wie im Wehklagen, daran gibt es keinen Zweifel. Weshalb wäre er sonst nach wie vor so sehr in Madeleine verliebt? Die Frauen, die fügsam und zärtlich zu ihm sind, wie die Japanerin Sono Oyuki, oder die alles tun würden, um ihn glücklich zu machen, wie Ramona, rufen bei ihm eine laue Reaktion hervor, er ist rasch von ihnen enttäuscht. Madeleine hingegen, die ihn beherrscht und schlecht behandelt, die ihn ausbeutet, ist tief in seine

Seele eingedrungen, und es ist wahrscheinlich, daß er sie niemals mehr von dort vertreibt.

Ist dieser Hang zu Masochismus und Wehleidigkeit ihm eigen oder ererbt? Ein guter Teil der intellektuellen Selbstanalyse, der Herzog sich unterzieht, hat zum Ziel herauszufinden, ob die Wurzeln dessen, was ihm widerfährt, in die jüdische Tradition hinabreichen, von der er herkommt, eine Tradition, die er nur halbwegs aufgegeben hat, denn sie manifestiert sich ständig in seinen Reaktionen und in seiner Erinnerung. Oder ist es eher der Zusammenprall jener Tradition mit der modernen nordamerikanischen Kultur, die schwierige Koexistenz beider in seiner Person, die aus Herzog diesen gespaltenen, unangepaßten Menschen macht?

Die Frage findet in dem Buch keine Antwort. Vielleicht will Herzog sie nicht finden, um weiter leiden zu können oder vielmehr, um weiterhin seinen Schmerz zur Schau stellen zu können. Beide Dinge sind nicht identisch, noch bedingen sie sich gegenseitig, aber beide sind in seinem Fall sehr eng miteinander verbunden. Eine mögliche Deutung ist, daß Herzog leidet, um seinen Schmerz vor der Welt zur Schau stellen zu können, daß er – ohne sich dessen klar bewußt zu sein – vor allem ein Komödiant ist. Durch die Zurschaustellung neutralisiert sein Schmerz sich selbst, wird zu einem anderen, zu einem öffentlichen Schmerz, zu einem Schmerz für die anderen, der sich von seiner Quelle emanzipiert hat und zu einem Schauspiel geworden ist. Womöglich ist der intellektuelle, masochistische, verzweifelte Herzog ein Theatermensch, ohne es zu wissen, jemand, der aus seinem Leben eine szenische Darstellung gemacht hat, eine Tragikomödie, die ihn (wie auch seine Leser) von der wirklichen Welt ablenkt und ihn (uns) mit Fiktion berauscht.

Der Verweis auf das Theater ist nicht willkürlich. Wenn der Leser die letzte Seite des Romans gelesen hat, bleibt in ihm das nämliche süße und melancholische Gefühl zurück wie in einem Zuschauer nach dem Ende eines Theaterstücks, das ihm gefallen hat. Diese Geschichte ist geschehen, aber in Wirklichkeit ist sie nicht geschehen: Es war nur Theater. Eine brillante, flüchtige Vorspiegelung des Lebens, nicht das Leben; eine Phantasmagorie, die uns trog, als sie uns ergriff, als wäre sie echte Wirklichkeit gewesen. Läßt es sich als Erfolg oder als Mißerfolg eines Autors verbuchen, wenn im Leser jenes Gefühl zurückbleibt, *nur* einen großartigen Roman gelesen zu haben?

Vielleicht ist es ungerecht, eine solche Frage zu formulieren. Denn weshalb sollte man von einem Roman verlangen, er habe mehr als ein dichterisches Werk zu sein? Weil es bestimmte Romane gibt – sehr wenige im Verhältnis zu den vielen, die geschrieben werden –, die die Gattung aus den Angeln heben. Während wir sie lesen, vermögen sie uns dazu zu bringen, daß wir, angesteckt und verwirrt durch die brodelnde Kraft ihrer Seiten, buchstäblich von der elenden Wirklichkeit unseres Alltags desertieren, um jene andere, reichere und vollkommenere (bisweilen grausamere und schrecklichere), aus der Phantasie und dem Wort geborene Welt zu bewohnen, die uns auf irgendeine Weise verändert hat. Es ist zwar unmöglich zu beweisen, aber die Leser von *Die Karthause von Parma, Krieg und Frieden* oder *Licht im August* wissen, daß sie nach dem fiktiven Abenteuer verändert in die wirkliche Welt zurückgekehrt sind. Die Existenz dieser Handvoll Ausnahmefälle in der Literaturgeschichte bewirkt, daß wir so ungerecht sind, von den Romanen nicht nur zu verlangen, daß sie, wie dieser, ausgezeichnete Romane sind, sondern noch etwas mehr.

London, April 1988

Das geteilte Fest

Paris – ein Fest fürs Leben

Ich habe *Paris – ein Fest fürs Leben* zum ersten Mal Mitte 1964 in der englischen Fassung gelesen, die kurz zuvor erschienen war. Ich identifizierte mich sofort mit dem Protagonisten dieser zärtlichen Erinnerung; ich war damals, genau wie der Hemingway des Buches, ein junger Mann, der sich in Paris seine ersten literarischen Sporen verdiente. Damals schrieb ich folgende Rezension des Buches:

I

Die Zeitungen hatten uns daran gewöhnt, ihn mit einer seiner Figuren zu verwechseln, in ihm das Gegenteil eines Intellektuellen zu sehen. Seine Biographie? Die eines Tatmenschen: Reisen, Gewalt, Abenteuer und bisweilen, zwischen einem Besäufnis und einer Safari, Literatur. Diese dürfte er wie das Boxen oder die Jagd betrieben haben: brillant und sporadisch, denn das wichtigste für ihn war das Leben. Seine Erzählungen und Romane, gleichsam unfreiwillige Emanationen dieses gefahrvollen Lebens, hätten dieser Tatsache ihren Realismus, ihre Authentizität zu verdanken. Nichts davon stimmte, oder vielmehr, es war alles umgekehrt, und Hemingway selbst macht der Verwirrung ein Ende und stellt die Dinge in seinem letzten Buch – *A Moveable Feast* richtig.

Wer hätte es gedacht? Dieser sympathische, gütige Weltenbummler neigt sich am Ende seines Lebens über seine Vergangenheit und wählt unter tausend erlebten Erfahrungen – Kriegen, Dramen, Heldentaten – mit einer gewissen Melancholie das Bild eines jungen Mannes, der von einer inneren Leidenschaft verzehrt wird: der Leidenschaft des Schreibens. Alles übrige, Sport, Vergnügen, sogar die kleinen täglichen Freuden und Enttäuschungen und, natürlich, Liebe und Freundschaft drehen sich um dieses geheime Feuer, nähren es und finden in ihm ihre Verurteilung oder Rechtfertigung. Es handelt sich um ein wunderschönes Buch, in dem einfach und beiläufig gezeigt wird, was an einer Berufung Privileg und was Versklavung ist.

Die Leidenschaft für das Schreiben ist unerläßlich, aber nur ein

Ausgangspunkt. Sie nützt nichts ohne jene *good and severe discipline,* die sich Hemingway in seinen jungen Jahren in Paris, zwischen 1921 und 1926, aneignete, in jenen Jahren, in denen er »sehr arm und sehr glücklich« war, wie es in seinem Buch heißt. Scheinbar waren es Jahre der Boheme: Er verbrachte den Tag in den Cafés, ging zu Pferderennen, trank. In Wirklichkeit regierte eine geheime Ordnung dieses »bewegliche Fest«, und Unordnung hieß nur Verfügbarkeit, Freiheit. All seine Handlungen waren auf ein Ziel ausgerichtet: seine Arbeit. Das Bohemeleben kann in der Tat eine nützliche Erfahrung sein (aber nicht mehr und nicht weniger als jede andere), wenn man ein kundiger Reiter ist, der nicht zuläßt, daß das Pferd mit ihm durchgeht. In Anekdoten, Begegnungen, Dialogen enthüllt Hemingway die starren Regeln, die er sich auferlegt hatte, um nicht in den trüben Wassern zu kentern, die er befuhr: »Mein Training bestand darin, niemals nach dem Abendessen zu trinken, noch bevor ich schrieb, noch während ich schrieb.« Am Ende eines fruchtbaren Tages hingegen belohnt er sich mit einem Glas Kirsch. Nicht immer kann er mit der gleichen Begeisterung arbeiten; bisweilen gibt es die Leere gegenüber der unbeschriebenen Seite, das Verzagen. Dann sagt er zu sich: »Mach dir keine Sorgen. Bisher hast du immer geschrieben, und jetzt wirst du auch schreiben können. Alles, was du tun mußt, ist, einen wahren Satz schreiben. Schreib den wahrsten Satz, den du weißt.« Um sich zu stimulieren, setzt er sich phantastische Ziele: »... beschloß ich, über jede Sache, über die ich Bescheid wußte, eine Story zu schreiben.« Und wenn er eine Erzählung beendet hat, heißt es bei ihm: »war ich immer leer und beides, traurig und glücklich, wie nach einer Liebesnacht«.

Er ging in die Cafés, gewiß, aber er ging zum Schreiben dorthin. An diesen Tischen aus falschem Marmor, auf den Terrassen mit Blick auf den Jardin du Luxembourg träumte er nicht mit offenen Augen vor sich hin oder formte Sätze wie die südamerikanischen Bohemiens der Rue Cujas, sondern schrieb seine ersten Erzählungen, korrigierte die Kapitel von *The Sun Also Rises.* Und wenn jemand ihn unterbrach, verjagte er ihn mit einer Lawine von Beschimpfungen; die Seiten, auf denen er erzählt, wie er in der Closerie des Lilas einen zudringlichen Menschen empfängt, sind eine Anthologie von Flüchen. (Jahre später erkannte Lisandro Otero eines Abends Hemingway in einer Bar im alten Havanna. Schüchtern, respektvoll trat er näher, um den von ihm bewunderten Autor zu begrüßen, und dieser, der stehend an der Theke schrieb, verscheuchte ihn mit einem Fausthieb.) Nach dem Schreiben, sagt er, muß er lesen, um nicht ständig an das zu denken, was er gerade zu Papier bringt. Es sind harte Zeiten, es ist kein Geld da, um Bücher zu kaufen, aber Sylvia Beach, die Besitzerin der Buchhandlung Shakespeare and Company, verschafft sie ihm. Oder Freunde wie Gertrude Stein, in deren Haus es außerdem schöne Bilder, eine herzliche Atmosphäre und guten Kuchen gibt.

Sein Wille zu »lernen«, um zu schreiben, bedingt all seine Bewegungen, bestimmt seine Vorlieben, seine Beziehungen. Und was ein Hindernis darstellen kann, wird, wie jener Eindringling, erbarmungslos ausgeschlossen. Seine Berufung ist ein Sturm, der alles hinwegfegt. Zum Beispiel die Pferderennen. Er hat sich mit Jokkeys und Trainern befreundet, die ihm Tips für die Wetten geben; an einem Tag, da er Glück gehabt hat, erlauben die Pferde ihm, bei Chez Michaud zu Abend zu essen, wo er Joyce erblickt, der sich mit seiner Frau und seinen beiden Kindern auf italienisch unterhält. Die Welt der Pferderennen vermittelt ihm außerdem (er stellt dies als Hauptgrund dar) Arbeitsmaterial. Aber eines Nachmittags entdeckt er, daß dieses Hobby ihm Zeit raubt, daß es fast zum Selbstzweck geworden ist. Sofort gibt er es auf. Das gleiche geschieht mit dem Journalismus, seinem Lebensunterhalt. Er verzichtet auf ihn, obwohl die nordamerikanischen Zeitschriften seine Erzählungen nach wie vor ablehnen. Trotzdem wird die Literatur, die ständige, wesentliche Sorge des jungen Hemingway, in *A Moveable Feast* kaum erwähnt. Aber sie ist die ganze Zeit präsent, in tausend Formen verborgen, und der Leser spürt sie, unsichtbar, schlaflos, gierig. Wenn Hemingway auf die Straße geht, um an den Quais entlangzulaufen, und wie ein Entomologe die Gewohnheiten und die Kunstfertigkeit der Seine-Fischer erforscht, während seiner Gespräche mit Ford Madox Ford, während er Ezra Pound das Boxen beibringt, wenn er reist, spricht, ißt und sogar wenn er schläft, liegt ein Spion in ihm auf der Lauer. Er beobachtet alles mit kalten und praktischen Augen, wählt und verwirft Erfahrungen, sammelt. Und jeden Abend, wenn er in die Wohnung in der Rue du Cardinal Lemoine zurückkehrt, fragt ihn seine Frau, ob er an diesem Tag etwas gelernt habe.

In den Schlußkapiteln von *A Moveable Feast* erinnert sich Hemingway an einen Angehörigen seiner Generation: Scott Fitzgerald. Schon in jungen Jahren berühmt und Millionär dank seines ersten Buches, ist Fitzgerald in Paris der Reiter, der die Zügel nicht zu handhaben weiß. Das Pferd der Boheme jagt mit ihm und seiner Frau in den Abgrund: Alkohol, Masochismus, Neurose. Es sind Seiten, die der letzten Episode seines Romans *In einem andern Land* gleichen, wo unter der glatten Oberfläche der Prosa ein eisiger Fluß dahinströmt. Hemingway scheint Zelda für den frühzeitigen Ruin Fitzgeralds verantwortlich zu machen; eifersüchtig auf die Literatur, hätte sie ihn zu einem ausschweifenden, frenetischen Leben getrieben. Andere machen jedoch Fitzgerald selbst für den Wahnsinn verantwortlich, der Zelda ins Irrenhaus und in den Tod führte. Wie dem auch sei, eines ist offensichtlich: Die Boheme kann der Literatur nur dienen, wenn sie ein Vorwand zum Schreiben ist; wenn es sich – wie so oft – umgekehrt verhält, dann vernichtet die Boheme den Schriftsteller.

Denn die Literatur ist eine Leidenschaft, und Leidenschaft ist ausschließlich. Sie wird nicht geteilt, sie fordert alle Opfer und erläßt keines. Hemingway befindet sich in einem Café, und an einem Nebentisch sitzt ein Mädchen. Er denkt: »Du gehörst mir, und ganz Paris gehört mir, und ich gehöre diesem Notizbuch und diesem Bleistift.« Genau darin besteht die Sklaverei. Seltsame, paradoxe Situation des Schriftstellers. Sein Privileg ist die Freiheit, das Recht, alles zu sehen, zu hören, zu erkunden. Er ist befugt, die Tiefen auszuforschen, auf die Gipfel zu steigen: Die weite Wirklichkeit gehört ihm. Wozu dient dieses Privileg? Dazu, die innere Bestie mit Nahrung zu versorgen, die ihn unterjocht, die sich von all seinen Handlungen nährt, ihn ohne Unterlaß quält und nur im Akt der Schöpfung, wenn die Worte entstehen, vorübergehend Ruhe gibt. Wenn er sich für sie entschieden hat und sie in seinem Innern trägt, bleibt ihm keine andere Wahl, muß er ihr alles geben. Wenn Hemingway zum Stierkampf ging, die republikanischen Schützengräben in Spanien aufsuchte, Elefanten tötete oder bis zum Umfallen trank, dann war er nicht jemand, der sich dem Abenteuer oder dem Vergnügen hingab, sondern ein Mensch, der die Launen eines unersättlichen Bandwurms befriedigte. Denn für ihn, wie für jeden anderen Schriftsteller, war das wichtigste nicht das Leben, sondern das Schreiben.

II

Jetzt, bei der erneuten Lektüre des Buches und mit all dem Wissen, das wir über den Hemingway haben, der es schrieb, und über seine Beziehungen zu den in ihm erinnerten Personen, gewinnt *A Moveable Feast* eine etwas andere Bedeutung. Die Gesundheit und der Optimismus, die es ausstrahlt, sind in Wahrheit ein literarisches Produkt, weit entfernt von der dramatischen Realität des körperlichen und geistigen Verfalls, in der sein Autor lebte. Hemingway befand sich auf der Zielgeraden seiner literarischen Laufbahn, und er ahnte es; er wußte auch, daß er sich nicht mehr vom raschen Schwund seiner körperlichen Kräfte erholen würde, den er zu jener Zeit erlebte. Nichts von alldem wird in dem Buch erwähnt; aber dem heutigen Leser, der die in den letzten Jahren erschienenen Hemingway-Biographien kennt, entschlüsselt dieses Wissen, wenn er zwischen den Zeilen dieses auf den ersten Blick so klaren und direkten Zeugnisses über die literarischen Anfänge eines großen Schriftstellers zu lesen vermag, das Trauma, dem es sein Dasein verdankt.

Das Buch ist nicht so sehr eine nostalgische Erinnerung an die Jugend als eine magische Beschwörung, die unbewußt darauf abzielt, mit Hilfe der Erinnerung und des Wortes zum Höhepunkt seines Lebens, zum Augenblick größten Elans und schöpferischer Kraft zurückzukehren und auf diese Weise jene Energie und Klarsicht zurückzugewinnen, die ihn zunehmend verließen. Und das Buch ist auch eine postume Revanche, eine Abrechnung mit alten Gefährten, mit denen er die Berufung und die Boheme teilte. Es ist ein ergreifendes Buch, ein Schwanengesang – es war das letzte, das er schrieb –, das unter der trügerischen Patina der Erinnerungen an seine Jugend das Geständnis einer Niederlage enthält. Der so begann, im Paris der verrückten zwanziger Jahre, so talentiert und so glücklich, so kreativ und so vital, der imstande war, in wenigen Monaten ein Meisterwerk zu Papier zu bringen – *The Sun Also Rises* –, während er gleichzeitig allen Honig aus dem Leben saugte – in Spanien Forellen fischte und zum Stierkampf ging, in Österreich Ski fuhr, in Saint Cloud auf Pferde setzte, die Weine und Liköre der Closerie genoß –, ist längst tot, ist ein Gespenst, das versucht, sich mit Hilfe jenes uralten, von den Menschen in ihrem illusorischen Kampf gegen den Tod erfundenen Zaubermittels – der Literatur – an das Leben zu klammern.

Jetzt wissen wir, daß das Buch voller kleiner Schäbigkeiten und Boshaftigkeiten gegen alte und ehemalige Freunde ist und daß zum Beispiel einige seiner Erzählungen, vielleicht die gelungensten – die über Gertrude Stein und Scott Fitzgerald – trügerisch sind. Aber diese Kleinigkeiten nehmen dem Text nichts von dem, was an ihm bewundernswert ist: nämlich daß es Hemingway gelungen ist, den Mangel in eine Tugend zu verwandeln, indem er ausgehend von den Verlusten und Beschränkungen, die ihn seit eben jenen Jahren daran hinderten, eine Erzählung oder einen Roman zu konzipieren, die denkwürdig gewesen wären, ein wunderschönes literarisches Werk schrieb.

Nach Aussagen von Mary, seiner Witwe, schrieb Hemingway an *The Moveable Feast* zwischen Herbst 1957 und Herbst 1960, mit langen Unterbrechungen. Es war für ihn eine Zeit ständiger Krisen, Depressionen, tiefer Bitterkeit, die freilich kaum bei seinen öffentlichen Auftritten sichtbar wurden, bei denen er nach wie vor den Eindruck erweckte, der ewiggleiche heitere und abenteuerlustige Gigant zu sein, voll Lebenslust und im Vollbesitz seiner geistigen Kräfte. (So erschien er mir im Sommer 1959 in der Madrider Stierkampfarena, das einzige Mal, da ich ihn sah, von ferne und am Arm eines anderen lebenden Mythos jener Zeit: Ava Gardner.)

In Wirklichkeit war er ein verwundeter Koloß, halb impotent, unfähig, sich geistig zu konzentrieren und ein anspruchsvolles Werk in Angriff zu nehmen, umgetrieben von der Angst, das Gedächtnis zu verlieren, ein tödliches Versagen für denjenigen, der – wie der Romancier, der die Wirklichkeit neu erfindet – den Gottesmörder spielt. Denn wie läßt sich eine kohärente fiktive Welt errichten, in der das Ganze und die Teile in einer Weise ineinander verwoben sind, daß sie die wirkliche Welt, das ganze Leben simulieren, wenn die Erinnerung des Schöpfers versagt und der Zauber der Fiktion jeden Augenblick durch die Unstimmigkeiten und Irrwege der Erzählung gebrochen wird? Die Antwort Hemingways war dieses Buch: Mit ihm schrieb er – unter dem Deckmantel der Erinnerung – eine literarische Fiktion, deren Unverbundenheiten und Fragmentierung sich hinter der Einheit verbergen, die ihnen der Erzähler verleiht, der sich erinnert und schreibt.

Die Erinnerung ist in *Paris – ein Fest fürs Leben* ein literarisches Alibi, um das Unstete eines Geistes zu rechtfertigen, der nicht mehr fähig ist, sich auf das Konkrete zu fixieren, das rigorose Gebäude eines Prosawerks in Angriff zu nehmen, und richtungslos und frei zwischen den Bildern ohne Zusammenhang noch Kontinuität hin und her flattert. Bei einem Roman wäre die Atomisierung zum Chaos geraten; in einem Buch der Erinnerungen gerät sie dagegen zu einem impressionistischen Streifzug durch Gesichter und Orte, die im Strom der Zeit obenauf schwimmen, im Gegensatz zu unzählbaren anderen, die dem Vergessen anheimgefallen sind. Jedes Kapitel ist eine maskierte Erzählung, ein Bild, bei dessen Zeichnung der Romancier die Kunst seiner besten Werke aufgeboten hat: die geschliffene Prosa, die straffen Dialoge, die immer etwas mehr (und manchmal das Gegenteil) von dem durchblicken lassen, was sie sagen, und die Beschreibungen, deren hartnäckige Objektivität sich für ihre Vollkommenheit entschuldigen zu wollen scheint.

Verglichen mit der wirklichen Geschichte, gibt es in jedem dieser schönen Bilder mehr Verdrehungen als glaubwürdiges Zeugnis, aber was bedeutet das schon? Das macht sie nicht weniger überzeugend oder bewegend für einen Genießer der Literatur, das heißt für jemanden, der von einem Romancier erwartet, daß er fähig ist, ihm in seinen Büchern nicht notwendig die Wahrheit in Großbuchstaben, wohl aber seine eigene Wahrheit zu sagen, dies jedoch in so überzeugender und geschickter Weise, daß ihm nichts anderes übrigbleibt, als sie ihm zu glauben. Und dies ist Hemingway in dieser letzten autobiographischen Fiktion mehr als gelungen.

Mag er auch nicht identisch mit dem Bild gewesen sein, das er in diesem Porträt seiner Jugend von sich zeichnet, so erscheinen darin doch einige seiner wesentlichen Persönlichkeitsmerkmale. Sein Antiintellektualismus zum Beispiel. Es war eine Pose, die er stets kultivierte und die er, vor allem in den letzten Jahren, bisweilen zu lächerlichen Extremen trieb. Auch erscheint in diesem Buch die wahre Literatur – nicht die »gelehrte« – nachgerade als eine körperliche Fertigkeit, etwas, das der Schriftsteller, dieser vollendete Sportler, mittels Disziplin und Ausdauer, gesundem Leben und Körperkultur perfektioniert und beherrscht. Und der bloße Gedanke, daß die Kunst oder die Literatur in irgendeiner Weise ein Exil im rein Geistigen bedeuten, einen Rückzug vom normalen Leben, ein Hinabtauchen in die Quellen des Unbekannten oder eine Herausforderung der rationalen Ordnung der Existenz, wird energisch zurückgewiesen und karikiert. Deshalb ist das Porträt, das das Buch von Ezra Pound zeichnet, zwar lebensvoll und großherzig, aber es reicht nicht im entferntesten an die widersprüchliche Komplexheit der Person heran. Und doch ist offensichtlich, daß Hemingway nicht völlig unfähig war, hinter oder in den Zwischenräumen jener statthaften Rituale des Lebens, das ihm genügte, jenes andere Leben wahrzunehmen, das der Abgründe, des Verbots und der Verirrung. Es war eine Welt, die er fürchtete und die zu erforschen er sich stets weigerte, außer in ihren oberflächlichsten Erscheinungsformen (wie der grausamen und faszinierenden Zeremonie des Stierkampfs). Aber er wußte, daß sie existierte, und er konnte die Verbannten erkennen, die sie bewohnten, wie Wyndham Lewis, der in seinem Buch so schlecht wegkommt. Dieser inspiriert ihn im übrigen zu dem besten und beunruhigendsten Satz des Buches: »Manche Menschen zeigen das Böse so deutlich, wie ein edles Rennpferd seine Rasse zeigt. Sie haben die Würde eines harten *chancre.*«

Ein weiteres seiner Vorurteile scheint ebenfalls deutlich durch: jener Machismus, der mitsamt seiner Leidenschaft für das Töten von Tieren und dem Zauber, den gewaltsame Praktiken auf ihn ausübten, Hemingways Moral und Verhaltenskodex weit von denen unserer Zeit entfernt hat, die geprägt ist von Feminismus und Ökologie, von der Erhaltung der Natur und vom Kampf für die Befreiung der sexuellen Minderheiten. Der Dialog mit Gertrude Stein, in dem diese versucht, mit Hilfe von Argumenten, die heute ein Schulmädchen zum Grinsen brächten, Hemingways Wohlwollen für die lesbische Liebe zu gewinnen, und dessen Vorbehalte und Repliken sind aufschlußreich. Sie zeigen, wie sehr sich die Sitten gewandelt haben und wie obsolet viele Werte sind, die Hemingway in seinen Romanen verherrlicht hat.

Doch allen Anachronismen zum Trotz liest sich dieses schmale Buch mit einem ungeheuren Vergnügen. Die Magie seines Stils, die verfängliche flaubertsche Einfachheit und Präzision, seine Leidenschaft für die Unbilden der Witterung und körperliche Leistungen, die Lebendigkeit, mit der er das Paris der ausgewanderten Amerikaner in der Zeit zwischen den Weltkriegen wiedererstehen läßt, und die Erneuerung des schriftstellerischen Gelübdes, das es symbolisiert – entschlossene Bekräftigung einer Berufung, als er ihr fast nicht mehr nachgehen kann –, verbinden sich zu einem Ganzen und verleihen dem, was sein literarisches Testament sein sollte, ein einzigartiges Profil. Obwohl die Wirklichkeit in ihm durch ebenso viele Zusätze und Korrekturen verändert ist wie in einem Roman, ist es doch ein wertvolles autobiographisches Dokument;

und bei allen Freiheiten, die es sich in bezug auf die objektiven Tatsachen nimmt, ist es ein unvergleichliches Bild der Epoche und der heiteren Unbewußtheit, mit der Frankreich die Kunst und die Ausschweifung förderte, während innerhalb und außerhalb seiner Grenzen an seinem Untergang gearbeitet wurde. Vor allem aber bringen seine Seiten, sauber und klar wie ein Gebirgsbach, uns mit der Unmittelbarkeit einer gelungenen Dichtung die Geheimnisse der Kunst nahe, mit deren Hilfe Hemingway das Leben, das er lebte, und das Leben, das er nur träumte, in das geteilte Fest verwandelte, das man Literatur nennt.

London, 23. Juni 1987

Mario Vargas Llosa
im Suhrkamp Verlag

Die Anführer. Erzählungen. Aus dem Spanischen von Elke Wehr. Gebunden

Gegen Wind und Wetter. Literatur und Politik. Aus dem Spanischen von Elke Wehr. es 1513

Geheime Geschichte eines Romans. Aus dem Spanischen von Elke Wehr. Bütten-Broschur

Der Geschichtenerzähler. Roman. Aus dem Spanischen von Elke Wehr. Gebunden und st 1982

Gespräch in der Kathedrale. Roman. Aus dem Spanischen von Wolfgang A. Luchting. st 1015

Das grüne Haus. Roman. Aus dem Spanischen von Wolfgang A. Luchting. Gebunden und st 342

Der Hauptmann und sein Frauenbataillon. Roman. Aus dem Spanischen von Heidrun Adler. st 959

Die jungen Hunde. Erzählung. Aus dem Spanischen von Wolfgang A. Luchting. Mit einem Nachwort von José Miguel Oviedo. st 1841

Der Krieg am Ende der Welt. Roman. Aus dem Spanischen von Anneliese Botond. Gebunden und st 1343

La Chunga. Ein Stück. Aus dem Spanischen von Dagmar Ploetz. es 1555

Lob der Stiefmutter. Roman. Aus dem Spanischen von Elke Wehr. Mit Abbildungen. Leinen, BS 1086 und st 2200

Maytas Geschichte. Roman. Aus dem Spanischen von Elke Wehr. Gebunden und st 1605

Die Stadt und die Hunde. Roman. Aus dem Spanischen von Wolfgang A. Luchting. st 622

Tante Julia und der Kunstschreiber. Roman. Aus den Spanischen von Heidrun Adler. st 1520

Die Wahrheit der Lügen. Aus dem Spanischen von Elke Wehr. Erstausgabe. st 2283

Wer hat Palomino Molero umgebracht? Roman. Aus dem Spanischen von Elke Wehr. st 1786

Zu Vargas Llosa

Thomas M. Scheerer: Mario Vargas Llosa. Eine Einführung. st 1789

66/1/3.94

111/1/2.93

Lateinamerikanische Literatur im Suhrkamp Verlag

Miguel Barnet: Ein Kubaner in New York. Roman. Aus dem Spanischen von Monika López. Gebunden und st 1978
– Das Lied der Rahel. Mit einem Nachwort von Miguel Barnet. Aus dem Spanischen von Wilhelm Plackmeyer. st 966
Adolfo Bioy Casares: Die fremde Dienerin. Phantastische Erzählungen. Aus dem Spanischen von Joachim A. Frank. PhB 113. st 962
– Liebesgeschichten. Aus dem Spanischen von René Strien. Gebunden und st 1701
– Morels Erfindung. Roman. Mit einem Nachwort von Jorge Luis Borges. Aus dem Spanischen von Karl August Horst. PhB 106. st 939
– Schlaf in der Sonne. Roman. Aus dem Spanischen von Joachim A. Frank. st 691
– Der Traum der Helden. Roman. Aus dem Spanischen von Joachim A. Frank. Gebunden
Carmen Boullosa: Sie sind Kühe, wir sind Schweine. Roma n. Aus dem Spanischen von Erna Pfeiffer. es 11866
Ignácio de Loyola Brandão: Kein Land wie dieses. Aufzeichnungen aus der Zukunft. Aus dem brasilianischen Portugiesisch von Ray-Güde Mertin. es 1236
– Null. Prähistorischer Roman. Aus dem brasilianischen Portugiesisch und mit einem Nachwort von Curt Meyer-Clason. Gebunden und st 777
João Cabral de Melo Neto: Erziehung durch den Stein. Gedichte. Portugiesisch und Deutsch. Übersetzt und mit einem Nachwort versehen von Curt Meyer-Clason. BS 713
Guillermo Cabrera Infante: Ansicht der Tropen im Morgengrauen. Roman. Aus dem Spanischen von Wilfried Böhringer. Gebunden
– Drei traurige Tiger. Roman. Aus dem Spanischen von Wilfried Böhringer. Leinen und st 1714
Ernesto Cardenal: Gedichte. Spanisch und deutsch. Übertragung von Stefan Baciu und Anneliese Schwarzer de Ruiz. BS 705
Alejo Carpentier: Barockkonzert. Novelle. Aus dem Spanischen von Anneliese Botond. BS 508
– Explosion in der Kathedrale. Roman. Aus dem Spanischen von Hermann Stiehl. st 370
– Die Harfe und der Schatten. Roman. Aus dem Spanischen von Anneliese Botond. Leinen und st 1024
– Die Hetzjagd. Roman. Aus dem Spanischen von Anneliese Botond. BS 1041
– Krieg der Zeit. Fünf Erzählungen und ein Roman. Aus dem Spanischen von Anneliese Botond. Gebunden

111/2/2.93

Lateinamerikanische Literatur im Suhrkamp Verlag

Alejo Carpentier: Die Methode der Macht. Roman. Aus dem Spanischen von Elke Wehr. Gebunden und st 1979
– Das Reich von dieser Welt. Aus dem Spanischen von Doris Deinhard. BS 422
– Le Sacre du printemps. Roman. Aus dem Spanischen von Anneliese Botond. Gebunden
– Stegreif und Kunstgriff. Essays zur Literatur, Musik und Architektur in Lateinamerika. Aus dem Spanischen von Anneliese Botond. es 1033
– Die verlorenen Spuren. Roman. Aus dem Spanischen von Anneliese Botond. st 808

José Cândido de Carvalho: Der Oberst und der Werwolf. Roman. Aus dem brasilianischen Portugiesisch von Curt Meyer-Clason. Gebunden und st 1092

Rosario Castellanos: Die Neun Wächter. Roman. Aus dem Spanischen von Fritz Vogelgsang. Mit einem Nachwort von Elena Poniatowska. st 1980

Gregorio Condori Mamani: »Sie wollen nur, daß man ihnen dient ...« Autobiographie. Aus dem Spanischen von Karin Schmidt. es 1230

Julio Cortázar: Album für Manuel. Roman. Aus dem Spanischen von Heidrun Adler. Gebunden
– Alle lieben Glenda. Erzählungen. Aus dem Spanischen von Rudolf Wittkopf. st 1576
– Bestiarium. Erzählungen. Aus dem Spanischen von Rudolf Wittkopf. st 543
– Ende des Spiels. Erzählungen. Aus dem Spanischen von Wolfgang Promies. st 373
– Das Feuer aller Feuer. Erzählungen. Aus dem Spanischen von Fritz Rudolf Fries. st 298
– Die geheimen Waffen. Erzählungen. Aus dem Spanischen von Rudolf Wittkopf. st 672
– Geschichten der Cronopien und Famen. Aus dem Spanischen von Wolfgang Promies. st 1981
– Geschichten, die ich mir erzähle. Aus dem Spanischen von Rudolf Wittkopf. Gebunden
– Die Gewinner. Roman. Aus dem Spanischen von Christa Wegen. Leinen und st 1761
– Ein gewisser Lukas. Aus dem Spanischen von Rudolf Wittkopf. Leinen und st 1937
– Letzte Runde. Aus dem Spanischen von Rudolf Wittkopf. es 1140

111/3/2.93

Lateinamerikanische Literatur im Suhrkamp Verlag

111/4/2.93

Lateinamerikanische Literatur im Suhrkamp Verlag

José Lezama Lima: Die amerikanische Ausdruckswelt. Aus dem Spanischen von Gerhard Poppenberg. es 1457

Liebesgeschichten aus Lateinamerika. Herausgegeben und mit einem Nachwort versehen von Michi Strausfeld. Gebunden

Osman Lins: Avalovara. Roman. Mit einem Nachwort von Modesto Carone Netto. Aus dem brasilianischen Portugiesisch von Marianne Jolowicz. Leinen

– Die Königin der Kerker Griechenlands. Roman. Aus dem brasilianischen Portugiesisch von Marianne Jolowicz. Gebunden und st 1431

– Verlorenes und Gefundenes. Erzählungen. Aus dem brasilianischen Portugiesisch von Marianne Jolowicz. Gebunden

Clarice Lispector: Der Apfel im Dunkeln. Roman. Aus dem brasilianischen Portugiesisch von Curt Meyer-Clason. BS 826

– Die Nachahmung der Rose. Übertragung aus dem brasilianischen Portugiesisch und Nachwort von Curt Meyer-Clason. BS 781

– Nahe dem wilden Herzen. Roman. Aus dem brasilianischen Portugiesisch von Ray-Güde Mertin. Gebunden und BS 847

– Die Passion nach G. H. Roman. Aus dem brasilianischen Portugiesisch von Christiane Schrübbers und Sarita Brandt. st 1724

– Die Sternstunde. Aus dem brasilianischen Portugiesisch von Curt Meyer-Clason. BS 884

Joaquim Maria Machado de Assis: Dom Casmurro. Roman. Aus dem brasilianischen Portugiesisch von Harry Kaufmann. BS 699

Angeles Mastretta: Frauen mit großen Augen. Aus dem Spanischen von Monika López. Gebunden

– Mexikanischer Tango. Roman. Aus dem Spanischen von Monika López. Gebunden und st 1787

Pablo Neruda: Gedichte. Spanisch und deutsch. Übertragung und Nachwort von Erich Arendt. BS 99

– Liebesbriefe an Albertina Rosa. Zusammengestellt, eingeleitet und mit Anmerkungen versehen von Sergio Fernández Larrain. Aus dem Spanischen von Curt Meyer-Clason. st 829

– Die Raserei und die Qual. Gedichte. Spanisch und deutsch. Auswahl, Übertragung und Nachwort von Hans Magnus Enzensberger. BS 908

Silvina Ocampo: Die Furie und andere Geschichten. Aus dem Spanischen von René Strien. BS 1051

Juan Carlos Onetti: Grab einer Namenlosen. Roman. Aus dem Spanischen von Wilhelm Muster. BS 976

– Das kurze Leben. Roman. Aus dem Spanischen von Curt Meyer-Clason. Leinen und st 661

111/5/2.93

Lateinamerikanische Literatur im Suhrkamp Verlag

Juan Carlos Onetti: Lassen wir den Wind sprechen. Roman. Aus dem Spanischen von Anneliese Botond. Gebunden und st 1763

– Leichensammler. Roman. Aus dem Spanischen und mit einem Nachwort von Anneliese Botond. BS 938

– Magda. Roman. Aus dem Spanischen von Anneliese Botond. Leinen

– Der Schacht. Roman. Aus dem Spanischen von Jürgen Dormagen. BS 1007

– So traurig wie sie. Zwei Kurzromane und acht Erzählungen. Aus dem Spanischen und mit einem Nachwort von Wilhelm Muster. Gebunden und st 1601

– Der Tod und das Mädchen. Roman. Aus dem Spanischen von Jürgen Dormagen. BS 1119

– Die Werft. Roman. Aus dem Spanischen und mit einem Nachwort von Curt Meyer-Clason. BS 457

Octavio Paz: Adler oder Sonne? Aus dem Spanischen von Rudolf Wittkopf. BS 1082

– Die andere Zeit der Dichtung. Von der Romantik zur Avantgarde. Aus dem Spanischen von Rudolf Wittkopf. Leinen

– Der Bogen und die Leier. Poetologischer Essay. Aus dem Spanischen von Rudolf Wittkopf. Leinen

– Essays 2. Aus dem Spanischen von Carl Heupel und Rudolf Wittkopf. Leinen

– Essays I/II. 2 Bände. Aus dem Spanischen von Carl Heupel und Rudolf Wittkopf. st 1036

– Gedichte. Spanisch und deutsch. Übertragung und Nachwort von Fritz Vogelgsang. BS 551 und st 1832

– In mir der Baum. Gedichte. Spanisch und deutsch. Übertragen von Rudolf Wittkopf. Leinen

– Das Labyrinth der Einsamkeit. Essay. Übersetzung und Einführung von Carl Heupel. BS 404

– Lektüre und Kontemplation. Aus dem Spanischen von Thomas Brovot. Bütten-Broschur

– Der menschenfreundliche Menschenfresser. Geschichte und Politik 1971-1980. Aus dem Spanischen von Rudolf Wittkopf und Carl Heupel. es 1064

– Nackte Erscheinung. Das Werk von Marcel Duchamp. Aus dem Spanischen von Rudolf Wittkopf. st 1833

– Sor Juana Inés de la Cruz oder Die Fallstricke des Glaubens. Aus dem Spanischen von Maria Bamberg. Mit zahlreichen Abbildungen. Leinen

111/6/2.93

Lateinamerikanische Literatur im Suhrkamp Verlag

Octavio Paz: Der sprachgelehrte Affe. Aus dem Spanischen von Anselm Maler und Maria Antonia Alonso-Maler. Die Gedichte wurden von Rudolf Wittkopf übertragen. Mit Photographien und Abbildungen. BS 530
– Suche nach einer Mitte. Die großen Gedichte. Spanisch und deutsch. Übersetzung Fritz Vogelgsang. Nachwort Pere Gimferrer. es 1008
– Verbindungen – Trennungen. Ein Essay. Aus dem Spanischen von Elke Wehr und Rudolf Wittkopf. Leinen
– Zwiesprache. Essays zu Kunst und Literatur. Aus dem Spanischen von Elke Wehr und Rudolf Wittkopf. es 1290
Virgilio Piñera: Kleine Manöver. Roman. Mit einem Nachwort von G. Cabrera Infante. Aus dem Spanischen von Wilfried Böhringer. BS 1035
Elena Poniatowska: Lieber Diego. Aus dem Spanischen von Astrid Schmitt. st 1592
– Stark ist das Schweigen. Vier Reportagen aus Mexiko. Aus dem Spanischen von Anna Jonas und Gerhard Poppenberg. Mit Abbildungen. st 1438
Manuel Puig: Die Engel von Hollywood. Roman. Aus dem Spanischen von Anneliese Botond. Gebunden und st 1165
– Herzblut erwiderter Liebe. Roman. Aus dem brasilianischen Portugiesisch von Karin von Schweder- Schreiner. Gebunden und st 1469
– Der Kuß der Spinnenfrau. Roman. Aus dem Spanischen von Anneliese Botond. BS 1108 und st 869
– Der schönste Tango der Welt. Ein Fortsetzungsroman. Aus dem Spanischen von Adelheid Hanke-Schaefer. Leinen und st 474
– Verdammt wer diese Zeilen liest. Roman. Aus dem Spanischen von Lieselotte Kolanoske. Gebunden
– Verraten von Rita Hayworth. Roman. st 344
Horacio Quiroga: Geschichten von Liebe, Irrsinn und Tod. Aus dem Spanischen von Wilfried Böhringer, Hans-Otto Dill, Astrid Schmitt und Erna Stoldt. PhB 248. st 1711
José Revueltas: Die Schwester, die Feindin. Erzählungen. Aus dem Spanischen von Monika López. es 1155
Darcy Ribeiro: Maíra. Roman. Aus dem brasilianischen Portugiesisch von Heidrun Adler. st 809
– Wildes Utopia. Sehnsucht nach der verlorenen Unschuld. Eine Fabel. Aus dem brasilianischen Portugiesisch von Maralde Meyer-Minnemann. es 1354
João Ubaldo Ribeiro: Brasilien, Brasilien. Roman. Aus dem brasilianischen Portugiesisch von Curt Meyer-Clason und Jacob Deutsch. Leinen und st 1835

111/7/2.93

Lateinamerikanische Literatur im Suhrkamp Verlag

João Ubaldo Ribeiro: Der Heilige, der nicht an Gott glaubte. Ganz einfache Geschichten. Aus dem brasilianischen Portugiesisch von Ray-Güde Mertin. Gebunden
– Sargento Getúlio. Roman. Aus dem brasilianischen Portugiesisch übersetzt und mit einem Nachwort versehen von Curt Meyer-Clason. es 1183
Manuel Rojas: Der Sohn des Diebes. Roman. Aus dem Spanischen von Anton Maria Rothbauer. st 2218
Rose aus Asche. Spanische und spanisch-amerikanische Gedichte 1900-1950. Herausgegeben und übertragen von Erwin Walter Palm. BS 734
Murilo Rubião: Der Feuerwerker Zacharias. Erzählungen. Aus dem brasilianischen Portugiesisch und mit einem Nachwort von Ray-Güde Mertin. Gebunden und st 2151
Alberto Ruy Sánchez: Octavio Paz. Leben und Werk. Eine Einführung. Aus dem Spanischen von Thomas Brovot. st 1894
Manuel Scorza: Trommelwirbel für Rancas. Eine Ballade, die davon erzählt, was geschah, zehn Jahre bevor Oberst Marruecos den zweiten Friedhof von Chinche gründete. Aus dem Spanischen von Wilhelm Plackmeyer. Gebunden
Osvaldo Soriano: Traurig, einsam und endgültig. Auf den Spuren von Laurel und Hardy in Hollywood. Roman. Aus dem Spanischen von Heidrun Adler. Gebunden und st 928
Márcio Souza: Der fliegende Brasilianer. Roman. Aus dem brasilianischen Portugiesisch von Karin von Schweder-Schreiner. st 2155
Antônio Torres: Diese Erde. Aus dem brasilianischen Portugiesisch übertragen und mit einem Nachwort versehen von Ray-Güde Mertin. es 1382
Dalton Trevisan: Ehekrieg. Erzählungen. Aus dem brasilianischen Portugiesisch von Georg Rudolf Lind. es 1041
César Vallejo: Gedichte. Spanisch und deutsch. Übertragung und Nachwort von Hans Magnus Enzensberger. BS 110
Mario Vargas Llosa: Gegen Wind und Wetter. Literatur und Politik. Aus dem Spanischen von Elke Wehr. es 1513
– Geheime Geschichte eines Romans. Aus dem Spanischen von Elke Wehr. Bütten-Broschur
– Der Geschichtenerzähler. Roman. Aus dem Spanischen von Elke Wehr. Gebunden und st 1982
– Gespräch in der Kathedrale. Roman. Aus dem Spanischen von Wolfgang A. Luchting. st 1015

111/8/2.93

Lateinamerikanische Literatur im Suhrkamp Verlag

Mario Vargas Llosa: Das grüne Haus. Roman. Aus dem Spanischen von Wolfgang A. Luchting. Gebunden und st 342

– Der Hauptmann und sein Frauenbataillon. Roman. Aus dem Spanischen von Heidrun Adler. st 959

– Die jungen Hunde. Erzählung. Aus dem Spanischen von Alexander Luchting. Mit einem Nachwort von José Miguel Oviedo. st 1841

– Der Krieg am Ende der Welt. Roman. Aus dem Spanischen von Anneliese Botond. Gebunden und st 1343

– La Chunga. Ein Stück. Aus dem Spanischen von Dagmar Ploetz. es 1555

– Lob der Stiefmutter. Roman. Aus dem Spanischen von Elke Wehr. Mit Abbildungen. Leinen, BS 1086 und st 2200

– Maytas Geschichte. Roman. Aus dem Spanischen von Elke Wehr. Gebunden und st 1605

– Die Stadt und die Hunde. Roman. Aus dem Spanischen von Wolfgang A. Luchting. st 622

– Tante Julia und der Kunstschreiber. Roman. Aus den Spanischen von Heidrun Adler. st 1520

– Wer hat Palomino Molero umgebracht? Roman. Aus dem Spanischen von Elke Wehr. Gebunden und st 1786

111/9/2.93